ニクソン訪中機密会談録

Kazuko Mouri　Kozaburo Mouri
毛里和子・毛里興三郎——訳

【増補決定版】

名古屋大学出版会

1972 年 2 月 21 日，北京の軍用飛行場でニクソン大統領夫妻を迎える周恩来総理（中国政府提供）

1972 年 2 月 21 日，ニクソン大統領と握手する毛沢東主席（中国政府提供）

総理，通訳の唐聞生，毛沢東主席，ニクソン大統領，キッシンジャー補佐官）

安全保障会議スタッフ，キッシンジャー補佐官，ニクソン大統領，ジョン・ホルド
喬冠華外交部副部長（中国政府提供）

1972年2月21日，書斎で会談する毛沢東主席とニクソン大統領（左から周恩来

1972年2月22日，ニクソン・周恩来第1回会談。左から，ウィンストン・ロード
リッジ安全保障会議スタッフ，章文晋外交部局長，冀朝鋳（通訳），周恩来総理，

MEMORANDUM

THE WHITE HOUSE

WASHINGTON

Downgraded per NSC
E O 12958 sec. 3.1.(g)
8-6-96 MR NLN 94-10

~~TOP SECRET~~/SENSITIVE
EXCLUSIVELY EYES ONLY

MEMORANDUM OF CONVERSATION

PARTICIPANTS: The President
Dr. Henry A. Kissinger, Assistant to the President for National Security Affairs
John H. Holdridge, NSC Staff
Winston Lord, NSC Staff

Prime Minister Chou En-lai
Ch'iao Kuan-hua, Vice Minister of Foreign Affairs
Chang Wen-chin, Director of Western Europe, North American, and Australasian Ministry of Foreign Affairs
Wang Hai-jung, Deputy Director of Protocol
Chao Chi-hua, Ministry of Foreign Affairs
Chi Chao-chu, Interpreter
T'ang Wen-sheng, Interpreter
Two Notetakers

DATE & TIME: Thursday, February 24, 1972 - 5:15p.m.-8:05p.m.

PLACE: Great Hall of the People, Peking

Prime Minister Chou: You took a rather tiring trip to the Great Wall this morning.

President Nixon: Nothing is tiring that is interesting.

Prime Minister Chou: How about Mrs. Nixon?

President Nixon: She loved it.

Prime Minister Chou: Was it cold?

President Nixon: No, it was a beautiful day. We didn't need the big coats.

DECLASSIFIED
E.O. 12958, Sect. 3.6 [32 pages]
NLN 94-10/1D ISCAP letter 12-18-02
By ___ NARA, Date 5-30-03

~~TOP SECRET~~/SENSITIVE
EXCLUSIVELY EYES ONLY

1972年2月24日，ニクソン・周恩来第3回会談テキストのトップページ

ニクソン訪中機密会談録【増補決定版】——目　次

凡例

一、本書には、一九七二年二月のニクソン米大統領訪中の際の米中会談の記録九件が収録されている。記録者はいずれも米国側である。

資料1の出典は、国家安全保障公文書館（National Security Archive）の電子ブック *China and the United States : From Hostility to Engagement, 1960–1998* に収録されているドキュメント5の The White House, "Memorandum of Conversation, February 21, 1972" である。次のウェブサイトから原資料にアクセスできる。http://nsarchive.gwu.edu/NSAEBB/NSAEBB19/

資料2～8および補足資料の出典は、国家安全保障公文書館の電子ブック *Nixon's Trip to China—Records now Completely Declassified, Including Kissinger Intelligence Briefing and Assurances on Taiwan* である。次のウェブサイトから原資料にアクセスできる。http://nsarchive.gwu.edu/NSAEBB/NSAEBB106/

二、本文内【 】の部分は、一九九九年の機密解除当初、「抹消《サニタイズド》」されていた部分である。この抹消部分は二〇〇三年十一月に回復された。なお、それと同時に、二月米中交渉のうちキッシンジャー・葉剣英会談記録が機密解除されたため、この増補決定版ではそれを補足資料として邦訳収録した。

三、本文中、とくに必要と思われる箇所・事項については訳者注をつけた。各資料の末尾を参照されたい。また、本文内［ ］の部分は、訳者が最小限必要だと考えて補ったものである。

四、一九七二年の米中会談は、七一年の米中接触の開始から七九年一月の国交樹立に至る一連のプロセスで捉えるべきなので、七二年上海コミュニケを含む資料五件を参考資料として付した。

資料1　一九七二年二月二十一日　毛沢東・ニクソン会談

ホワイトハウス
　ワシントン

最高機密・取扱注意・関係者のみ閲覧可

会談メモ

出席者　毛沢東主席
　周恩来総理
　王海容　外交部儀典局副局長
　唐聞生　通訳
　ニクソン大統領
　ヘンリー・A・キッシンジャー　国家安全保障担当大統領補佐官
　ウィンストン・ロード　国家安全保障会議スタッフ（記録者）

日　時　一九七二年二月二十一日　月曜日　午後二時五十分～三時五十五分
場　所　北京、毛主席の私邸

（冒頭挨拶。主席がニクソン大統領歓迎の辞を述べ、大統領が主席にお会いできて非常に嬉しいと述べる。）

ニクソン大統領　大変な読書家でいらっしゃいますね。総理がおっしゃるには、総理よりもたくさん読まれるとか。

毛沢東主席　きのう飛行機の中であなたはとても難しい問題を私たちに出しましたね。話し合う必要があるのは哲学的問題だとおっしゃった。

ニクソン大統領　それは主席の詩や講話を読んでいたからです。主席は本職の哲学者ですから。（中国側笑う）

毛沢東主席　（キッシンジャーを見て）彼も哲学博士《ドクター・オブ・フィロソフィー》でしょう？

ニクソン大統領　彼は知恵袋の博士《ドクター・オブ・ブレインズ》ですよ。

毛沢東主席　今日は主として彼に話してもらうよう頼んだらどうですか。

ニクソン大統領　彼は哲学のエキスパートです。

キッシンジャー博士　私はハーバードで主席の著作集を学生たちに課題として出したものです。

毛沢東主席　私の著作なんてたいしたものではありません。勉強になるようなことは書いてありませんから。

（カメラマンたちの方を見て）彼らが会見をじゃましに来ました。ここの秩序を乱しますね。

ニクソン大統領　主席の著作は国民を動かし、世界を変えました。

毛沢東主席　まだ世界を変えることができていません。ほんの北京の周辺を変えることができただけです。

ニクソン大統領　私たちの共通の旧友、蔣介石総統はこのことを認めないでしょう。彼は私たちのことを共産匪と呼んでいます。最近演説稿を出版しました。ご覧になりましたか。

周恩来総理　蔣介石は主席を匪賊と言いますが、主席は彼のことをなんと呼びますか。

毛沢東主席　普通は蔣介石一味と言います。新聞などでは時に、私たちが匪賊と呼ばれることのお返しで、蔣介石の徒党と言います。とにかくお互いにののしり合っています。

ニクソン大統領　実際には、彼と私たちとの友好関係の歴史は、あなた方と彼との友好関係の歴史よりずっと長いのですよ。

毛沢東主席　存じています。

キッシンジャー博士　二人だけでやっていてはいけませんね。キッシンジャー博士に何か言っていただかなくては。中国への訪問で知れ渡っていますから。

ニクソン大統領　計画をして指揮をとったのは大統領です。

こんなふうに言うなんて有能なアシスタントでしょう？（毛と周笑う）

毛沢東主席　そうやるのが賢いって、あなたをほめているんですよ。

ニクソン大統領　彼はどうみても秘密諜報部員には見えないでしょう。誰にも悟られずに十二回パリに行き、一回中国に行くことができる唯一の人間です。二人の美女は別ですけれどね。（周笑う）

キッシンジャー博士　彼女たちだってわかっていませんよ。隠れ蓑として使ったのですから。

毛沢東主席　パリで？

ニクソン大統領　とにかく美しい女性を隠れ蓑に使える人物はいつの時代だって最高の外交官にちがいありません。

毛沢東主席　で、あなたの女性たちはたびたび使われるのですか。

ニクソン大統領　彼のですよ。私のではありませんから。私が女性を隠れ蓑に使ったら大騒動になります。

周恩来総理　（笑いながら）特に選挙中はね。（キッシンジャー笑う）キッシンジャー博士は大統領選には出ないんですね。アメリカのお生まれではないから。

キッシンジャー博士　唐さん(1)はアメリカ大統領に選ばれる資格があります。

ニクソン大統領　そうなれば初の女性大統領です。我らが候補だ。

毛沢東主席　そんな候補を持ったら危ないでしょう。正直に言いましょう。民主党ですが、また当選したら私たちは接触せざるを得ません。

ニクソン大統領　それはわかります。そういうご苦労はおかけしないようにしたいものです。

毛沢東主席　私の家ではそんな話をしないで下さい。総理と話して下さい。私は哲学の話がしたい。つまり、私は選挙ではあなたに投票しました。フランク・コウというアメリカ人がいますが、前回の選挙運動中アメリカが大混乱におちいっていたまさにその時に論文を書き、あなたが大統領に選ばれるだろうと言っていました。私は彼の論文を買っていました。しかし今回彼は訪中に反対なようですね。

ニクソン大統領　彼が私に票を入れたのは、悪い中でもよりましな方を選んだのです。

毛沢東主席　私は右翼が好きです。みんなあなたは右翼で、共和党は右よりで、ヒース首相も右よりだと言っています。

ニクソン大統領　ドゴール大統領も。

毛沢東主席　ドゴールは別でしょう。西ドイツのキリスト教民主同盟も右よりだと言われます。私はどちらかと言うと、右よりの人たちが政権につくとうれしくなります。

ニクソン大統領　大事なことは、アメリカでは、少なくとも現在、右よりの人間が左翼の言っていることを実行できるということです。

キッシンジャー博士　大統領、もう一つあります。左よりの人間は親ソ連ですから人民共和国に近づこうなんてしません。実際にあなた方をその立場から批判しています。

毛沢東主席　その通りです。一部の人はあなた方に反対しています。私の国にも私たちがあなた方とコンタクトをとるのに反対している反動的なグループがあります。その結果彼らは飛行機に乗って

外国に逃亡しました。(2)

周恩来総理　たぶんご存じのことですね。

毛沢東主席　世界の中で、アメリカの情報はかなり正確ですから。その次は日本でしょう。ソ連はと言えば、遺体を掘り起こしに行きましたが、それについて何も言っていません。

周恩来総理　外モンゴルでのことです。

ニクソン大統領　最近印パ危機のなかで同じような問題がありました。アメリカの左翼は私がインド側につかないのを猛烈に非難しました。その理由は二つあって、一つは彼らが親インドであり、もう一つは親ソ連だからなのです。

私はもっと大きな問題を考えるべきだと思いました。私たちは、どんな大国であろうと、その近隣諸国をむさぼり食うようなことをさせてはならない。正しいのだから悲しんで言うのではありませんが、そういう態度を貫くのは政治的には高くつくことでした。しかし歴史はそれがなすべき正当なことであったと記録するでしょう。

毛沢東主席　提案ですが、背景説明はもう少し簡単にしたらどうでしょう。（大統領はキッシンジャーを指す、周笑う）ここで話す哲学問題について他の人に背景説明をした方がいいとお思いですか。

ニクソン大統領　私と総理がここで話し合ったことがこの部屋の外に漏れることは決してありません。そうでなければ最高レベルでの会談などできません。

毛沢東主席　その通りです。

ニクソン大統領　例えば、私は総理と、また後ほど主席と台湾、ベトナム、朝鮮問題について話し合いをしたいと思っています。それから——微妙なことですが——日本の将来のことや、インド亜大陸の将来のこと、インドの役割、その他世界規模の問題で、米ソ関係の将来のことなども。世界全体の構図や世界を動かす大きな勢力を見ていさえすれば、我々の見通しをいつも完全に左右する当面の緊急な課題に、的確な決定をすることができるからです。

毛沢東主席　そういう厄介な問題はあまり話し合いたくありません。あなたの言ってた話題のほうがいい、ほら哲学の問題ですよ。

ニクソン大統領　主席。例えばほとんどの国はこの会見を是とするでしょうが、ソ連は否とするし、日本は疑問ありと言うでしょうし、インドは否とするでしょう。そんなことに注意を払うのは面白いことです。ですから、私たちの世界全体に対する政策がなぜ、いかにして展開するか吟味し決定しなければなりません。当面の朝鮮、ベトナム、もちろん台湾のような問題もありますけれども。

毛沢東主席　それには同感です。

ニクソン大統領　例えば私たちは、この部屋の中だけのことですが、ソ連はヨーロッパ国境よりもあなた方との国境になぜ多くの軍隊をおいているのか自問してみないといけません。日本の将来はどうかも自問すべきです。私たちの見解は一致していませんが、日本は全く無防備で中立でいる方がいいのか、しばらくはアメリカと何らかの関係を持っていた方がいいのか。要点は——まさに哲学的な問題を言っているのですが——国際関係の中にあっては、良き選択というのはありません。

一つたしかなことは、我々は真空をそのままにしておくことはできない。なぜならそれは塡められるからです。例えば総理はアメリカもソ連も手をさしのべていると指摘しました。問題は、人民共和国はどちらの危険に対抗するかです。アメリカの攻撃の危険か、ソ連の攻撃の危険か。むずかしい問題ですが、論議しないわけにはいきません。

毛沢東主席　現在のところ、アメリカの攻撃や中国からの攻撃の問題は比較的小さいでしょう。つまりそのことは論議の中心にはならない。なぜなら、現在の情勢では我々二国間には戦争状態はありませんから。あなた方は軍隊の一部を国に戻したいし、私たちの軍は国外に出ていかない。

だから私たち二国の間の状況は不思議なものです。過去二十二年間話し合いで考え方を交流しませんでしたから。そして今［昨年四月に］ピンポンを始めてから十カ月も経っていません。ワルシャワであなた方が提案してから数えて二年弱です。私たちの側も官僚主義的にことを扱いました。例えば、あなた方が個人のレベルで交流を望んだ。貿易のこともある。しかし私たちは、そんなことよりも中心課題の解決が先で、枝葉末節は問題にならないという立場に固執していました。私自身その立場にしがみついていました。でも後で考えれば、あなた方の方が正しかった。そこで、私たちはピンポンをやった。総理が言ったのですが、これもニクソン大統領の政権になってからのことです。

パキスタンの前大統領がニクソン大統領を我々に紹介しました。その時、我々の駐パキスタン大使はあなた方とコンタクトをとるのを断りました。彼はジョンソン大統領とニクソン大統領とどっちがいいか比べるべきだと言いました。しかしヤヒヤ大統領は、二人は比べようがないと言いました。二人では比較にならない。一方はギャングじゃないかと――ジョンソン大統領のことを彼は言ったのですが。彼がどうしてそう思ったのかはわかりません。私たちもあの大統領ではうれしくありません。トルーマンからジョンソンまでの先任者たちにいい思い出はありません。

トルーマンとジョンソンの間には八年間共和党政権がありました。でもその期間にはあなた方もここまでは考えていなかったでしょう。

周恩来総理　中心はジョン・フォスター・ダレスの政策でした。

毛沢東主席　総理もこのことをキッシンジャー博士と前に話しました。

ニクソン大統領　でも彼らは（総理とキッシンジャー博士の方へ身振りをして）握手しました。[3]（周笑う）

毛沢東主席　博士、一言どうぞ。

キッシンジャー博士　主席。世界情勢もその間劇的に変化しました。私たちも多くのことを学ばなければなりませんでした。私たちは、すべての社会主義・共産主義国は同じ現象だと考えていました。大統領が政権につくまで中国革命と他の社会主義国の革命の性格の違いを理解していませんでした。

ニクソン大統領　主席。私は、長い間人民共和国に対してとってきた私の立場は主席や総理が決して認められないものだということをよく理解しています。私たちを近づけたのは世界の新情勢に関する認識と、ある国の政治哲学はそんなに重要なことではないという我々の側の認識でしょう。重要なのは、その国が世界に対して、我々に対してどんな政策を採るかということです。率直に言えますが、だから我々には違いがあるのです。その違いについて総理とキッシンジャー博士とが話し合いました。

アメリカと中国の二大国を見て言えることは、中国はアメリカの領土を脅かしていないし、アメリカも中国に領土的野心はない。中国はアメリカを支配しようとは望んでいないでしょうし、アメリカも世界を支配しようと望んでいないことはお気づきのことと思います。あなた方はそう思わないかもしれませんが、アメリカと中国はいずれも大国ですが、世界を支配しようとは思っていない。私たちの態度はこの二点については同じですから、お互いに領土を脅かすことはない。

したがって、私たちはいろいろ違いはありますが、自分のやり方で自分の道を通って安全に発展する世界を築く共通の地盤を見出すことができます。そうとは言えない国が世界にはいくつかありますけれど。

毛沢東主席　私たちは日本も南朝鮮も脅かすことはない。

ニクソン大統領　いかなる国もです。私たちも絶対に。

毛沢東主席　（周恩来総理と時間を見ながら）今日は充分話し合えたと思いますか。

ニクソン大統領　はい。終わりに当たって、言いたいのですが、主席、あなたと総理がとても大きな危険を冒して私たちをここに招待して下さったのはよく承知しています。我々にとってもむずかしい決断でした。しかし主席のいくつかの声明を読んで、好機を見逃さない方だと、「ただ朝夕を争わん」(4)とする方に違いないと思いました。

個人的な感想ですが、――これは総理にもなのですが――皆さんは私をご存じではない。ご存じでないから、信用なさってはいけない。でも私はできないことは言わなかったとわかって下さるでしょう。私はいつも言った以上のことをします。それを基礎にして、主席とも、総理とも率直な話し合いをしたいと思います。

毛沢東主席　（キッシンジャー博士を指して）「ただ朝夕を争わん」。一般的に言えば私のような人間は大砲のように吠えます。（周笑う）つまり「全世界は団結し、帝国主義、修正主義、すべての反動を打倒せよ、社会主義を建設せよ」というような。

ニクソン大統領　私のような。そして匪賊を。

毛沢東主席　しかし個人としてはあなたは打倒されるべき人には入らないと思います。キッシンジャー博士も打倒されるべき人には入らないとみんな言ってます。みんな打倒されてしまったら、私たちに友人がいなくなってしまいます。

ニクソン大統領　主席。主席の生きてこられた道は我々みんながよく承知しています。貧しい家から出て、世界で最も人口の多い偉大な国の頂点に立った方です。

私の生い立ちはそんなに知られていません。私も貧しい家に生まれ、大国の頂点に立ちました。歴史が私たちを引き合わせました。問題は、異なった哲学を持つ私たちが地に足を着け、人民の中から出てきて、ただ中国やアメリカに奉仕するだけでなく、この先全世界に奉仕することでしょう。そのために私たちはここにいるのですから。

毛沢東主席　あなたの『六つの危機』(5) はなかなかの本です。
ニクソン大統領　ほんとに読書家でいらっしゃいますね。
毛沢東主席　とんでもない。アメリカのことはよく知りません。何人か先生を送ってもらわなくては。主として歴史と地理の。
ニクソン大統領　それはいい。最高です。
毛沢東主席　私はエドガー・スノウにそう言ったのです。数日前に亡くなった特派員です。(6)
ニクソン大統領　とても悲しいことです。
毛沢東主席　本当に。

暗礁に乗りあげてしまったらなんの益もありませんから、よく話し合うのはよいことです。合意ができなくたっていい。結論に達することができるにちがいないと言えるのはどうしてでしょうか。人々は言うでしょう……私たちが一回目にうまくいかないと、なぜ一回目はうまくいかなかったのかと。唯一の理由は道を間違えたからです。二回目にうまくいったら、人々はなんと言うでしょう。

(お別れの冗談を言い合った。主席は体調が良くないと言った。ニクソン大統領は元気そうに見えると返した。主席は見かけはあてにならないと言った。握手をして、写真をさらに撮り、周恩来総理が大統領についていて私邸の外に見送った。)

訳注

（1）唐聞生（Nancy Tang）。唐聞生はニューヨーク・ブルックリン生まれの中国人。一九五五年に中国に移住。一九七一年七月のキッシンジャーの第一回訪中からニクソン訪中まで一貫して中国側通訳を務めた。キッシンジャーは、七一年七月、パキスタンのチャクララ空港で初めて彼女に会ったとき、私と違ってあなたはアメリカ生まれだから大統領にもなれるよ、とジョークを言ったエピソードを回想録に残している（斎藤弥三郎他訳『キッシンジャー秘録③　北京へ飛ぶ』小学館、一九八〇年、一八六頁）。

（2）ここで毛沢東は一九七一年九月十三日に起こったいわゆる「林彪事件」を述べている。後の林彪・「四人組」裁判の記録によれば、次のような事情である。一九六九年四月の第九回党大会で毛沢東の唯一の後継者に指名された林彪副主席（国防部長）は、七〇年八月の廬山会議で毛沢東から批判された。その後、息子林立果（空軍作戦部副部長）を中心にクーデター計画が進められていた。七一年九月、毛沢東が南方視察中に自分たちを批判したと知った林彪、その妻の葉群（中共政治局委員）、林立果らは毛沢東の暗殺を計画したが失敗した。彼らは、九月十三日、山海関の空港からトライデント機でソ連への逃亡を企てた。だが、機が燃料切れでモンゴル草原への不時着に失敗して炎上。林彪グループの死亡は、後にモンゴル大使館を通じて中国側に報告された。なお、中国が国際社会で林彪の死を公認するのは七二年六月二十六日に毛沢東がバンダラナイケ・セイロン首相に林彪の死を明らかにしてからのことである。この林彪事件については、林彪がはたして毛沢東・周恩来の対米接近に反対したのか、本当に暗殺計画があったのかどうかなど、今なお謎が多い。

（3）一九七一年七月、キッシンジャーが初めて周恩来に会ったとき、五四年、ジュネーブ会議でジョン・F・ダレス米国務長官が周恩来との握手を断ったエピソードをきいた。この情報をキッシンジャーは大統領に伝えており、北京の軍用空港に降り立ったニクソンは、自分が「あの無礼の償いをする間」誰もタラップに降りてきてはいけない、と命じたという（前掲、『キッシンジャー秘録④　モスクワへの道』一七五～一七六頁）。ニクソン自身は次のように回想する。「私は、周恩来が一九五四年のジュネーブ会議の際、フォスター・ダレスに握手を拒否され、ひどく侮辱されたことを知っていた。だから、私はタラップをおりきったとき、彼の方に歩み寄りながら、自ら進んで手を差し出した。二人の手が合わされたとき、一つの時代が終わり、もう一つの時代が始まった」（松尾文夫・斎田一路訳『ニクソン回顧録① 栄光の日々』小学館、一九七八年、三二六頁）。

（4）毛沢東の詩「満江紅——郭沫若同志に和す」（一九六三年一月九日）が典拠。この部分は、「……多少事 従来急天地転 光陰迫 一万年太久 只争朝夕……」。原意は、「いくつかのことがこれまでも解決を急がれた。時は一刻一刻と迫る。一万年かけて歴史に結論をゆだねたいものだが、それではあまりに時間がかかりすぎるので、一日、半日を争うほかはない」というもの（武田泰淳・竹内実編『毛沢東——その詩と人生』文芸春秋新社、一九六五年、三八五～三九二頁）。なお、この詩をニクソンは、二十一日夜の歓迎レセプションで再び引用している。

（5）*Six Crises*, Doubleday, 1962. 一九六〇年代初めまでのニクソンの自伝。

（6）エドガー・スノウ（Edgar Snow）はアメリカのジャーナリスト（一九〇五～七二）。一九三六年、陝西北部延安の中国共産党の根拠地に入り、四カ月の滞在中に毛沢東らから半生を聞き出した。その取材をもとに翌年出版した『中国の赤い星』は、毛沢東・周恩来・朱徳ら「赤匪」の主張、生き方を世界に初めて伝え、話題を呼んだ。中華人民共和国になってからは、一九六〇～六一年、六五年、七〇年に中国を訪問、とくに七〇年の国慶節パレードで彼が天安門の壇上に招かれ、その写真が『人民日報』紙面を飾ったことは、中国側が発した対米関係改善のシグナルであった。また、同年十二月十八日には毛沢東がスノウと会見、「ニクソンのような独占資本主義を代表する右派の人物でも中国訪問を許されるだろうか」とのスノウの問いに対して、毛が「彼でさえ歓迎される」と述べ、中国側の対米接触の意思が翌七一年四月三十日号の『ライフ』誌で明らかにされた。だが、米中関係の改善を誰よりも望んだであろうスノウは、ニクソン訪中の直前の二月十五日にスイスで病死した。周恩来は重篤の彼のために医師団をスイスに派遣し、死に際しては弔電を打ち、十九日には追悼会を開いて彼の中国革命に対する支援に報いた。

資料2　一九七二年二月二十一日　第一回全体会談

ホワイトハウス
ワシントン

取扱注意・関係者のみ閲覧可
会談メモ
出席者　大統領
ウィリアム・P・ロジャーズ　国務長官
ヘンリー・A・キッシンジャー博士　国家安全保障担当大統領補佐官
ロナルド・L・ジーグラー　大統領報道担当秘書官
マーシャル・グリーン　国務省東アジア・太平洋担当補佐官
ジョン・A・スカリ　大統領特別顧問
アルフレッド・ル・S・ジェンキンズ　国務省アジア共産国部長
ジョン・H・ホルドリッジ　国家安全保障会議スタッフ

ウィンストン・ロード　国家安全保障会議スタッフ
チャールズ・W・フリーマン Jr.　国務省通訳

周恩来総理
葉剣英　軍事委員会副主席
李先念　副総理
姫鵬飛　外交部部長
喬冠華　外交部副部長
熊向暉　総理秘書
章文晋　外交部西欧・北米・太平洋州局局長
韓叙　外交部儀典局局長
王海容　外交部儀典局副局長
趙稷華　外交部
冀朝鋳　通訳
彭華、Chien Ta-yung、Shen Jo-yun、Li Chung-ying、Ting Yuan-hung、Chang I-chun、Ma Chieh-hsien and Lien Cheng-pao　関係部署のリーダーおよびスタッフ

日時　一九七二年二月二十一日　月曜日　午後五時五十八分～六時五十五分

場　所　中国　北京　人民大会堂

周恩来総理　私たちの指導部には年寄りがたくさんいます。この点については、皆さんに学ばなくてはいけませんね。お若い方が本当に多い。チェイピンさん[1]はほんとに若い。グリーンさんもまだお年ではない。

グリーン　いえもう年です。

周恩来総理　香港にいらしたのですね。

グリーン　そうです。一九六一年から一九六三年までです。

周恩来総理　それでは中国についてご存じでしょうね。

グリーン　いえ、よくわかってはいません。

周恩来総理　それでは、皆さんが国務長官閣下のもとで中国にいらしたのですから、こちらの外交部長といろいろ議論をして下さい。どんな問題でもお好きなことを提起して下さい。

ロジャーズ国務長官　そちらからどうぞ。

周恩来総理　一連の問題に関心のある方が、知りたいと思うことを知ることができるように我々はお世話します。よろしいですね。

ニクソン大統領　大変結構です。しかし彼らにいくつか返答もしてやってほしいと思っています。

周恩来総理　私たちは彼ら（新聞）に失敗したことばかりでなくお答えします。そうすることによってのみ、ほかの人たちが比較し、発展の見地から物事を見るようにさせることができます。

どなたも煙草はやらないようですね。それではお茶にしましょう。お茶から始めないと、話はやっかいそうですから。

ニクソン大統領　みんなたくさん質問を持ってますから。

周恩来総理　今すぐ質問に答えるようにということですが、私は大統領閣下が私にゆだねた後で質問を受ける方がよいと思います。話し合いの途中で質問に答えるのは容易ではありません。説明会《ブリーフィング・コンファランス》にはキッシンジャー博士のように熟達していませんから。もし私が説明会をやるとすれば、途中経過まで言ってしまって、誠実さを欠くことになるでしょうから。新聞記者と話をするのは本当に容易ではありません。まだ権力をとる前のほうが、もっと気楽で自由でしたし、新聞記者ともっと気楽な関係で話ができました。

ニクソン大統領　総理とキッシンジャー博士の会談記録(2)を拝見して、総理は世界の誰を相手にしても引けを取らない方だと思いました。

周恩来総理　そんな大層な立場ではないと思います。どんな人間だって知識は限られています。毛沢東主席が言ったように、私たちがアメリカについて知らないことはたくさんあるでしょう。私たちは長い間離ればなれでしたし、お国には巨大な変化が起こりました。中国でも同じです。巨大な変化を経ています。

おしゃべりはそれくらいにして、ニクソン大統領がこのような大型代表団と共に中華人民共和国を訪問されたことを心から歓迎申し上げます。お互いに重要と考える事柄、なかんずく米中両国間の関係正常化の促進について、真剣な話し合いをしようと大統領はお考えになっていると思います。そして特に、一万六千マイル以上の距離をも越えてこられたことについて心から感謝申し上げます。その上両国には大きな時差があります。初回はできるだけ短時間でいたしましょう。

しかし一言付け加えますと、会談に先立って、大統領閣下は毛沢東主席とすでに会見され、これから話し合われる問題を話し合われました。これはこれからの会談にも都合のよいことです。

ニクソン大統領　総理、私は代表団にかわって歓迎にお礼申し上げます。今わが国についてご存じないとおっしゃいましたが、我々もまた貴国についてよく知るものではありません。このことはお互いにとって大きな損失です。

周恩来総理　さっそく修復すべきですね。

ニクソン大統領　今や私たちは人民としても政府としても、知り合う機会をもてるような段階に入りつつあります。

周恩来総理　その通りです。

ニクソン大統領　私たちが出会って、私たちの過去の相違について話し合う機会がもてます。その相違については、総理がキッシンジャー博士との会談で指摘なさったし、今日毛沢東主席とも話し合ったものです。私たちは共通に関心を持つ領域についても話し合いができると思います。このたびの旅行のことが発表されたときには、アメリカ人の大多数がこの訪問を支持したものと確信しています。

周恩来総理　その精神《スピリット》はお国の新聞からも、お国の両院を通過した決議からもうかがえます。皆さんの飛行機に書いてある「七六年のスピリット」からもうかがえますね。（笑い）この「七六年のスピリット」は二百年間をふくむ開拓者魂《パイオニア・スピリット》です。私はキッシンジャー博士とこの開拓者魂について話し合いました。

ニクソン大統領　この訪問の副産物として、私は思いがけなくも議会で満場一致の決議を得ることができました。（笑い）そのことは、アメリカの人民も二大政党の議会も、中華人民共和国とアメリカ合衆国との新しい関係を見たいと望んでいることを意味しています。総理が声明で述べられたように、過去と現在の違いがわずか一回の訪問では乗り越えられないことを彼らは知っています。

周恩来総理　その通りです。

ニクソン大統領　しかし、私たちの子供たちが暮らすことになる世界がもっと平和でなければならないのなら、中国と合衆国は、対立し合っているよりむしろ、できるなら、協力し合うべきだということも彼らは知っています。

周恩来総理　そうなることを望みます。

ニクソン大統領　私たちは見解の相違のことを話してきました。総理と毛沢東主席と私たちの会談でも、国務長官と外交部長との話し合いでも、相違点については議論されるでしょうが、忘れてならないのは、中華人民共和国は合衆国に対して領土的野心を持っていないし、合衆国も中国に対して領土的野心を持っていないということです。いずれの国も相手を支配しようと思っていないし、いずれの国も世界を支配しようと思っていない。これは私が確言できるし、毛沢東主席も総理もおっしゃったことです。このことについてはお互いに共通しているところです。

今世界の状況、力のバランス状況を見れば、中華人民共和国とアメリカ合衆国が敵対すべき理由はありません。中国とアメリカが手を組んで太平洋の平和、世界の平和につくすべき理由はたくさんあります。

私がすでに毛沢東主席および総理と会談をしてとてもすがすがしい思いがしたのは、一つにお二人が直接的に、正直に、率直にお話になったことがあります。私たちの間にあるであろう相違を、外交辞令で隠すことはできません。基本的な意見の違いをうわべだけ取りつくろっても関係改善に役立つことはないでしょう。

周恩来総理　その通りです。

ニクソン大統領　このようなトップ会談を、世界が見守っている中で行う場合は、数日間会談をして、議論をして相違点を見つけ、問題をごまかすために曖昧な言葉でコミュニケを発表する、というのが普通のやり方です。

周恩来総理　私たちがそんなことをすれば、まず第一に人民を欺くことになりますし、私たち自身を欺くことになります。

ニクソン大統領　世界の行方に影響を与えないような国の間でしたら、それもいいのでしょう。しかし私たちの場合は、世界が注目し太平洋や世界中の友人たちの将来に影響を与える会談なのですから、それでは責任がはたせません。

会談を始めるに当たって、私たちはすべてが解決できるなどという幻想は持っていません。しかしたくさんの問題が将来解決できる糸口をつかむことにはなるでしょう。そのやり方は、総理がキッシンジャー博士との会談でやったように、また私たちがこれから週末までやるように、問題をテーブルの上に出して、率直に穏やかに話し合って同意できる部分、できない部分を見出すことです。この部屋にいる男性も女性も長い厳しい戦いを経て革命を成功させました。あなた方がご自身の原理に深く確信をもっていらっしゃることはわかりますし、私たちも自分たちの原理を深く確信しています。あなた方の原理を曲げるようにとは要求しませんし、あなた方も私たちの原理を曲げるように要求はしないでしょう。

周恩来総理　おっしゃる通りです。私たちの間には大きな違いがありますし、将来もその違いは残るでしょう。しかし大統領がおっしゃったように、私たちは両者の関係を正常化する共通の基盤を必ず見つけることができるでしょう。

ジーグラー［報道官］さんにはお詫びをしなければいけませんが、ニクソン大統領と毛沢東主席の会見を前もってお知らせせずに申し訳ありませんでした。本当に突然だったものですから。でもすでに大統領にお約束したように、新聞発表と写真はそちらの側で先になさって下さい。

ニクソン大統領　それは全く異例なことです。ほかの国でしたらそんなに寛大にしてはくれません。

周恩来総理　これはそちらが言い出されたことですから、そちらが先でなければいけません。

ニクソン大統領　ここに集まったものすべてが承知しておくべきことですが、会談は率直になされるべきで、同意がなければ、つまり総理か主席そして私、外相とロジャーズ国務長官の同意がなければ、新聞には発表しないということが重要です。なぜならば話し合いはお互い同士が何でもあけすけにやることが大切だからです。新聞にはそれほどあけすけにしなくていいでしょう。

周恩来総理　その点についてはすぐ合意できるでしょう。

ニクソン大統領　よかった。キッシンジャー博士やジーグラーが背景説明をしなくても、私はそれには責任を持ちましょう。（笑い）

周恩来総理　今日の午後、大統領が毛沢東主席におっしゃったように、今日私たちは握手をしました。しかしジョン・フォスター・ダレスは握手を望みませんでした。

ニクソン大統領　あなたも握手を望まなかったとおっしゃっていましたが。

周恩来総理　そうでもありません。握手してもよいと思っていました。

ニクソン大統領　私たちは握手をしましょう。（周と握手）

周恩来総理　ダレスの補佐役だったウォルター・ベデル・スミス氏(3)は別のやり方をしたかったのですが、結局はダレスの教えにさからわず、右手にコーヒーカップを持っていなければなりませんでした。そうすればふつうは左手で握手をしませんから。そこで彼は左手を使って私の腕をゆすっていました。（笑い）

しかしあの時代ですからあなた方を非難できません。国際的に社会主義陣営は一枚岩で、西側も一枚岩だと見られていたのですから。しかし事実はそうではない。今ならわかります。

ニクソン大統領　私たちは古いパターンをうち破りました。国々をひとかたまりにしてみたり、こういう哲学を持っているのだから全部真っ暗だというのではなく、それぞれの行動から見るようにしています。総理に正直に言いますが、私もアイゼンハワー政権の一員でしたから、あのときはダレスと同じような考え方をしていました。あれから世界は変わりました。人民共和国と合衆国との関係も変わらなければなりません。キッシンジャー博士と総理との会談で総理がおっしゃったように、操舵手は波に乗らなければいけません。そうしないと潮にのみこまれてしまいます。

周恩来総理　まったくです。（と笑う）キッシンジャー博士のあなたへの報告は完璧ですね。私が言った通りです。

ニクソン大統領　よけいなことも言うのですよ。（笑い）

周恩来総理　これからの話し合いは、いくつかのグループに分かれたらどうかと思います。そうした方が話は早いでしょう。そう思いませんか。つまり、補佐官たちは基本的な主要問題についての会議に限定する。国務長官と彼の補佐官は外交部長およびその補佐官と両国関係正常化を促進するさまざまな個別の問題を話し合う。毛沢東主席が大統領に今日の午後に言いましたが、私たちはまず主要問題を話し合い、個別の問題は後にしましょう。

大統領の政権になって以来、私たちが接触し合うための門が開かれました。個別の接触は両国関係の正常化に役に立つことでしょう。この点に関して言えば、大統領が先に始めたと言っておくべきでしょう。我々の外交部は反応が遅かったと思います。そちらの国務省がどうだったかは知りませんが。

ロジャーズ国務長官　こちらは速く反応しましたよ。

周恩来総理　日本の名古屋での世界卓球選手権大会の間に、アメリカの卓球選手団を中国に招待しようという決定を毛沢東主席自身が下しました。それが公表されると、国務省は訪問を許可しました。もともと欲求があったから、そのチャンスがめぐってきたときに即応できたといえるのではないでしょうか。

これが事例ですから、相互の個別的接触について、国務長官と補佐官が我々の外交部と話し合っていただきたい。関係の改善を進めるに違いありません。個別問題の討議ではグリーン氏が問題提起をなさると思いますが、我々はそれにお答えします。我々の外交部長と補佐官の方からも問題提起があるはずです。双方に関係正常化を促進したいという思いがある限り、個別問題は容易に進展するものと信じます。

基本問題については、大統領と我々自身にその解決がゆだねられます。台湾問題とかあらゆる問題が絡んでいることは言うまでもありません。このようにして明日始めることでいかがですか。

ニクソン大統領　総理がおっしゃったのは、納得できる実効のある進め方だと思います。双方の外相が、接触の正常化、通商などを話し合い……

周恩来総理　文化とか。

ニクソン大統領　文化や……

周恩来総理　科学や……

ニクソン大統領　そう……技術とか。それらいっさいが話し合われるよう用意されています。同時に総理もお望みですし、我々も望みますが、台湾だけでなく東南アジア、朝鮮、南アジア、太平洋地域に関わる問題――日本との関係、世界的な問題一般、超大国との関係についても話し合いたいと思います。

話し合いで二国間の問題に力点が置かれるのは避けられませんが、問題を知的かつ効果的に話し合うには、世界全体の枠組みの中で進めた方がよいと思います。というのは、――前にも申し上げましたが――両国とも世界を支配しようなどと思ってはいませんが、私たちはそれぞれ神の思し召しで大国になっています、ですから当面の問題ばかりではなく、世界全体の問題を協議せざるを得ません。

たとえば、東南アジアやインドのことを話し合おうと思えば、ソ連のこの地域に対する政策を吟味せざるを得ません。軍縮問題全般についても同様です。

周恩来総理　そうですね。大統領はこの原則についてすでに昨年七月カンザスシティでの記者会見で指摘していますね。(4) あれとは少し違うようですが、見解を変えられたのですか。いずれにせよ私たちを買いかぶっています。私たちが将来の大国だとおっしゃいました。ヒース首相も保守党年次大会の演説で私たちを過大に評価しました。第二次世界大戦以来、世界には大変な混乱ととてつもない変化があったようです。

ですから、私たちが意見交換をして共通の地盤を求めることが大切です。

ニクソン大統領　総理が中国の現実を過小評価するはずはないし、していないと思います。将来の大国というだけでなく、現在も大きな力を持っているからこそ、ソ連は西ヨーロッパとの国境よりも中国との国境に多くの軍を展開しているのでしょう。

周恩来総理　それはその通りです。ここに軍事委員会の副主席がいますが、彼はそのことを証言できます。

ニクソン大統領　その点については我々も情報に通じています。

周恩来総理　大統領は午前中にお国の問題を処理なさりたいとうかがいました。ですから話し合いはいつも午後にしましょう。明日と、おそらくあさっても、午後から始めましょう。長時間になると思います。二時間では足りないでしょうから。

ニクソン大統領　足りないでしょうね。総理は午前からの方がよろしいですか。

周恩来総理　ご自分のお仕事は午前中に片づけてしまった方がいいですよ。

ニクソン大統領　午後早くなら大丈夫ですが。

周恩来総理　では二時からということで。

ニクソン大統領　そういたしましょう。総理のように遅くまで起きていられるか心配ですが、やってみましょう。

周恩来総理　北京時間の二時ですよ。

ニクソン大統領　ちょうど私の就寝時間にあたります。総理の方が有利ですね。（笑い）

周恩来総理　それでは明日、儀式が済んでまだ元気があれば、話を続けましょう。

ニクソン大統領　話が進んで午前中の議論の方がよいとなれば、いつでも私のスケジュールは変えますから。

周恩来総理　とりあえず、明日は二時ということに。

ニクソン大統領　では毎日、別の設定でもよろしいですね。

周恩来総理　国務長官と外交部長は自分たちで設定してもらいましょう。外交部長は午前でも午後でもいつでも仕事をしますよ。

ニクソン大統領　私たちより若い。（笑い）

周恩来総理　訪問は長期のものではありませんし、コミュニケの準備もありますから、その作業をやるものを双方で決めておいた方が賢明かと思いますが。

ニクソン大統領　賛成です。

周恩来総理　我々の方は喬冠華に決めておきます。彼は議論にも参加します。

ニクソン大統領　こちらはキッシンジャー博士に決めます。彼はもちろん私と国務長官とともに動きます。

周恩来総理　ソ連の国連代表マリクは我々の代表喬冠華が気に入らないようで。

ロジャーズ国務長官　私たちは好きですよ。（笑い）

周恩来総理　彼はブッシュ氏［国連大使］と協力し合いました。

ニクソン大統領　キッシンジャー博士が話してくれたことですが、中国の友人と作業をしてずっと気持ちのよいことは、いつも同じ文面を発表することです。ソ連とでは、必ずしもそういきません。

周恩来総理　そうしなくてはなりません。そうでなければ信頼してもらえませんから。

ニクソン大統領　とても有益な会合でした。このようにして始め、内密に話し合いができ、新聞は私たちが彼らに伝えたことだけを載せると知っていれば、……そして第二に、私たちが正直にコミュニケを作り、不一致の点はそう述べる、そうすればとてもよいやり方だと思います。

周恩来総理　食い違いがあれば、はっきりさせればいい。そうすればお互い比較して共通点を見出すのが易しくなるでしょうから。

ニクソン大統領　なぜ食い違うのかを知ることもまた大切です。私たちが思っていたほど食い違う分野は広くないことがわかるかもしれません。場合によれば、両者の相違がいつまで続くかの時間の問題だけかもしれません。

周恩来総理　毛沢東主席が言ったように、もし食い違いがあって今回解決できなくても、次回解決するよう努力できます。なぜ相違点を解決できないのか理性によってわかるでしょう。一方が間違っているか、他方が間違っているか、あるいは双方か。それから……

ニクソン大統領　おそらく時がたてばまた変わります。

周恩来総理　これ以上お引き留めしてはいけません。我々の側では［葉剣英］軍事委員会副主席と李先念［副総理］氏はすべての会合には出席できないと思います。

ニクソン大統領　どうぞご都合のよいように。一つだけ質問が——私が主席にお目にかかれたという事実はとても関心を引くことで、いつそれを……

周恩来総理　それはもう発表ずみです。

ニクソン大統領　それが困るんです。大統領が知るのはいつも最後だということになって。（笑い）

周恩来総理　お約束は守ります。新華社には八時三十分まで発表するなと言ってあります。ジーグラーさんに先を譲っています。

ジーグラー　ありがとうございます。

周恩来総理　葉氏や李先念氏もまだ知りませんから。二人に知らせる時間がありませんでした。

ニクソン大統領　総理はジーグラー氏を甘やかしてますね。

訳　注

（1）ウィンストン・ロードが記録した本テキストには明記されていないが、二月二十一日の全体会談には、大統領副補佐官のドワイト・チェイピン（Dwight Chapin. 三十一歳）も出席している。

（2）解説にも触れているように、一九七二年二月のニクソン・周恩来会談、上海コミュニケの下準備は、すでに七一年七月、十月のキッシンジャーと周恩来との交渉でできていた。この二回の会談記録は二〇〇一年四月に機密解除された。それらが二〇〇二年、国家安全保障公文書館から電子本に編集され、ウェブ上で閲覧できるようになった。そのすべての会談記録を邦訳したのが、毛里和子・増田弘監訳『周恩来・キッシンジャー機密会談録』（岩波書店、二〇〇四年）である。なお、七月のキッシンジャーとの交渉を始めるに際して周恩来がテープに録音するよう提案したが、キッシンジャーが拒み、結局テープは取られなかったという（Richard H. Solomon, *U. S.-PRC Political Negotiations, 1967–1984 : An Annotated Chronology*, p. 15)。

（3）ウォルター・ベデル・スミス（Walter Bedell Smith)。軍人出身。トルーマン政権時に駐ソ大使、ＣＩＡ長官。アイゼンハワー政権時に一九五三年から国務次官としてダレスを助ける。一九五四年ジュネーブ会議では米国の代表団長を務めた。同年引退。

（4）ニクソン大統領は、キッシンジャー補佐官が秘密訪中の旅に入っていた一九七一年七月六日、カンザスシティで中西部のマスコミ幹部に向けて対中政策について演説した。大統領は、中国の「潜在的力」の重要性と対中孤立化政策が妥当でないことを強調し、「ニクソン政権が中国の国際社会からの孤立に終止符を打つために、初歩的ないくつかの措置を講じることが不可欠である、と考えたのはそのためである」と述べた。また、「中国を国際社会に仲間入りさせるための一歩が、いま踏み出されなければならない」と指摘している。ニクソン自身が言っているように、この演説は米国ではあまり注目されなかったが、「北京では大きな関心を持って受け取られた」（前掲、『ニクソン回顧録①　栄光の日々』三一七〜三一八頁)。

資料3　一九七二年二月二十二日　ニクソン・周恩来第一回会談

ホワイトハウス
　ワシントン

取扱注意・関係者のみ閲覧可

会談メモ

出席者　大統領
　ヘンリー・A・キッシンジャー博士　国家安全保障担当大統領補佐官
　ジョン・H・ホルドリッジ　国家安全保障会議スタッフ
　ウィンストン・ロード　国家安全保障会議スタッフ

　周恩来総理
　喬冠華　外交部副部長
　章文晋　外交部西欧・北米・太平洋州局局長

王海容　外交部儀典局副局長
趙稷華　外交部
冀朝鋳　通訳
唐聞生　通訳
記録係二名

日時　一九七二年二月二十二日　火曜日　午後二時十分～六時
場所　北京　人民大会堂

（会談は周恩来総理とニクソン大統領との軽口の応酬ではじまった。総理は、アメリカ側が誰も煙草を吸わないことを指摘した。またその夕べ、毛沢東夫人［江青］がバレエを見に行くと言った。古典バレエと革命的バレエを結びつけるのはむずかしいと述べた。大統領は、総理自身若い頃役者だったと言い、大統領も女の子を射止められない役で出た劇で、今の夫人に出会ったと言った。総理は、だから芝居というのは実際と違う、とコメントした。

総理は、いま会談しているこの部屋――福建の間――が一九七一年にキッシンジャー博士を迎え、北京ダックを食べた部屋だと伝えた。キッシンジャー博士は、一度目の訪問で体重が二ポンド増え、二度目で五ポンド増えたと言った。）

ニクソン大統領　昨夜の宴会はすばらしかったとまず総理に申し上げたい。我が方の代表団と記者たちは、こもごも、すばらしかったと言い合っています。私は娘と今朝電話で話しましたが、彼女はテレビのライブで宴会をボストン時間の午前六時に見たそうです。総理の乾杯の発声を聞いてとても感動したと言っていました。私が箸を使えるのにも感動したそうです。私がお客たちとグラスをカチンと合わせテーブルをまわるのも大変感動したようです。これがすべて六時から八時までテレビで生中継されたそうです。

周恩来総理　大統領の訪問に、人々の注目が集まるのはとてもいいことだと思います。あなたがここにいらしたことが無駄ではないことになります。

ニクソン大統領　申し上げたように、世界史上のいかなる時代の人たちよりも多くの人が私たち二人のスピーチを生で聴いたことでしょう。

周恩来総理　あなた方の人工衛星がそこでは役に立ったのですね。他の人工衛星もそのようなことで役に立って欲しいですね。

ニクソン大統領　私たちもそう望みます。

周恩来総理　簡単にはいきませんが。

ニクソン大統領　どのように進めましょうか。お望みに合わせるようにしたいと思います。

周恩来総理　私の方からお聞きしたいのですが、世界の主要問題から始めて台湾問題と関係正常化に入っていくか、それとも、台湾問題から始めて主要な問題に入っていくか、どうお考えですか。

ニクソン大統領　総理に私の考えの概要を分かっていただけるように進めるよりよい方法は、もしお許しいただけるなら、はじめに概括的な話をさせていただくといいかと思います。私の考えは、キッシンジャー博士を通じてしかお聞きになっていませんから。話の中で台湾にも少し触れ、世界情勢に進みそれを論じ、また世界情勢に関係する限りで、台湾、朝鮮、日本、インド亜大陸およびそのほかの具体的問題に戻りましょう。私が特殊な問題をどのように世界情勢と結びつけるか、またなぜ私がある問題に関して結論に到達したか、総理に分かっていただくことが大切だと感じるからです。総理に私の考えを理解していただき、私がなぜある事柄を重要だと考えるのか知っていただきたいと思います。それから具体的な問題を話し合いましょう。総理も私の大局観を検討したくなるでしょう。よろしければ、そうやって進めたいのですが。

周恩来総理　それで結構です。どうぞ。

ニクソン大統領　毛主席が昨日の会見の始めに語ったステートメントについてコメントすることから始めたいと思います。主席は、私たちの会談を秘密にするのか、宣伝のためにするのかと適切に問題を立てられました。私は主席にも、また総理にも車の中で確約したとおり、会談は秘密にします。細かい話になりますが、キッシンジャー博士が七月と十月の旅から帰ったときの、報告書のページ数は五百ページを超えました。

周恩来総理　それを読み通すのは退屈きわまりなかったでしょう。

ニクソン大統領　とっても興味深いものでした。信じがたいことかもしれませんが、ヘイグ准将とここにいるメンバーと、キッシンジャー博士は当然ですが、それをのぞくと私だけしか五百ページを読破したものはいません。私はまるまる五百ページを読みました。これは極秘ですが、今一緒に来ているロジャーズ国務長官やマーシャル・グリーン国務次官などには消毒済《サニタイズド》みの会談メモを渡しました。彼らの仕事にこの情報がいくつか必要だったからです。

ロジャーズ長官やグリーン次官が信用できないということではありません。しかし国務省というのはざるのように水漏れがするところです。（周恩来総理笑う）また官僚たちの間には私がとってきた立場に反対する者がいます。例えば、インド・パキスタンに対する立場などです。

周恩来総理　（笑って）あなた方三人の会談の記録は全部明るみに出されましたね。あらゆる種類の人々がそこにいましたから。

ニクソン大統領　総理および毛主席と私が話し合ったこと、他の者と主席の会話に関しては、以下のルールを適用します。会談記録を手にしうるのは、この座にいる者とヘイグ准将に限る。ヘイグ准将はキッシンジャー博士の代理ですからそれを見なければなりません[1]。ロジャーズ長官には一般的に論じられていいことと国務省がそれに関して何かしなければならないこと、それに限ってメモだけを見せるようにします。この部屋での会談の記録は、この座にいる者とヘイグ准将だけしか見られません。ヘイグ准将は、完璧に信頼できます。

総理は私たちが神経質すぎるとお考えかもしれません。しかしご存じのように、私たちは前政権についてはペンタゴン・ペーパー[2]の問題がありましたし、現政権についてはアンダーソン・ペーパー⑶の問題があります。キッシンジャー博士と私は、こうしたことが総理の政府とうち立てた新しい関係の中で起こってはならないと決意しています。少し軽い調子で言いますと、我が国で秘密を守ることは、お国での場合よりずっと大変な問題なのです。

周恩来総理　そうだと思います。

ニクソン大統領　例えば、私はおみやげを公衆の面前にさらしたくありません。私はじゃこう牛がおみやげには良いと思ったのですが、動物園の管理者は新聞と連絡を取り、私から聞いた詳細を話してしまった。自分の手柄にしたかったのでしょう。（中国側笑う）これはもちろん小さなことですが、両国の運命と、おそらく世界の運命が関わっていることについては、絶対に非公開で話し合わなければならないと決意しています。

周恩来総理　ごもっともです。キッシンジャー博士が最初に北京を訪問して以来、私たちは厳格に非公開の原則を守ってきました。あなた方がそうするのは非常にむずかしいだろうとは理解していま す。

ニクソン大統領　私が副大統領だった八年間、大統領の三年間および議員だった六年間で、お国の政府以上に秘密を守るのに細心で、協定を守るのに気を配る政府はありませんでした。むずかしいですが、私たちも同じように対応したい。それがこのような鉄の管理を行おうという理由です。総理が、主席にお伝えになるときに、どうぞ私の申したことをお伝えください。主席がこのことを承知しておられることはとても大切だからです。私は、そんなにしばしば約束はしませんが、いったん約束をしたら必ずそれを守る人間だと主席に知って欲しいと思います。

さて、話を変えて、前に打ち合わせたとおり、台湾問題にちょっと触れます。これに関してはまだ合意に達していません。またあとで戻るか、詳細に論じるかしましょう。

キッシンジャー博士が当地に来たとき、私たちは五つの原則に同意していると述べました。これはその通りです。他の問題で私たちが何を言おうと、この点は信頼していただいて大丈夫です。

原則一　中国は一つで、台湾は中国の一部である。もし私が官僚をコントロールできれば、今後は、台湾の地位は未定だというような声明[4]がなされることはないでしょう。

原則二　我々はいかなる台湾独立運動も支援しない。

原則三　我々の台湾でのプレゼンスが減少しても、日本が台湾に進出するのをやめさせるよう、我々の影響力を最大限行使する。【そしてまた日本が台湾独立運動を支持するのを思いとどまらせましょう。日本がこれからすることをこちらで言うことはできませんが、アメリカが日本に対し影響力を持っている限り――私たちは総理の政府と、この点については同じ利益を持っていますから――私たちは日本が台湾に出ていくことを望んでいませんし、日本がそうすることを思いとどまらせます。】

原則四　我々は実効のある台湾問題の平和的解決を支持する。この点に関し、我々は、大陸本土への軍事的帰還をはかる台湾政府の軍事的試みを支持しない。

原則五　我々は人民共和国との関係正常化を求める。台湾問題が、正常化の障害になっている。

先に述べた枠組みで正常化を追求し、目標に向かい努力し、その達成に努める。

（周恩来総理は一息入れお茶をどうかとすすめる。ホルドリッジにもう一杯どうかとたずねると、彼は、お茶を飲み始める暇がなかったと答えた。忙しくさせてたからとニクソン大統領が言った。）

ニクソン大統領　さて、キッシンジャー博士がすでに言ったとおり、台湾にいる米軍の三分の二は在東南アジア米軍の支援用であると付け加えたい。これらの軍は、いずれにせよ、東南アジアの情勢が解決されれば撤退させるでしょう。私はそう決定しました。残りの三分の一も、問題が平和的に解決されるに従って、削減されるでしょう。

ここでの問題は、我々が何をするつもりかではなく、それについて何を言うかです。昨日申し上げたように、私のこれまでの実績が示すとおり、政策の方向を決めさえすれば、私は言えることよりも多くのことを行います。

言えることとの技術的問題については、キッシンジャー博士と総理が長時間討議されました。キッシンジャー博士と［喬冠華］外交部副部長が今朝も討議しました。ここでは細目にわたることはしない方が賢明でしょう。

総理の方にも問題があることを承知しています。これは、いらだたしい感情的な内容の問題ですから、進展が必要だとお考えです。それがそちらの事情ですし、私はそれを認識しています。共同コミュニケではどう言えるのか考慮しているところです。

私の問題をきわめて率直に、政治的観点から申し述べさせて下さい。私たちがここで何か言うと、私たちができることまで、実行できなくなるかもしれないということです。右から左まで我が国の人民は、さまざまな理由から、この特殊な問題に注目しています。左翼は、この旅行が失敗することを望んでいます。台湾のためにではなく、ソ連のためにです。右翼は、深いイデオロギー的な理由から、台湾に関していかなる譲歩もしてはならないと信じこんでいます。また別のグループもあります。親インド的感情にとらわれている人々で、米中緊張緩和を考えることが気に入りません。これらすべてのグループが、いろいろな政治的候補者たちとパイプを通じています。したがって、私たちが最終合意した言葉をとらえて旅行全体を攻撃するでしょう。その時は、極右から親ソ派左翼、親印派左翼までの神聖ならざる同盟がご覧になれるでしょう。

キッシンジャー博士　親日派をお忘れですよ。わが友ライシャワー氏のような。

ニクソン大統領　そう、まだ別のグループもありました。ライシャワー氏のような親日派です。台湾のためではなく、日本のために反対します。彼もキッシンジャー博士の学生でした。（周笑う）彼らは、私たちの対中関係改善の動きが失敗することを望んでいます。

総理には、アメリカの政治状況をご賢察いただければ、私の手前勝手な、政治的な生き残りのためだけのような言い方の真意をご理解いただけると思います。今年の十一月か来年の一月に私が大統領であるかどうかということ以上に重要なものがあると申し上げたい。つまり、米中関係の新展開全体が関わっているのです。

そこで今なすべきことは、総理の必要にかなう言葉、それでいて、我々が踏み出した一歩に強力に反対する同盟のために、よってたかって反対し、アメリカの大統領が北京に行って台湾を裏切ったなどと言い立てる隙を与えない言葉、これを見出すことでしょう。

困難なことは、政治キャンペーンが始まって、評論家たちが、台湾のためではなく、米中新展開に反対だということで合唱を始めると、論争で候補者たちはこの問題で確言を迫られる、ということなのです。できればこれは避けなければなりません。

よろしければ、世界の問題を論じてから、また台湾に戻りたいと思います。これには時間がかかると思います。今日キッシンジャー博士と［喬］外交副部長とが興味深い話し合いをしたようですから、[5] なぜ私たちがこの問題をむずかしいと見ているか知っていただきたいと思います。それは愚かしい議論のせいではなく、我々のもくろみ全体を危機に陥れるものがここにあると見ているからです。あなたの必要を満たし、連中が台湾で騒ぎ立ててもくろみ全体をぶちこわすことをさせない、そういう言葉を見つけだせるほど私たちが賢くならなければならない。それが私たちの目標です。

手短にまとめますと、帰国したときに記者会見や、議会指導者たちに、ここで言ったことを理由にして、基本的に強い親台湾声明を強要されたくはありません。そうすると、実行しようとすでに決めている政策を行うのが困難になるからです。

よろしければ、世界情勢に話を移します。日本、台湾、朝鮮、ベトナム、インドとの関連で、私の感じていることを、今の話の脈絡で述べることができるでしょう。長々と話して申し訳ありません。

周恩来総理　そんなことはありません。

ニクソン大統領　でもキッシンジャー博士が五百ページだとすると、私もそれぐらいの時間がないと。

周恩来総理　そうですね。今回いらしたのは話し合いのためですから。

ニクソン大統領　その通りです。総理のお話もうかがいたい。でも私の話は、キッシンジャー博士を通じてしか聞いていただけなかった。もちろん私は博士の見解を支持していますけれど。

私のかつての東西関係に関する態度について総理と毛主席がおっしゃったことはその通りです。一九五九年以前、アメリカの私たちには、社会主義世界が一枚岩に見え、ツァーがモスクワにいるように見えました。（周恩来総理笑う）一九六〇～六八年の間政権から離れていましたが、世界を見て回る機会があり、世界がどう変わったかについてのきわめて妥当な原理にたどり着きました。その結論は、カンザスで行った即興的な演説に要約してあります。

ちなみにあの演説は、言い回しはどうあれ、割合考え抜かれたものです。かつて、チャーチルの息子さんで、チャーチルの伝記作家でもあるラドルフさんと話したことがあります。彼も最近亡くなりましたが。昔チャーチルが草稿なしですばらしい演説をするのを聞いたことがあるので、ラドルフに、一体チャーチルはどうやってあんなすばらしい演説を即興でやれるのか、と尋ねました。ラドルフは言いました、「副大統領」――当時私は副大統領でした――「父は、人生の最高潮の時期にいつも即興演説の原稿を書いていました。」

さて、現在当面する状況に関して、中国とアメリカを結びつけるようになったものは何でしょうか。たとえば、台湾について見解の相違があります。私の見るところでは、長期的に重大ではなく、短期的に困難なものですが。東南アジアについても相違があります。日本に対しても態度が違います。朝鮮についても態度が違います。今我々は、米中の新関係は両国人民の間にある基本的な友情に基づいていると言い、割合素朴なほとんどのアメリカの新聞もその線でいっています。しかしここでは、総理も私も分かっていますし、個人的に友情がありますが、友情だけに安定した関係を基礎づけるわけにはまいりません。私が大学一年生の時、法学の先生が、契約とは当事者の履行しようという意志と同じだ、と言ったのを思い出します。友としてきれいな言葉に同意できるでしょうが、その言葉によって示された協定を実行することが、私たちの国家利益にかなうのでなければ、意味はありません。

さて、私と総理の見解が相違する点に来ました。世界におけるアメリカの役割如何の問題です。純粋なイデオロギーに関して言えば、もし私が総理の立場だったなら、社会主義革命を深く確信している者として、総理がキッシンジャー博士との会談で示されたのと同じ立場を、アメリカに対してとると思います。そして、アメリカはどこにでも手を伸ばしてくる、資本主義的帝国主義の大国で、アジアから帰れ、ヨーロッパから帰れ、民主的解放勢力の自由を、という立場を、総理も毛主席も公然ととらねばならないでしょう。

私がそのような政策を進めれば、今度の選挙で地滑り的な勝利を得ることができると言っている顧問たちがいます。アメリカ人たちは、世界の大国の立場を求めてはいないので、ヨーロッパに軍隊を駐留させたり、世界のさまざまな国民に安全を保障してやるような重荷から解放されたがっています。ある人はアメリカの国防費を八百億ドルから四百億ドルに切り下げたらどうかと言ったりします。そうすれば国内の貧困層の援助や、都市の再開発や、その他の仕事にお金を使うことができると。

私はそれに逆らってきました。それはアメリカの新孤立主義とでもいうべきものです。逆らってきた結果、重要な採決で過半数すれすれということがありました。私は軍国主義者ではありませんから、皮肉な立場に置かれています。私はアメリカが世界の征服に乗り出すことを望んではいません。しかし世界の状況を分析すれば、一定のレベルの防衛力を維持しなければ、危険だと分かりますから、その水準を厳しく守るよう決定しなければなりませんでした。

さて問題の焦点です。私は、ほぼ現水準のアメリカ軍の常備編成を維持するし、後に論ずる例外を除いて、ヨーロッパ、日本への軍事展開、そしてもちろん太平洋の海軍を維持することは、アメリカだけでなく中国の利益にもかなっていると確信します。そこから得られる利益は、アメリカと同じように中国にも大きいものだと信じます。

不公平な比較をしているのではないと受け止めていただくように説明しましょう。私はクエーカー教徒です。よき信者ではありませんが、平和は尊いものだと信じています。本能的に大軍事編成や軍事的冒険に反対します。先ほど申したように、総理はご自身の哲学の世界的なスポークスマンの一人であり、アメリカの大軍事編成の維持に反対しなければなりません。しかし私たちはお互いに、自分の国の生き残りを優先させなければなりません。もしアメリカが軍事力を削減し、先程述べた地域から軍を撤退したら、アメリカにとって危険は増大するでしょう、中国にとってもそうだと思います。

私は現在のソ連の指導者の動機を非難するつもりはありません。彼らの言うことは尊重しなければなりません。しかし政策を作るのは彼らの行動に基づかねばなりません。核バランスについて言えば、彼らは過去四年間に、きわめて警戒すべき割合で、先に進んでいます。私は、アメリカも遅れるべきではないと決意しました。そうしなければ、ヨーロッパや太平洋の同盟国のための核の傘が、価値のないものになってしまうでしょう。

さらに、中国の置かれた状況を見れば、きのう指摘したように、ソ連は西側同盟に向けているよりも多くの軍を中ソ国境に置いています。【総理はご存じですが、私はキッシンジャー博士に対し、総理が指名なさるどなたに対しても、敏感なデータに関して説明して差し上げるように指示しました。つまり、中国に対するソ連軍の配置と一般的な核バランスについての完全に信頼できる情報のことです。】文官の他に、軍事委員会副主席（原注――葉剣英副主席）のような人を総理が指名できれば、彼にとっても非常に興味あることだろうと思います。もしこれが手配できるのなら、会合場所は、最高機密にしなければなりません。

キッシンジャー博士　手配済みです。(6)

ニクソン大統領　それはよかった。

私が中国とその近隣諸国を見るときに、関心があることを申し上げましょう。毛主席も総理も中国は支配の手をのばそうとしていない、解放勢力を支援しても、領土的野心はないとおっしゃいました。【しかしほかの国々が何をするか、視線を南に転じてみると、インドに関することならば彼らが戦争に打って出ても、中国はおそらく一カ月のうちには片づけることができるでしょう。インドは中国にとって脅威ではありません。しかしソ連に支援されるとなると、中国にとって非常に差し迫った脅威となります。なぜならば、即応してインドをあしらい軍事行動を起こす中国の能力も、北の隣国であるソ連がインドを支援しているとなると、深刻な問題に陥るからです。

そのことが、現在の危機にあって、我々がインドに対し西パキスタンに手を出そうとする手を控えさせることが非常に重要だと感じている理由ですし――インドの首相がそうしようとしている決定的な証拠を持っていますので――、彼らの手を控えさせ、そんな事態が起こらないようにさせている理由です。別の言葉で言うと】我々がインドに厳しく、パキスタン寄りの立場をとるのは、単にインドやパキスタンにものを言っているのではなく、――彼らにも十分承知してもらっていますが――ソ連にものを言っているのです。

そこでまた大前提に戻ります。もしアメリカがソ連に対して弱い立場をとるなら、アメリカがとるどんな政策も、ソ連に関しては信用できなくなります。アメリカが、インド亜大陸のような所にソ連が入ってこられないようにするためには、少なくともソ連と対等な立場にいなければならないでしょう。

この政策では大変な思いをしました。またもやあの神聖ならざる同盟のためです。それから反パキスタン的宣伝組織をもっています。彼らは、（周恩来総理笑う）親ソグループと親印グループはアメリカで大きな宣伝組織をもっています。それから反パキスタングループとでも言うべきもの。彼らはパキスタンの政府形態が好きではありません。彼らは、我々が米中新展開の前進のために、世界第二の大国インドを犠牲にしたと非難しました。これはある程度当たっています。というのは、私たちのインド亜大陸に関する政策は協調していくことが大切であり、これはお互いに同意できることだと思うからです。これは何も共謀していこうというのではなく、インド、パキスタンに関して何か動くときには、必ず情報をすべてお伝えするということです。この地域についてお国の利害のほうが私たちのものより大きいと思うからです。ここで一つの問題にぶつかります。インドに対する援助を、経済援助ですが、継続するかという問題が帰国すればすぐ起こるからです。インドで生産できないことのない武器をソ連から購入してしまう資金的余裕を与えるだけだと言って［援助の］継続に反対することもできます。

しかし、アメリカとインドが何らかの関係を持ち、インドに何らかの影響力を持っていた方がよいのかどうか、それともソ連にこの地をゆだねるか、深刻な問いを私たち自身、総理と私に、問いかけなければなりません。

アメリカのアジアにおける存在が、自国の利益だけではなく、中国の利益にもかなっているという私の議論を例証するもう一つの例を挙げましょう。総理はご自身の哲学によって、日本に関して、米軍は撤退すべきだと言い、きわめて正しい立場をとっておられます。日米間の条約は廃棄されるべきであり、日本は非武装の中立国家になるべきだと、総理はそう主張され続けるでしょう。しかし、総理の説く哲学には反しますが、アメリカの対日政策は安全保障上、お国の利益にもなるとなぜ私が強く考えるのか、理解していただきたい。

アメリカは日本の水域を出ていくことはできますが、そうすれば他のものがそこで魚をとり始めるでしょう。またアメリカと中国はともに日本軍国主義の苛酷な経験をしました。過去において日本の政府を性格づけていた軍国主義からは今は状況が永遠に変わったのだと我々も望みます。しかし一方で、もしアメリカが日本を裸のままにして出ていったときに、中国にとって二つの不都合なことが起こりかねないと感じますし、そうならないという保証はしかねます。日本人は、あの巨大な生産的な経済、大きな自然の衝動、敗北した戦争の記憶などから、アメリカの保障がはずれたなら、自分自身の防衛体制を築く方向に向かうことが大いにありえます。【台湾に関してはと私が言ったのはそれが理由です。もう一つ朝鮮に関しても付け加えますが、アメリカの政策は、アメリカが撤退した後に日本が入ってくることに反対です。しかし我々はそのことを保証できません。もし我々が日本と防衛同盟を結んでいなければ、この点に関して何の影響力も持てないでしょう。】

他方で日本は中国に向かうか、ソ連に向かうかの選択肢を持ちます。

この点についてまとめますと、アメリカは中国に対して何らの野心もない。アメリカは、日本その他の安全保障や経済援助をしている国に対して、中国にとって有害な政策を行わないようその影響力を行使します。しかし、もしアメリカがアジアから、日本から出ていったなら、我々の抗議の声は、総理の言葉をお借りすれば、どんなに大声を出しても、空っぽの大砲を撃つようなものでしょう。一万五千マイルの距離は遠すぎて声が届きませんから、駆けつけてもなんの効果もないでしょう。

まるで私が昔の冷戦の闘士みたいに聞こえる構図を描いてしまったことはよく承知しています。(周恩来総理笑う)しかし現実の世界がそうなのです。それを分析すると、アメリカと中国が手を携える方向に行き着く。哲学の言葉でもないし、友情の言葉でもない。もちろんそれは大事ですが。これは国家の安全から見たことで、私たちの利害は、今申し上げてきたことでは共通しています。

意見を述べる最後に当たって、アメリカがトラブルのもとであるソ連に対して何もしない、危険を減ずる何らの協定も結ぼうと努力しないという印象を残したくはありません。我々の政策は、中国に対してはすべてオープンですし、率直なものです。キッシンジャー博士の訪問以来、我々は貴政府に対して、ソ連側との接触に関する情報はすべてお知らせしてきました。モスクワで会談をし終えた際、総理が同意なされば、キッシンジャー博士を派遣して、モスクワで何を討議し、どんな合意に達したか総理に報告させましょう。(7) たとえば、我々は軍縮での合意を目指しています。中東でも前進したい。もしその問題がまだ残っていればですが。

しかし、米中に関わる最も重要で心に留め置くべきことは、もしアメリカが防衛力を減少させ、全くあるいはほとんどアメリカの中だけに閉じこもってしまえば、世界はもっと危険になるであろうという事実です。アメリカは他のいかなる国に対しても攻撃の意図を持っていません。我々は過去に過ちを犯しました。またソ連が他国に対して攻撃的な関心を持っていると非難はしません。しかし世界の超大国でない国々の安全という見地に立てば、一つの超大国より、二つの超大国があったほうがより安全でしょう。

お時間をとって申し訳ありませんでした。これらの諸点に対する私の全体的な哲学を知っていただきたかったものですから。

周恩来総理　（英語で）ありがとうございます。

（周恩来総理は十分の休憩を提案した。大統領はそれがいいと同意した。休憩の間三時五十分から四時まで、毛主席の詩を訳すのはむずかしいなど談笑。）

周恩来総理　大統領に包括的な見解と行動指針をご紹介いただきお礼を申し上げます。

その一部はすでにキッシンジャー博士からおききしましたが、大統領ご自身から直接にうかがうともっとはっきり理解でき、明確に知ることができます。

もちろん、双方には世界をどう見るかで違いがあります。それを隠したりしません。しかしそれだからといって、両国の国家関係が正常化に向かうことの妨げにしてはなりません。一定の期間の国家利害によって、共通の基盤を見出すことが可能だからです。

さまざまな国の人民が進歩を望み、前進しようと望んでいることについて、中国政府もアメリカ政府も、それをどうこうなし得るものではありません。それは私たちの問題ではなく、子孫たちの問題です。大統領がおっしゃったように、平和の世代のために奮闘したかったけれど、現在の世代について語ることしかできないのです。

ニクソン大統領　でもメッテルニヒの時代より長いでしょう。

周恩来総理　私は、キッシンジャー博士の本に述べられた見解に賛成しませんでした。そこで私たちは討論をしました。

ニクソン大統領　とても興味深いものでした。

周恩来総理　時代が違います。

キッシンジャー博士　総理に申し上げたのですが、私がアメリカの外交政策について議論するときにオーストリアの外交政策に関わって述べずにいられないのです。

ニクソン大統領　見事な議論でした。

周恩来総理　問題は、現在の両国の利害から見て、共通の基盤が見出せる可能性はあるかということです。この共通の基盤は、真に信頼できるものでなければなりません。砂上の楼閣ではいけません。建物を建てることができませんから。

大統領はいま世界情勢について述べられました。我々が前の機会に述べたように、世界情勢は、世界大戦が終わってから二十六年、動乱の情勢であり、この情勢は上向きであって、下向きではありません。もちろん申し上げたように、この間世界戦争は起こりませんでした。しかし地域紛争は止むことがありませんでした。そこで大統領が言われたように、世界には真空は存在し得ないという問題が起こります。そこにまた哲学の問題も起こります。

たとえば、第二次世界大戦後の中国について言えば、ヤルタ協定に従ってアメリカは中国に影響力を持つ主要国になりました。一方ソ連は、中国の一部に限られた影響力を持つのみでした。

（スナックが運ばれて小休憩。周恩来総理は王海容からニクソン・毛会談のテレビが録画されたと報告を受けたと紹介。映像はぶれていた。器具が重すぎて揺れてしまい映像がはっきりしなくなったと中国のカメラマンが指摘。会談が突然のものだったので、準備は全くなく、緊張していたのである。）

周恩来総理　では再開しましょうか。

第二次大戦直後の状況は、あの協定にのっとっていました。さらに言えば、当時は蔣介石がソ連と条約を結んでいたのです。それも中ソ友好同盟条約と呼ばれていました。期限は二十年でした。ヤルタ協定に従って、蔣介石は外モンゴルの独立を認めました。今それは、モンゴル人民共和国と呼ばれています。しかし今、蔣介石はモンゴル人民共和国と日本が外交関係を樹立したことを口惜しがっています。私は、外モンゴルの独立を認める協定に誰が署名したのか、と手紙を書いて聞いてやりたいと思います。

当時、イギリスのクリップス女史[8]が延安に来て毛主席と会いました。毛主席はなぜあなた方大国は勢力圏の線引きをしたがるのかと彼女に尋ねました。彼女は、自分にはどうしようもない、でもイギリスは落ち目だと言いました。当時の状況に応じて定められた、というのが私の見方でした。

それから、大統領もご記憶だと思いますが、アメリカがハーレー特使[9]を送って、国民党と共産党の間を取り持とうとしました。彼は連立政府の擁護者でした。後にトルーマン大統領が仲介役としてマーシャル将軍を送ってきました。当時ハーレー特使は大変熱心でした。その上、臨時連立政府の見取り図を書き、私と延安でその条項に署名する勇気がありました。（周恩来総理笑う）

そのあと毛主席は、交渉を続けるために私を重慶に派遣しました。当時すでに私は、重慶における共産党の代表として交渉していたからです。しかし蔣介石は賛成しませんでした。トルーマン大統領がハーレー特使をあのように動かした理由は、スターリンがトルーマンに、共産党に国民党と連立するようアドバイスをしたらどうかと言ったからです。我々中国共産党に対してソ連は何の援助もしませんでした。当時我々は彼らと何ら接触を持っていませんでした。ヤルタ協定についてさえ知りませんでした。そのことを知ったのはずっと後のことです。実際我々が知ったのは国民党サイドからです。蔣介石が反対したため、連立政府は成立しませんでした。それからマーシャル将軍が来ました。その歴史はアチソンの白書[10]でほとんど公開されています。その時章文晋氏が私の通訳をする補佐官でした。我々は国民党と一年間交渉しましたが成果はありませんでした。起こったこと言えば内戦の勃発で、現在も続いています。アメリカは蔣介石との国家関係から、彼の側につきました。それは我々も理解しています。

しかし結果はどうだったでしょう。大統領が選挙運動のある演説でおっしゃったように、トルーマンは六億の民の国を失いました。中国を失った後、新しい関係をうち立てることも可能でした。しかし事実は、トルーマン政府は初めは台湾を含め中国には何らの野心も持っていないと認めていました。しかし彼の疑心と蔣介石が復帰するかもしれないという信念から、そのことを実行に移してしまいました（新関係の樹立）。その結果は第七艦隊の台湾海峡への派遣です。

それからトルーマンの政策は、一九五四年にダレスが台湾と条約を締結するところまでいってしまいました。その条約は一九五五年に批准されました。

まだ問題はあります。国務省がしばしば、百万委員会の組織者ウォルター・ジャッド[11]の組織したいわゆる自由中国委員会に回答している問題です。（周恩来総理笑う）ウォルター・ジャッドは中国名を周以徳といい、私の名字と同じです。

歴史の発展が示すところでは、中国には真空はありません。米軍が中国を去って、ソ連軍も去りました。すると中国人民自身がその真空を塡めました。したがって、もし我々が人民を信じ、人民自身が自らを解放できると信じるならば、真空が現れる余地はありえません。第二次世界大戦後の最大の変化は中国の解放でした。

大統領。あなたは選挙演説で、トルーマンの政策の危険性に不満を唱えましたが、中国の現実を認め、中国人民の成功を認めました。それがあったからこそ、今日こうして私たちは会合していまず。今日の中国の情勢は、ほぼ二百年前と似ています。あなたは七六年の精神のことをおっしゃった。当時イギリス植民地軍はアメリカから追い出された、そしてアメリカ人民がその真空を塡めた。

これが一つのものの見方です。

大統領に一つうかがいたいことがあります。大統領は、危険の可能性について発言されました。我々もそれを計算に入れています。だが、どうするのがその危険から脱する最良の方法でしょうか。お互いに軍拡をすすめるのか。中国のことわざに、潮が満ちれば、船も上がるというのがあります。あなた方は軍事支出を公開しました。ソ連は公開していません。ソ連の予算に占める軍事支出の割合は、アメリカのそれより低いことはありえません。そうでなければ、ソ連人民の生活が、また農業の状況がこれほどひどいことになるでしょうか。天候のせいだとばかり言っていられません。(ニクソン大統領笑う)カナダは、天候はソ連と似たりよったりなのに、農業生産は悪くありません。だから天候のせいではなく、予算の大部分を軍事費に使っているせいです。

軍縮会議については、何回も会議がありましたが、成果はさっぱりです。国連でのソ連の提案は人民を欺くためだけのものです。そこで、喬冠華氏が我々の立場を述べ、提案が先送りされる結果となり、ツァー・マリク［ソ連の国連大使］は逆上してしまいました。それでもソ連は国連総会に、提案を評価するとの意を表明するよう採決を求めています。

あなた方両国は、こうして軍備を拡大しています。その結果どうなるのでしょう。戦争しかありません。もちろん、必ず核戦争だというわけではありませんが、小規模な通常戦争として始まっても、大規模なものに発展しうるものです。もちろん両大国が軍備制限に合意できれば、それはよいことです。我々は米ソ関係の改善には決して反対しません。

キッシンジャー博士はそのことで証言できると思います。我々は大統領がまずソ連を訪問しそれから中国に来られたらどうかと言いました。毛主席はそのようにキッシンジャー博士に伝えて欲しいと私に言いました。つまり、先にソ連に行くことが利益になると感じられたら、そうできたわけです。利益というのは、一方的なものではなく、双方の、また世界全体の利益です。

しかし、大統領は先に中国にいらっしゃいました。モスクワは大騒ぎをしています。好きなようにさせておきましょう。気にしません。彼らは全人民、追随者たちを動員して我々を呪っています。我々が関心をもっているのは、あなた方両大国が、あまりに巨額の資金を軍拡に費やしていることです。それは世界の将来にどんな意味をもつのでしょうか。その広範囲にわたる結果は？

キッシンジャー博士に述べた、会議録にもある最悪のシナリオは、あなた方すべてが中国を攻撃するという事態です。ソ連が北から、日米が東から、インドがチベットへと。そうなったら、当然我々の人民はおそろしい犠牲を払うことになるでしょう。しかし、そんな状況でも問題は解決されうるでしょう。もちろん最悪の事態を語っただけのことです。キッシンジャー博士も大統領も言われたように、私たち両国間には紛争はありませんし、私たちの利害から言っても争う必要がありません。（あるいはアメリカは中国を占領する必要がありません。）お互いの哲学は違いますし、我々は「アメリカ帝国主義打倒」をスローガンにしていますけれど。毛主席は昨日この事を「空の大砲だ」と言いました。キッシンジャー博士もご存じですね。

キッシンジャー博士　［喬冠華］外交部副部長も今それを知りましたね。

周恩来総理　ブッシュ〔米国の国連大使〕さんも。それにもかかわらず、マリクとソ連は、米中が調子の合ったデュエットをしていると言って呪っています。

ニクソン大統領　副部長に賛辞を呈するためちょっと割り込ませて下さい。彼がやった中で一番効果的だったのは、マリクの発言がある点にきたところで彼がマリクにほほえんで見せたことです。それでマリクは逆上した。(周恩来総理笑う)

周恩来総理　テレビでご覧になったのですか？　それはあなた方のほうが有利です。我々は見てませんから。この点ではまだ遅れていますし、遅れを認めています。我々には世界で一番という考えはありません。毛主席が常々我々にこう教えています。ひとたび人が自分は天下で一番と考えたなら、その人の敗北は必至だ。どんな人でも国民でも、欠点を持つことは避けられない、と。同様に人も国民も長所を持てる。キッシンジャー博士は、ベトナムは小さな国だが偉大な人民がいると言いました。こういう風にして、リアルに現実をつかむことができます。こうした考察から引き出せることは、もしある国が他の国に対して軍備の拡張だけで優位に立とうとするなら、際限がなくなってしまうということです。

あなた方はこの点について、非常に重要な立場にあります。あなたは世界を支配するつもりはないし、領土的野心もないと言われた。世界の平和を、まずは緊張の緩和を望んでおられる。これはお国の人民の真正な希望を反映しているのだと信じます。

しかし、アメリカが完全に孤立主義に戻るのかという点については、それが可能だとは思いません。なぜならば時代は変わり、もはや二十世紀の初めではないからです。きわめて率直に言って、当時のいわゆる孤立主義は、真の孤立主義ではなく、他の国々がアメリカ大陸に対して口出しをして欲しくないという願望にすぎませんでした。大統領が、中国人民はモンロー宣言も門戸開放政策も理解できなかっただろうと言われたのは、まさにその通りです。

問題は今や、たんに中米関係にとってだけではなく、世界の将来にとってもきわめて重大になっています。中国もアメリカもお互いに相手に対して領土的野心はないし、一方が他方を支配したいということもない、そのうえ双方が世界の緊張緩和に何らかの貢献をしたいと思っているのですから、私たちはまず、極東の緊張緩和の可能性のあるところに配慮しなければなりません。世界の他の場所での緊張緩和の可能性を検討する立場にはありませんから。私たちには遠すぎます。それでもなおそんなことをすれば、新たなトラブルを引き起こすだけでしょう。我々がアフリカの人民を援助するのは、我々の努力の内の些細な部分にすぎません。ですから私たちの周辺部分についてだけ話し合いましょう。その場合の決定的問題はインドシナ問題です。

この問題については、インドシナ人民だけが発言し、あなた方と交渉する権利を持っています。しかしインドシナ地域は我々にも関わりがありますから、我々にも声を上げる権利があるでしょう。そのうえ、我々にはインドシナ人民を支援し支持を与える義務があります。そのことはキッシンジャー博士に度々申したとおりです。

アメリカがベトナムとインドシナ全土から軍隊を撤退すると決めてから、アメリカはいくらか中立的に、つまり、そこに割拠しているいずれの軍とも同盟関係なしに、この地域のことを見たくなったのではないでしょうか。もしそれが大統領と政府の政策ならば、もっと大胆な行動に出られたらどうかと思います。そうでなければ、ソ連に勢力を伸ばさせるだけになってしまいます。そうなってもわれわれはおそれません。我々がいかなる援助をベトナム、ラオス、カンボジアに対して与えようとも、我々は何らの特権を求めるものではないし、彼らの内政問題に関心はないからです。

我々はイデオロギーの相違にさえ注意を払っていません。ベトナムのイデオロギーも、我々のと必ずしも完全には一致しませんが、彼らのイデオロギーに干渉したことはありません。

この意味で、あなた方がインドシナから撤退するのが遅ければ遅いほど、ますます受動的な立場になるでしょう。戦争の名誉ある終結をもたらすことが利益になるとしても、結果は反対になってしまうかもしれません。ドゴール将軍がアルジェリアから撤退するときに非常に賢く振る舞ったことをお認めでした。実際ドゴール将軍は、二百万以上のヨーロッパ人を引き揚げたのです。あんな短期間に引き揚げるなど想像もできませんでした。ドゴール将軍は国内で大反対を受けました。おそらく彼は軍人だったから、彼の生き方は大統領とは違っているのでしょう。大統領がパットン氏⑿を買っておられることを知っています。もちろん彼がロシアを攻撃したいと望んでいることを買うのではなく、正しいと思うことに敢然と挑み実行するところをです。

私の言葉は、大統領を説得するのにはおそらく余計なものでしょう。しかし私の見解ははっきりさせたい。他の問題を議論するのはもっと簡単でしょう。この点については意見が一致しないでしょう。キッシンジャー博士が我々に言ったように、これについて我々の態度はベトナムより強いかもしれません。

キッシンジャー博士　ソ連よりも。

周恩来総理　彼らの言うことが当てにならないことは明らかです。あなた方はもっと大胆な行動をとれると信じます。それでずっと気分もよくなるだけです。あの地域でもっと早い時期に平和が回復できるのなら、あなた方はもっと影響力を持つことができるでしょう。

フランス人は違うことを考えているようです。フランス人はデタントのための国際会議のような形で米ソを同席させようと考えています。でもそれはうまくいかないでしょう。あなた方も賛成しないでしょう。

ニクソン大統領　それはほとんど意味のない問題です。

周恩来総理　ジュネーブ協定の形を考えたとき、あれは失敗だったというのが私の結論です。

ニクソン大統領　一九五四年のですか？

周恩来総理　そうです。あの時は署名に同意するというのでだまされました。(13)その結果アメリカは泥沼に引きずり込まれた。あの時アイゼンハワー大統領は朝鮮戦争を終わらせた。きわめて勇気のある行動でした。しかしアイゼンハワー大統領は、ダレスが彼をインドシナの湿地帯に連れていって、アメリカをそこに沈めてしまうとは予期しなかった。

合意はしたが、署名はしないなどということが考えられるでしょうか。あなた方は協定を必ず守ると言いましたが、実際にはそれを妨害した。その結果、二年後に実施されることになっていた総選挙が実現しなかった。もし行われていたら、国際的監視がなくても、ホー・チ・ミンが全国で選ばれていたことでしょう。彼は私の古い友人で、一九二二年にフランスにいたときから知っています。もしホー・チ・ミンがベトナム全土を指導していたら、ベトナム全体とアメリカの関係は悪化しなかったでしょうし、もっとよくなっていたかもしれません。

しかし歴史には曲折があるものです。私たち両国のように、二十二年かけて再び相まみえています。これが歴史ですし、そのような例はたくさんあるでしょう。しかしもしアメリカがインドシナで大胆な動きをすれば、インドシナ人民の間に大きな好感を勝ち取るに違いありません。どのように解決するのかは言えません。我々は交渉の当事者ではないし、交渉に参加したいとも思いませんから。我々の立場は、あなた方がベトナム化、ラオス化、カンボジア化政策を続ける限り、彼らは戦い続け、我々は援助し続けるしかないというものです。

しかし、大統領。我々のインドシナ諸国への援助は、朝鮮に関するものとは違うことに注意を払っていただきたいと思います。朝鮮戦争中に我々が義勇軍を送ったのはなぜか。トルーマンがそうさせたからです。彼は第七艦隊を台湾海峡に送り、我々が台湾を回復できないようにした。そのうえ、アメリカ軍は直接鴨緑江の国境まで押し込んできた。その時我々は声明を出して、アメリカ軍が鴨緑江沿岸まで迫るなら、中国は解放されたばかりではあるが、いたずらに座視するものではない、と。トルーマンの軍が鴨緑江まで来たとき、我々が言っているのは本気であることを示さねばならなかった。我々は勝てるかどうか確信はありませんでした。ソ連は軍を送る気はありませんでしたから。そのことはご明察ですね。

結果は、アイゼンハワーが大統領になって、戦争は終結させるべきだと悟りました。朝鮮で受けた人命の損傷、物的損失は、ベトナムで受けたものよりはるかに少ないでしょう。誰もそれを望んではいませんでした。あんな局地での意地の張り合いに莫大な精力をそそぐよりも、勇気ある態度をとって、しかるべき時に引き揚げる方がよい。

台湾問題は、議論がむしろ簡単です。例えば、五原則については大統領の指示を受けたヘイグ氏からうかがいました。大統領も今それを復習してくださった。我々は二十年以上も待ち続けましたから、きわめて率直に言いますが、もう数年待つことは可能です。さらに一歩進めることができます。たとえ台湾が我々に復帰しても核基地をそこに作るつもりはありません。大統領のほうが私よりよくご存じですね。あんな所に核基地を作ってどうなるのでしょう。ソ連が日本の北方四島を占拠し続けるだけでしょう。彼らはそこにしがみつき続けるか、売るかするのではないでしょうか。さらに言えば、日ソ平和条約についての彼らの条件は、北海道は防備するなというものです。前もって大統領にも、日本にも、お伝えできますが、台湾が復帰しても、基地は作りません。なんの役に立つでしょう。我々は一兵たりとも海外に派兵しません。他国の領土に対する野心はありません。だから台湾に基地を作る理由がありません。我々の目的はひとえに自己防衛です。

最も差し迫った問題は、インドシナです。それには全世界が注目しています。あなたの今回の訪問について、民主党はベトナム問題の解決のために中国を訪問するといって、あなたを困った立場に立たせています。そんなことできるはずがありません。会談で私たちが解決できる立場にはないからです。もちろん、極東の緊張緩和を前進させ、世界の緊張緩和のために前進できる事柄について意見を交換することは可能です。この点について大統領はあまり発言なさらなかったので、見解をお聞きしたいと思います。もしかして異なった見解をお持ちかもしれません。他の問題は明日に話し合えますが、この点については今うかがっておきたいと思います。

ニクソン大統領　ベトナムについてですね。

周恩来総理　インドシナ全体です。

ニクソン大統領　総理。ベトナムの問題はもはや私たちを隔てるものではなくなりました。総理は先ほど、もっと素早く我々が動くことが賢明だと示唆されました。おっしゃるとおり勇気のいる行動です。その可能性も考えましたが、全体としてみると、お断りした方がいいと感じています。

どれほど我々が早く行動しているかという点に関して見てみましょう。我々はすでに十万以下です。すでに十万以下まで軍を撤退させました。四月半ばにさらに削減する旨の発表をします。ですから、アメリカ兵捕虜の問題が際立っていなければ、ベトナムにおけるアメリカ軍の駐留問題に関する限り、アメリカの役割が終わる、これから二、三カ月のことを話し合っているという状況です。むずかしいのは、たんにアメリカの介入を終わらせることだけではないのです。それはもう結論が出ていて、数カ月の問題になっている。そうではなくて、ラオス、カンボジアを含めたインドシナ全体に平和を回復することが困難なのです。そのため、私が十月に提案し、一月に再度説明したこと(14)を、ぜひ北ベトナムで真剣に考慮して欲しいのです。

八項目、五項目、十三項目等々は省略します。直接我々の真意を申し上げましょう。もし我々が北ベトナムの指導者とテーブルを挟み、停戦と捕虜送還の交渉ができるなら、全アメリカ軍はその日から六カ月以内にベトナムから撤退します。指摘しておきたいことは、我々はこれを基礎に決着をはかろうとして、昨年中程に北ベトナムに提案したのですが、彼らは拒否して、軍事的解決とともに政治的解決をも義務づける解決でなければだめだ、と主張していました。

私は政治解決は外部の干渉なしに、当事国の人民にゆだねるべきだという総理の見解に全く同感します。我々はすでにそう提案しました。総理のお言葉を借りれば、なんの「しっぽ」も残さずに全アメリカ人は撤退する、捕虜が帰れば、全インドシナで停戦する、そう提案しました。それから人民自身に決定してもらえばよい。しかし北ベトナムは、軍事的解決だけではなく政治的な将来も義務づけ、現在ある政府を取り除き、結局彼らの選択肢の内にある政府を押しつけたがっている。我々にはそれはできません。

戦争を長引かせて得をするのはソ連だけだという問題ですから、総理の見解は尊重します。ソ連はアメリカを縛りつけておきたがっている。もちろん、その結果として、北ベトナムでますます大きな影響力を得ようとしている。我々が得ているすべての情報からすると、彼らは、北ベトナムに耐え忍び解決しないようそそのかしてさえいるかもしれません。

この件では合意に達することがないかもしれないと考えていると申し上げたい。どちらが正しいのかは分かりません。我々はこちらが正しいと思っています。総理もご存じのように、私はドゴール将軍が、おそろしく難しくこじれたアルジェリア問題を解決したことに非常な敬意を払っています。しかしフランスとアルジェリアの間に起こったことはその二国にしか影響を与えませんでした。フランスは偉大な国ですが、今はもう大国ではない。

もしアメリカが、ベトナムから出ていくだけでなく――それはベトナム化政策によってとにかく数カ月の内に行う予定です――出ていって今まで敵だったものと一緒になって同盟者であったものを転覆させなければならないのなら、アメリカは、私の意見では、他の国の信頼を永久に損なうことになるでしょう。

反対の意見があることも承知しています。しかしアメリカと同じ立場に置かれれば、世界中で、たとえばヨーロッパで、防衛に関してアメリカを頼りにしている国があって、アメリカが名誉ある行動をとらないならば――名誉のために死ねばそれで十分だとは思いませんが――名誉ある行動をとらないならば、アメリカには友人がいなくなり、世界の人民が同盟者として信頼できる国ではなくなるでしょう。

今ここで出された点については、お互いに相手を納得させていないということです。しかし私は総理の観点を尊重しています。総理にも、我々の政策がベトナム人民のためだけでなく、東南アジア全体の人民のために、できるだけ早く戦争を終わらせることを目指しているものだとご理解いただきたい。総理にそうご理解いただくことはとっても重要です。間違った印象を持たれたまま帰りたくはありませんから。交渉の道は開かれています。そして私が言ったように、我々は軍事問題のみの解決を交渉したい。もし相手が望むなら、グエン・ヴァン・チュウが辞任し、公平な委員会による選挙の実施などを含む全般的な政治解決の交渉もしましょう。この提案に答えて、北ベトナムがさらに戦いをすすめるなら選択の余地はありません。私がとる行動は強いものになるでしょう。それがこれまでの私のやり方です。世界の国々に、アメリカは試練にあえば強く反応することを知ってもらうためにもそうなるでしょう。

北ベトナムに考えてもらいたい重要なことが他にもあります。ベトナム化と言いますが、時間がかかるということです。まず軍隊の撤退に一定期間、数カ月見込まれますし、もう一方、全面撤退となれば残留部隊なしですから、交渉が必要になります。協定なしに出ていくわけにはいきませんから。

さらに指摘すべきことは、現在カンボジア、ラオスには米軍はいないということです。ベトナム政策との関連で、両国にいる北ベトナム軍に対し空軍を出動させることは必要でした。北ベトナムがカンボジア、ラオスから軍を撤退させれば、少なくともその二国にとって戦争は終結します。そこで人民が将来を決めればよいでしょう。

結論だけを申し上げると、アメリカはカンボジア、ラオス、北ベトナムに復興のため大きな援助をする用意があります。もし事態が解決されれば、南ベトナムに対しても。なんのしっぽも残しません。基地はいりません。総理の言った中立化構想を受け入れましょう。しかし取引は、双方がいて成り立つものです。

我々の提案が真剣に検討されることを望みます。軍事問題のみの解決としては相当踏み込みすぎたように見られるでしょう。南ベトナムの人々にも論議となる軍事的政治的問題は歴史の過程に決定させるか解決させましょう。選挙が行われることを望みます。今度は［ジュネーブ協定時の］一九五四年とは状況が違います。私たちも選挙を保障しますし、部外者によって保障され組織された公平な団体によって監視されるでしょう。

総理は、私の政敵が、ベトナム戦争を終わらせるために私は総理に会いに来たという印象を作り上げたことを明敏に察知されました。（周恩来総理笑う）きわめて率直に申し上げますが、交渉に結びつくいかなる動きも影響力の行使も歓迎するとご承知いただきたい。しかし期待はしません。なんの手助けが得られなくても、その事情は分かります。今私が言った内容で北ベトナムと取引します。私たちにとってより、彼らにとってのほうが厳しい長い道のりでしょう。選択によっては交渉の近道があります。

周恩来総理　我々にもこのことをすぐにはっきりさせるのはたやすくないでしょう。キッシンジャー博士とこのことを何回も話し合いました。我々は彼らを支持する立場を守るだけで、彼らの代弁はできません。共同コミュニケは論議されましたね。

ニクソン大統領　はい。共同コミュニケは大変よい草案だと思います。このベトナムは、アメリカがソ連と人民共和国との双方から等しく非難される皮肉な状況の一つです。（周恩来総理笑う）

キッシンジャー博士　ただ人民共和国は戦争を終わらせたいのに、ソ連は戦争を続けたがっています。

ニクソン大統領　たしかに。

周恩来総理　そうですね。

ニクソン大統領　この会談では正直に何でも言いますが、私は総理の立場がよく分かります。ここに来る前に総理のコメントを見て、この事が私たちの間の関係にとってイライラの元になっていることを知りました。確約しますが、どの大統領よりも私がすばやくこのイライラを取り除いています。私の前任者は、五十万人をベトナムに送り込みましたが、私は五十万人を撤退させました。私は、アメリカの介入をやめます――それはもう時間の問題です。この点については確言できます。実際今お話ししていることは、それを早めることができるかどうかということです。こっちが大慌てに出ていくのではなくて、合意の上でのことですが。

直截に言うならば、我々は撤退します。しています。しかし南ベトナム政府を解体して、結局北ベトナムに引き渡すことはできません。そう強く確信しています。だからできません。我々が公正な選挙と見なすものによって、彼らはそれを手に入れる公正な機会が得られるのではないでしょうか。我々はただ撤退して、南ベトナム政府を解体し、北ベトナムに引き渡すようなことはしません。

それはできません。そんなことをすれば、アメリカは世界の人民と諸国の前で、彼らの哲学がどうであれ、ただ軽蔑にしか値しない国になってしまうでしょう。

周恩来総理　これもあなた方の古い格言ですが――旧き友は捨てられない。でもすでに旧き友をたくさん捨てていますよ。そのうち、あるものはよき友であったろうし、あるものは悪しき友であったでしょう。友は慎重に選ばないと。（周恩来総理笑う）またしても哲学の話ですが、たとえば、蔣介石は旧き友かと私にお尋ねになりました。私はあなた方よりも旧いつきあいがあると言いました。かつて私は蔣介石と共同で仕事をしました。また彼と言い争い、闘ったこともあります。蔣介石は今でも一つの中国の信奉者です。そこが利用できる長所です。この問題が比較的容易に解決できるというのはそれがあるからです。

ベトナムについて言うと、あなた方は、偶然にそこに行ってしまった。だからあきらめられたらどうですか。ベトナムは朝鮮と違います。朝鮮は戦争の結果として南北に分けられました。話し合いの条項に従って、ソ連は北に入りあなた方は南に入った。これがポツダム条項だったか何だったかおぼえていませんが。非同盟の東南アジアを作るのは、極東の緊張緩和にも有益ではないでしょうか。

ニクソン大統領　結局はそうなると思います。それは結局……

周恩来総理　たしかにそう思いますか。しかしもしソ連が入ってきて、二大国が争ったなら、緊張緩和どころの話ではありません。アメリカ政府は軍事費を増大するときその理由を公表しました。

我々が何の脅威でもないことがおわかりになったと思います。我々に関しては、東南アジアに領土的な野心があると信じる理由はないでしょう。

ニクソン大統領　我々も東南アジアに領土的野心はありません。

周恩来総理　しかし、南ベトナムの体制に縛りつけられている。実際にはあの体制はあなた方の以前の条約とは関係がない。あなた方はバオ・ダイとともにその体制を作った。しかしダレスのやり方で、ゴ・ジン・ジェムがバオ・ダイを代表した。

ニクソン大統領　バオ・ダイはライオン狩りに出かけていたから。

周恩来総理　そこであなた方は、ジェムとその兄弟と協力した。彼らは神に召されてしまった。あれは信用できるものではなかった。もしアメリカが世界からよい印象を持ってもらいたいのなら、これらのいわゆる友は必要ないでしょう。もしあなた方の影響力をこの地域から引き上げてしまうと、真空が生じ、ソ連がそれを塡めるとおっしゃるかもしれない。しかし実際は、あなた方が出ていくのが遅くなればなるほど、争いが激しくなり、もう一つの中東が出来上がってしまうでしょう。そうすると、地中海から中東へ、そしてインド洋を経て亜大陸へ、そして東南アジア、南シナ海まで、緊張が拡大してしまうでしょう。

インドシナの戦争が続くと、私の言ったことは本気ですから、当然我々は援助を続けます。もちろん、介入はしません。あなた方が攻撃してくれれば別ですが。そこでは緊張が続くでしょう。そんな状況で緊張緩和なんて言えるでしょうか。キッシンジャー博士に最初お会いしたとき、彼はあなたが緊張緩和を望んでいると言いました。それはどこかで始めなくてはなりません。

日本の状況は、東南アジアとは違います。それは別問題ですね。

ニクソン大統領　お話の腰を折るようですが、総理がその話に入る前に、付け加えさせて下さい。我々は今パリの会談で提案してなお説得しているところです。それは公正な提案であって、北ベトナムが最終的に交渉に応ずれば、緊張緩和に有益で役立つだろうと思います。総理にそれについてなにかしていただこうとは思いません。もちろん表立ってなにかやっていただこうとは思いません。私はただ緊張緩和を望むと言うだけです。基地は欲しくありません。

これは総理が日本について言われることとは全く別です。

周恩来総理　今日の話はこのへんで終わりましょう。今晩バレエに行く前に夕食をとらなければなりませんから。

ニクソン大統領　問題についての総理の率直さに感謝します。もちろん、私としても自分の所感を述べるように努めました。これからの数日の議論によって、大きな問題に関わるところで、私たちの利害が双方を結びつけることになることがわかるでしょう。それだからこそ、残りの世界すべてにとって重要な相互理解を見出すことができると信じます。

周恩来総理　少なくとも、極東にとって重要な問題については。

ニクソン大統領　そうですね。

歴史に残る文書として――今では誰も予言者にはなれませんが――この先二十五年を見通して、

太平洋の平和は世界の平和の鍵になると思います。ヨーロッパは比較的バランスがとれている。中東は、候補ではありますが（周恩来総理笑う）。太平洋は鍵です。だからこの会談は世界全体にとって非常に重要です。

周恩来総理　一世代というと二十五年ですか？

ニクソン大統領　第二次世界大戦から一世代経ったという意味で使っています。その間我々アメリカは二つの戦争を経験しました。朝鮮とベトナムです。二十五年を越えて予見できると思い上がってはいませんが、もし二十五年先を見ることができるとすれば、それが見られる限界です。何度も言ってきましたが、今世紀アメリカ人のどの世代も戦争を経験してきました。第一世代は、第一次大戦。第二世代は第二次大戦。五〇年代は朝鮮戦争。六〇年代はベトナム戦争と。一世紀に四つの戦争で十分です。（周恩来総理笑う）

周恩来総理　たしかに十分です。だからこそ、軍備拡張を解決する道がなければ。

ニクソン大統領　そのことも後の会合で取り上げたいと思います。ソ連と軍備制限交渉を続けている一つの理由は、軍拡競争を避けようとするならば、ここが一番肝腎な隘路打開の道だと信じているからです。

周恩来総理　あまりにも巨額な資金がそこにつぎ込まれています。子孫たちは厖大な浪費の廉で私たちを非難するでしょう。

ニクソン大統領　そうですね。

周恩来総理　私たちがまだ初めの段階にいるだけだというのはそれが理由です。あまりに厖大な資金を費やしたくはありません。おそらくあなたもそのことに注目なさったのでしょう。

ニクソン大統領　ええ。

周恩来総理　正直に申し上げています。誇張はしたくありませんから。

ニクソン大統領　わかります。世界の平和ということで言えば、現在強い中国というのは世界にとって利益になります。中国が政策を変えて超大国になれ、と言うのではありません。しかし強い中国は、世界の鍵となる部分で力のバランスをとる役を果たせます。それからまた私の利己的な理由から、もし中国が第二の超大国になればアメリカは軍備を縮小できます。(周恩来総理笑う)

周恩来総理　我々を買いかぶりすぎています。我々はそうはなりたくありません。明日の二時にまたお会いしましょう。

訳　注

(1) ウィンストン・ロードとともにキッシンジャーの腹心であるヘイグ (Alexander Haig) 安全保障副補佐官 (准将) は、ホワイトハウスのジーグラー報道官らとともに、一九七二年一月三日から十日までニクソン訪中を準備する先遣隊として訪中した。キッシンジャーは、ヘイグ訪中がロジスティクスを詰めるためだったとしているが、実際には、ニクソン、キッシンジャーからコミュニケについての重大な口頭メッセージを託され、国際情勢、ベトナム問題、ソ連、台湾問題などについてかなりつっこんだ議論を周恩来総理としている。周恩来・ヘイグ会談の詳細は、まず中国の文献 (魏史言「黒格先遣組為尼克松訪華安排的経過」『新中国外交風雲』第三輯、世界知識出版社、一九九四年) がくわしく伝えた。米国では二〇〇一年に機密解除され、毛里和子・増田弘監訳『周恩来・キッシンジャー機密会談録』（岩波書店、二〇〇四年）に邦訳されている。

（2）ペンタゴン・ペーパーとは、マクナマラ国防長官時代に三十〜四十人の専門家を集めて過去にさかのぼり調査、執筆された、国防総省（ペンタゴン）のベトナム戦争についての機密文書。四十七巻、二百五十万語にわたる膨大なもので、トルーマン、アイゼンハワー、ケネディ、ジョンソンの各政権がベトナムにどう介入してきたかを詳細に分析している。エルズバーグ博士（当時マサチューセッツ工科大学の研究員）の手を通じて手に入れた『ニューヨーク・タイムズ』が一九七一年六月十三日から連載しようとして、国家利益と国民の知る権利をめぐる大事件になった。結局、司法省の差し止め命令、新聞側の連邦控訴をへて、六月末最高裁判所が最終的判断を下し、新聞側の報道の自由を支持した。

（3）アンダーソン（Jack Anderson）は米国のすっぱ抜きで有名なコラムニスト。一九七一年のインド・パキスタン戦争の際には、国務省と安全保障会議の意見が対立し、十二月の安全保障会議記録がアンダーソンの手でリークされたり、インド側の主張がアンダーソンから暴露されたりして、キッシンジャーが窮地に追い込まれた（前掲、『キッシンジャー秘録③　北京へ飛ぶ』三八三、三八九頁）。なお、七二年三月には、『ワシントン・ポスト』紙にアンダーソンが、七〇年アジェンデ当選を阻止するため国際電信電話会社（ＩＴＴ）とＣＩＡがチリ軍部に働きかけてクーデターを策動したという文書を公表した。アジェンデ政権は四月に『アンダーソン・ドキュメント』を公刊し、米国の干渉に抗議した。

（4）一九七一年四月二十八日、米国務省（ロジャーズ国務長官）は、「台湾と澎湖諸島をめぐる主権は、将来の国際的な解決にゆだねるべき未解決問題だ」との立場を表明した。

（5）ニクソン・周恩来会談と平行してキッシンジャー・喬冠華（外交部副部長）の間でコミュニケ作成交渉がこの日（二月二十二日）からスタートしている。キッシンジャーはコミュニケについて全権をゆだねられていると述べ、他方、周恩来は喬冠華・章文晋・熊向暉に任せ、必要なときには自分が出ていくということで合意されていた。二十二日午前中二時間ほどの会談で何が協議されたかは不明だが、本格的協議は、二十三日から始まっている（魏史言「尼克松総統訪華」『新中国外交風雲』第三輯、世界知識出版社、一九九四年）。

（6）この会議の翌日、二月二十三日に、キッシンジャーと葉剣英・喬冠華の会談がセットされた。本増補決定版には、その会談記録を補足資料として収録した。

（7）この二月米中会談の後、四月にキッシンジャー補佐官、五月にニクソン大統領の初のモスクワ訪問が予定されていた。五月二十三日からのニクソン・ブレジネフ首脳会談では、懸案だった第一次戦略兵器制限交渉（SALT-I）が妥結し、ABM制限条約、戦略攻撃兵器制限暫定協定が調印された。この間の交渉プロセスを逐一中国に報告することを米国は約束したのである。なお、ソ連情報の中国への通報についてジェイムズ・マンは、ニクソンの会談用メモによれば、彼は「すべての取引を中国に知らせる」方針で対中交渉に臨んだ、彼とキッシンジャーは、アメリカとソ連が軍備管理で合意に達する可能性を中国に覚悟させると同時に、米ソが結託して中国に対抗するのではないかという、中国が捨てきれずにいる懸念を和らげようとした、と指摘している（前掲、マン『米中奔流』六八～六九頁）。

（8）クリップス（Louis Cripps Samoiloff）はイギリスのジャーナリスト。第二次世界大戦中は英仏戦時救助隊（French and British War Relief Effort）で活動。その後はプエルトリコの独立運動に関心をもち、英紙に何回か寄稿している。

（9）第二次世界大戦末期、米国の対中国政策遂行の中心にいたビルマ・インド戦区司令官スティルウェル（Joseph W. Stilwell）と大使ガウス（Clarence E. Gauss）が蔣介石との対立で退いたあと、一九四四年十月にハーレー（Patrick J. Hurley）が駐中国大使となり、国民政府を中心とする中国の統一を追求、四五年十月の重慶での国共交渉など国共関係の調整に力を注いだ。この交渉のため周恩来が重慶に赴いた。だが、国共関係は進展せず、ハーレーは辞任、ルーズベルト大統領はマーシャル将軍（George C. Marshall）を特使として送り込んだ。中国共産党はマーシャルの調停に協力し、四六年一月には国共の停戦協定、平和建国綱領などが結ばれ、アメリカの調停が成功するように思われた。だが、国共の軍事衝突は続き四六年六月からついに内戦が始まって、米国の中国における統一政府樹立の構想は失敗した。マーシャルは四七年一月に帰国し、国務長官に就任している。

（10）一九四九年になると国共内戦の帰趨が決まり、七月にはスチュアート（Leighton Stuart）大使が帰国した。米国務省は八月に中国白書（原題は *United States Relations with China, with Special Reference of the Period,*

1944–1949）を発表した。その前文で国務長官アチソン（Dean G. Acheson）は、中国の事態は米政府がコントロールできる範囲を超えていた、国民政府は自ら崩壊した、中国の現実に合った新政策を作るべきだ、と述べたが、以後、米国の対中政策は中国を「失った」責任の追及を軸に展開していく。

（11）ウォルター・ジャッド（Walter H. Judd）は、一九三〇年代にカトリック布教団の医師として山西省を中心に布教活動。帰国後は熱心な蔣介石支持者となり、共和党下院議員となってからは議会内に親蔣介石派の「チャイナ・ブロック」を作り、ジュネーブ協定以後は、「中国の国連加盟に反対する百万委員会」（Committee for One Million Against the Admission of Communist China to the United Nations）を組織し、反中国活動を進めた。ニクソン訪中直前には、上院議員サーモンド（Strom Thurmond）、ゴールドウォーター（Barry Goldwater）などと自由中国委員会（Committee for a Free China）を立ち上げ、親台湾活動を強めた。

（12）パットン将軍（George Smith Patton）は第二次世界大戦中、もっとも大胆不敵で鳴らしたアメリカ軍戦闘司令官。とくに一九四二年、フランス領北アフリカでの連合国側の進攻で主要な役割を果たしたことで有名。

（13）一九五四年七月二十一日に米・英・仏・ソ連・北ベトナム、南ベトナム（バオ・ダイ政権）・ラオス・カンボジアが参加して、①北緯十七度線を軍事境界線とし二年後に総選挙を行う、②南北双方の軍事力増強、軍事同盟参加を禁止する、③インド・カナダ・ポーランド三国の国際監視委員会を設ける、を内容とする休戦協定を結んだ。だが、米国とバオ・ダイ政権は協定を確認するだけで、最終宣言には署名しなかった。

（14）米国と北ベトナムとの秘密交渉は一九七〇年から始まっていたが、その場を使って七一年十月十一日にニクソン大統領が新八項目提案を北に伝えた。和平協定成立後六カ月以内の米軍の撤退、それと平行する捕虜釈放、六カ月以内の南ベトナム正副大統領選挙、インドシナ全域での停戦、国際監視などがその内容だった。だが北との秘密交渉は進まず、七二年一月二十五日、米側は、十月の秘密交渉での提案とほぼ同じ新八項目提案（「平和のための計画」）を示し、翌二十六日にはキッシンジャー補佐官が北と秘密交渉を進めてきた事実を公表した。だがこの米側新提案も新味に乏しく、北ベトナムとのパリ和平会談は行き詰まった。なお、この間も米軍の空爆は続き、三月から北ベトナム軍・解放戦線勢力による春季攻勢が始まるのである。

補足資料　一九七二年二月二十三日　キッシンジャー・葉剣英会談

ホワイトハウス
　ワシントン

取扱注意・関係者のみ閲覧可

会談メモ

出席者　ヘンリー・A・キッシンジャー博士　国家安全保障担当大統領補佐官
　ジョン・H・ホルドリッジ　国家安全保障会議スタッフ
　ウィンストン・ロード　国家安全保障会議スタッフ
　ジョナサン・T・ハウ　国家安全保障会議スタッフ

　葉剣英　軍事委員会副主席
　喬冠華　外交部副部長
　章文晋　外交部西欧・北米・太平洋州局局長

葉剣英秘書
趙稷華　外交部
冀朝鋳　通訳
記録係一名

日　時　一九七二年二月二十三日　水曜日　午前九時三十五分〜午後十二時三十四分
場　所　北京　迎賓館　二号館

喬冠華副部長　こちらは葉元帥の秘書です。ほかの中国の友人たちはご存じですね。

キッシンジャー博士　はい、ほかの方々は存じ上げています。副部長。私は台湾に関して一つ提案を持ってきました。これをおいておいてほかの問題を先にやりますか、どちらにしましょうか。

喬冠華副部長　ではまずその提案をいただけるとありがたいのですが。翻訳ができますから。

キッシンジャー博士　ではこれをお渡しします（コピーはタブAのところにある）。それでは我々がやろうと試みたことをご説明します。あなた方の提案にすべて対応していないでしょうが、昨日の議論を考慮して我々ができることはやりたいと思っています。

我々は、ヘイグ准将があなたにお渡しした案を採用しました。その文言では、「永久の利益」を「地位」に変えてあります。その文書で「それは永久の利益を再確認する」と言っていますが、我々は「それはその地位を再確認する」としました。さらに「直接にかかわる当事者間の平和的な交渉を通じて」という文言を加えました。我々が自分たちを交渉の当事者だとは考えていないことを明確にするためです。また「削減」という言葉を「撤去」におきかえました。つまり「漸進的削減」よりはむしろ「漸進的撤去」にしました。そしてこの句を「緊張が少なくなるにつれて」という句で修飾しました。

私は外交部副部長に我々のこの問題に対するアプローチの精神となぜそうしたのかのご説明を試みました。これにこだわるつもりはありませんが、副部長が検討された後で再提案があるだろうと確信しています。

喬冠華副部長　ありがとうございます。これを検討してからさらに議論を進めましょう。

キッシンジャー博士　悪い印象を残したくありません。受け入れてくだされば、もちろん大変喜ばしいですが、拒否してくれとはお勧めしたくありません。（笑い）

喬冠華副部長　受け入れ可能であることを期待するのみです。受け入れ不可能であることを心配していますけれど。冗談ですよ。

キッシンジャー博士　ええ、それはもう。私には議論の柱が二つあります。一つは、あなた方にお渡ししたい軍事情報に関するもの、二番目は、ソ連との間で首脳会談とその後に向けて準備している全議論のリストです。友人の副主席がこの席におられますので、もしよろしければ軍事問題から始めたいと思います。でもまずはお詫びしておかなければなりません。副主席は［軍事問題の］エキスパートでいらっしゃるのに、私は素人です。私は空論家であるのに、副主席は実践的な専門家です。

葉剣英副主席　いや、あなたは軍事理論家ですよ。

キッシンジャー博士　そうですが、実践的専門家ではありません。私はとてもこみいった理論をもっていますが、それが実際に応用されることはあり得ないでしょう。（笑い）

キッシンジャー博士　そもそも大統領がどうしてこの議論を私たちがすべきだと考えたか、しばらくお話しさせて下さい。十二月十日に私は黄華［国連駐在］大使とお会いしました。副部長もご記憶のことと思います。そこで大使が表明された見解では、［インド］亜大陸における危機に対してアメリカは人民共和国ほど強い立場をとっていないというものでした。私は大使に、我々は並行的に進み、予備的な軍事配備を行おうと伝えました。十二月十二日の朝、あなた方の代表団からあなた方がヘイグ准将との会見を希望しているとのメッセージを受け取りました。私がアゾレス諸島に行くのをご存じで、ヘイグ准将を指名したのですね。正直に申し上げますと、我々はあなた方が軍事的介入をすると伝えるつもりなのだと考えました。我々の思ったことを説明しているのであって、あなた方がすべきであったことを言っているのではありません。大統領と私は、あなた方が介入した場合、そしてあなた方の北の隣人がその時にあなた方に圧力をかけてきた場合、我々はどうするかを議論しました。もしあなた方が軍事攻撃にさらされた場合、我々はそれを妨げるのに必要なあらゆる手段を取ろうと決めていたことを知っておいていただきたい。

葉剣英副主席　我々が圧力を受けた場合ですか、攻撃された場合ですか。

キッシンジャー博士　両方です。あなた方が求めたわけではありませんし、あなた方のためにしようとするのでもありません。我々自身のためです。この瞬間の実践的な現実であるから申し上げているのであって、理論上の問題として言っているのではありません。このことはすでに［十二月］十日にお伝えしましたが、ヘイグ准将はもう一度そのことを保証するよう指示されました。あなた方のメッセージが、我々が不正確に考えたようなものであった場合に備えてです。しかし我々はそのことの実践的な側面を計画していたので、あなた方が当面している危険の詳細な事実をすべて知っているのか、もし最大の危険が起こった場合に、何をすれば一番の助けになるとあなた方が我々に言うことができるのだろうか、ということを我々は知りませんでした。そこで大統領がはっきりと私に求めたのが、極秘裏に我々が持っている情報のいくつかをあなた方に与えることと、互恵的にではなく、もし求められれば追加の情報も与える用意があるとあなた方に伝えることでした。

葉剣英副主席　ありがとうございます。

キッシンジャー博士　我々……私は明らかに情報のエキスパートではありません。しかしもしあなた方が求めれば、極秘のチャンネルを打ち立ててもよいと思っています。あるいはもし私を通じてしたいと思うなら、追加的な質問をするなら、喜んでお答えするよう努めましょう。くりかえしますが、我々は決して互恵性を求めているのではありません。ただ完璧な慎重さを求めています。副主席は、ご自分が言う以上に英語がおできになると思います。（笑い）

葉剣英副主席　秘密を厳守する双方の能力は何回かの機会にすでに確かめられています。

キッシンジャー博士　そうですね。

葉剣英副主席　私たちはなによりも信頼を保たねばなりません。それでこそ秘密を保つことができます。

キッシンジャー博士　私たちは信頼関係を築く方向に大きく歩んできました。

葉剣英副主席　それこそがあなたが安心して依拠できるものなのですね。

キッシンジャー博士　さて副主席、我々はこの情報を人力やさまざまな武器によって分析しました。次のような情報があります。地上軍、戦術航空部隊、戦略防空部隊、戦略爆撃部隊、戦略ロケット部隊、および、あなた方のところにも届く核弾頭付き兵器の諸特質。

地域区分から始めましょう。そのおおよそを示す地図があります。極東軍管区、この地区の境界をご存じですか。

葉剣英副主席　多少は。

キッシンジャー博士　(地図を示しながら) 極東軍管区はここです。

葉剣英副主席　ウラジオストクまでですね。

キッシンジャー博士　そうです。ここには二十一の自動車化ライフル部隊があります。十七はすでにあります。二十一まで設置中です。数が不確かなのは、彼らがまず司令部を作って、後から中身をうめていくからです。

葉剣英副主席　質問をしていいですか。

キッシンジャー博士　どうぞ。お答えできなかったら、後ほどお返事を差し上げます。

葉剣英副主席　これらの部隊は、歩兵、自動車隊、戦車隊に分かれていますか。

キッシンジャー博士　そうですね。戦車隊のこともすぐお話しします。自動車化ライフル部隊は戦車も持っています。部隊は歩行で移動せずトラックや輸送車で移動します。相当な数の戦車も持っています。しかしそれぞれの自動車化ライフル部隊が何台戦車を持っているのかは言えません。諸部隊はほとんど即時に使用できるようになっているとまず申し上げることができます。それが今お伝えしていることです。次にお伝えしたいのは、ほんのわずかな時間で、つまり一週間で使えるようになるもの、その次に三週間で使えるようになるものをお伝えしたい。

それに加えて、極東軍管区には二つの戦車部隊があり、戦車の総数は四千三百から五千台の間です。

トランスバイカル軍管区――ここですが（地図を示す）――八つの自動車化ライフル部隊と二つの戦車部隊があり、戦車数は二千七百から二千九百の間です。

モンゴルでは……これを地図でお示しする必要はありませんね。（笑い）

そこには二つの自動車化ライフル部隊と一つの戦車部隊があり、戦車の総数は七百です。

中央アジア軍管区には、というのはここですが（地図を示す）、六つの自動車化ライフル部隊と一つの戦車部隊があり、戦車数は千九百です。

総計すると四つの軍管区に四十三の部隊があり、九千六百から一万五百台の戦車があります。それに加えてシベリア軍管区には、モンゴルのすぐ後方ですから一週間もかからずに使えますが、三つの自動車化ライフル部隊と一つの戦車部隊があり、戦車は九百台です。トルキスタン軍管区には、ここからは一週間で中央アジア軍管区に増援できると思いますが、五つの自動車化ライフル部隊と一つの戦車部隊があり、戦車は千二百台です。極東軍管区には、あなた方の国境にじかに接していないところでは――増援のことを言うのですが、三つの自動車化ライフル部隊が前に示した二十三の部隊に付け加わります。そこには六百台の戦車があります。

第二のカテゴリーが増援部隊のことでした。第三には、我々が戦略予備軍と考えるもので、この目的に使用できるものです。西部ロシアのことは計算に入れていません。この予備軍は招集されなければならないでしょう。それは十二の自動車化ライフル部隊と九つの戦車部隊、そして五千台の戦車です。それからもちろん七つの空挺部隊があります。これは移動するので数を把握しにくいものです。彼らはあなた方の国境近くには配備されていませんが、移動されるものです。こういう増援部隊を計算すれば、総数は――戦略予備軍も加えて――我々の見積もりでは、五五から六〇の自動車化ライフル部隊と十七の戦車部隊。これに一万七千三百から一万八千二百台の戦車があります。さらに地上部隊、KGBの国境警備隊、秘密警察の国境警備隊（七万名います）、軍事輸送部隊、戦略防衛部隊などを含め、中国に対して現在動員できる総数は一一一万五千人から一一七万人です。戦時になれば、予備軍を招集して、一八六万五千人から一九一万五千人となるでしょう。これには西部ロシアからの移送軍は含まれません。これらが数字です。さて次に……何かご質問がありますかか。

葉剣英副主席　それはすべて地上軍ですか。

キッシンジャー博士　そうです。

葉剣英副主席　ありがとうございます。

キッシンジャー博士　ここに諸部隊のおおよその位置を示す地図がありますが、後ほど議論しましょう。ああ、私が先ほど言った総計数には空軍も入っていました。百万を超える数字にはすべて含まれます。空軍とか……海軍とか。それについてはこれから申し上げましょう。これには十万の海兵隊が含まれます。諸部隊は地上軍だけです。総数には空軍も含まれますが、戦闘飛行部隊、戦術飛行部隊は含まれません。戦術飛行部隊を除くすべてです。一一一万五千には戦術飛行部隊以外のすべての動員可能な兵員が含まれます。戦術飛行部隊には四万人の兵員がいます。……ああすみません、含まれています。ハウ司令官がここでの私の軍事顧問です。

二つのカテゴリーのことに話を変えましょう。中国に近接した戦術飛行部隊と中国に近接した戦術ロケットのことです。もちろんこれは簡単に増援されるものです。ヨーロッパ部分に大変大きな空軍があります。ここで話すのは恒常的に中国に近接して配備されているものです。まず戦術迎撃機についてお話ししましょう。ミグ17、ミグ19、ミグ21です。

極東軍管区には一四四機あります。トランスバイカル軍管区にも一四四機。モンゴルには一〇八機、中央アジア軍管区には一四四機、トルキスタン軍管区には七十二機、戦略予備軍でこの目的に使えるものが一七四機、合計使用可能なものは七八六機です。ヨーロッパにある戦術飛行機のデータはここに持ち合わせていません。ここを発つ前に西部ロシアからどれくらいの空軍が移送可能かワシントンから取り寄せましょう。ここではそれは含まれません。

第二のカテゴリーは戦闘爆撃機です。これにはミグ17、ＳＵ７が含まれます。数は次の通りです。極東軍管区七十二機、トランスバイカル軍管区一〇八機、モンゴル三十六機、中央アジア軍管区三十六機、トルキスタン軍管区三十六機、戦略予備軍三十六機、総計三二四機。

軽爆撃機にはＩＬ28とＹＡＫ28がありますが、その数は以下の通りです。極東軍管区四十機、トランスバイカル軍管区四十機、モンゴルと中央アジアにはありません。合計で八十機です。

次は偵察機です。これらのいくつかは二つの目的に使われます、ほとんどが。

冀通訳　ほとんどですか。

キッシンジャー博士　いくつかです。何機の爆撃機が偵察機に転用されうるのか数字をとることができました。偵察機はミグ21、ＩＬ28、ＹＡＫ28です。極東軍管区には八十八機、トランスバイカル軍管区には七十二機、中央アジア軍管区には三十機、トルキスタン軍管区には十六機、戦略予備軍に三十機、合計二三六機です。

あなた方に向けられている飛行機は、西部ロシアやヨーロッパからの増援を除いて、一四二六機です。兵員総数は四万五千プラス戦略予備軍の一万で五万五千です。

ヘリコプターは、極東軍管区に二一一機あります。本当のことを申し上げますが、わが方の情報

活動は正確なものですから、約二一〇機とは言わず二一一機と言えるのです。感心してしまいます。（笑い）

毎月そこに行って数えている人がいるのだとは思いませんが、もしかしているのかもしれませんね。トランスバイカル軍管区には一三二機、モンゴル四十機、中央アジア軍管区には二十五機、トルキスタン軍管区には四十八機、戦略予備軍には六十六機、総計五二二機です。これには海軍のヘリコプターや海軍の飛行機は一切含まれていません。

戦術兵器について話せば、ほかにまだ三つ残っています。飛行機ではなくてミサイルです。一つはフロッグ［FROG］と名付けたもので射程距離は一五五マイルです。キャタピラー付きで移動します。これの最新版には車輪がついています。ほとんどが最新版です。古いのは射程距離一五五マイルですが、新しいものだと約三一一マイルです。これには通常の弾頭と核弾頭と両用が可能です。核弾頭の場合、古いものは三キロトンから二〇キロトン、新しいものは四〇から九〇キロトンです。古いものはこんなものです（写真を見せる）。こちらが新しいものです（写真を見せる）。

葉剣英副主席　（英語で）ロケットですね。

キッシンジャー博士　各部隊に四基のランチャーが配備されています。ということは、極東軍管区には七十六から八十四基。トランスバイカル軍管区には二十八から三十二基。モンゴルには十二基。中央アジア軍管区には二十八基。トルキスタン軍管区には十八基。極東軍管区で、あなた方から離れているが、増援に使えるところに九基。ウラル以東の内陸部の軍管区に七三基。総計で二七二から二八四基となります。

ほかの戦術ミサイルに移りましょう。名前は問題ではありません。我々がつけた名前の意味さえ私は知らないのですから。短距離弾道ミサイルで、射程距離は一六〇海里です。これはフロッグより新しく、四分の一マイルの範囲までの精度があります。フロッグ旧版より新しく、フロッグ新版よりは古いものです。これも通常のものと核弾頭と両用できます。私が説明しているこれらの武器はすべて核弾頭をつけているものと思います。キャタピラー付きです。

葉剣英副主席　二段式ですか、一段式ですか。

キッシンジャー博士　一段式です。

葉剣英副主席　核の場合何キロトンですか。

キッシンジャー博士　十から百の間です。四種の核弾頭があって十、二十、四十、百キロトンとなっています。どれにどれをつけているのかは分かりません。極東軍管区ではこの型のミサイルが十二から十八基。トランスバイカル軍管区には六基。シベリア軍管区に六基。トルキスタン軍管区にも六基。合計で三十から三十六基です。どこにあるか分かっています。射程距離はすべて海里です。フロッグについて言ったのも海里です。

さて次の第三のミサイルです。帰国したら、これらに名前を付けた人物を紹介してもらおうと思います。その人の気持ちが知りたい。（笑い）

でも、副主席、英語を学ぶにはよい方法ですよ。私も知らない単語を学んでいるのですから。

（笑い）

これは一段式ロケットで液体燃料を用い、射程距離は五百海里です。四分の一マイルから半マイルの精度があります。核弾頭は一メガトンです。あなた方の国境に非常に近接して設置するのを好んでいるように見えます。ソ連領をはるばる飛んでいくようには意図されていません。次のような形であなた方に面と向かっています。極東軍管区には七基でほとんどが南部にあります。ここです（地図を示して）、南側の国境にとても近い。ここの青い点です。トランスバイカル軍管区には九基、おおよそこのあたり（地図を示して）、青い点です。中央アジア軍管区ではサリ・オゼク近くに九基あります。それぞれに九から十二基のランチャーがあります。低めの数字を申し上げていますが。シベリア軍管区にも九基あります。全部で三十六あるいは四十八基。三十六と考えていますが四十八かもしれません。

ほかに海上ミサイルのようなものがあります。それは四基あって射程距離は三百海里です。

葉剣英副主席　全部で四基ですか。

キッシンジャー博士　四基です。見つけたのが四基です。たった四基というのはおかしいでしょうが視認したのはそれがすべてです。理屈にあいませんが分かっているすべてです。低高度で飛び、射程距離は三百海里、十から百キロトンの弾頭を装備しキャタピラー付きです。ここに配置されています。我々が分かっている場所です。緑の点です。

さて次は防空軍についてですが、これは総計には含まれていません。私がこれからお示しする数字は、前に申し上げた数字に付け加えられます。いえ違います、部隊の数は含まれていますが、飛行機の数は付け加えられます。防空軍には、前と異なって、地上軍とは別の軍管区があります。これらは防空軍の軍管区です。極東軍管区［Far East Military District］と言ったら、ここのことです（地図を示す）。でもほかの場所には前に言ったのとは別の名前をつけています。

防空軍の飛行機は以下の通りです。極東防空管区［Far East air difense district］には四九〇機、トランスシベリア防空管区には二百機、タシュケント防空管区には二三〇機、これらの約半分は全天候型でマッハ二です。これが三百マイル以内にある空軍力のすべてです。今申し上げた部隊は中国の国境から三百マイル以内のものです。

冀通訳　海里ですか。

キッシンジャー博士　そうです。

冀通訳　スピードはマッハ二ですか。

キッシンジャー博士　そうです。これに加えて中央ロシアにある五六〇機の迎撃機が使えます。次は国境三百マイル以内の地対空ミサイルにいきましょう。極東防空管区には……

冀通訳　距離はすべて海里ですか。

キッシンジャー博士　そうだと思いますが、大した違いはないでしょう。

冀通訳　マイルよりはちょっと長いかと。

キッシンジャー博士　絶対確かだとは言えませんが、防空にとっては大した違いではないでしょう。

極東防空管区には一三〇基の地対空ミサイルがあります。うち八十一がSA－2と呼ぶものです。三十四基がSA－3、十五基がSA－5です。SA－2とSA－3は彼らがベトナムで持っているものです。あなた方もいくつか持っているのではありませんか。それはともかく、これが現状です。トランスシベリア防空管区には七十六基のSA－2と十九基のSA－5があります。これは発射場です。思うに、各発射場には四基のミサイルがあります。そう、それぞれの発射場に一基以上のミサイルがあります。発射場のことを言っていますが、それぞれに四基あるのではないかと思っています。とにかく一基以上あるでしょう。チェックをすることになるでしょう。例えば、SA－2の場合、一台のトラックの上に二基のランチャーがあります。SA－3の場合、一台のトラックに二基のランチャーがあります。それなのに一つの発射場に一基のミサイルというのはありえないでしょう。タシュケント防空管区には六十三、SA－2の発射場が六十三、SA－3の発射場が一、SA－5の発射場が十一です。モンゴルには五つのSA－2の発射場があります。

レーダーに関していうと、極東防空管区には一五五のレーダー基地があり、トランスシベリア防空管区には一四〇、タシュケントには八〇、総計三七五のレーダー基地があなた方に向かっています。

ほかのいくつかのものについて述べて終わりにしましょう。海軍についてですが、太平洋艦隊は一五五機の中型爆撃機を持っています。十六隻の弾道ミサイル潜水艦、それには一一三のミサイルがあります。ほかに二十三の巡航ミサイル部隊があり一五〇基のランチャーを持っています。

冀通訳　水上機ですか。

キッシンジャー博士　いいえランチャーです。

冀通訳　でも水上では？

キッシンジャー博士　いいえすべて潜水艦です。

冀通訳　巡航とはどういう意味ですか。

ハウ中佐　弾道ミサイルと違ってレーダーで誘導されるものです。

キッシンジャー博士　このほとんどがウラジオストクを基地にしていますが、弾道ミサイル潜水艦はペトロパブロフスクから出動します。これが巡航ミサイル潜水艦の姿です。ハウ中佐は潜水艦に乗っています。ソ連が潜水艦を一隻増やすたびに彼は私のオフィスに来ます。彼が気楽にできるようにオフィスに窓をつけていません。

ハウ中佐　その通りです。

キッシンジャー博士　オフィスに二カ月もこもるのですから、トレーニングしているわけです。

ハウ中佐　それもその通りです。

キッシンジャー博士　これまでのものが主力部隊です。戦略部隊については、あなた方に近接しているものを挙げていっても意味がないでしょう。戦略部隊――爆撃機、ミサイル潜水艦、地上ミサイルなどはみな射程が長い。例えば、中国に近接して二六〇基のＳＳ－９ミサイルがありますが、その射程は五千海里です。アメリカにまで届くことを我々は知っています。五千海里の射程のものを全部で九七〇基持っている。使おうと思えば全部を中国に対してでもアメリカに対してでも使うことができます。長距離ミサイルは全部で千五百基、中国に対してでもアメリカに対してでも使えます。どれがどっち向けなど識別したくありません。全部が中国向けかもしれませんし、全部がアメリカ向けかもしれません。そのうち五一九基は中国に近接した軍管区にあります。でもこれらが中国を的にしているものだと想定するのは正しくないでしょう。

これはすべて基本情報です。他にさらに二〇五の重爆撃機・中型爆撃機を持ち、それらは長距離飛行部隊に属しています。これもあなた方に向けられています。中央アジア軍管区には四五機、トランスバイカル軍管区には五十機、極東軍管区には一一〇機です。合計二〇五機。このうち四十五機は活動範囲が四千五百海里圏内で、ターボプロップ機、TU45で、爆弾を三万ポンド積載します(写真を示す)。ご承知しておいて下さい。中央アジア軍管区に四十五機。ターボプロップ機です。

冀通訳　爆弾三万ポンドですか、三万五千ですか。

キッシンジャー博士　三万です。次に中型爆撃機ですが、これらの二〇五機のうち一二〇機で航続千六百海里です。五十機はトランスバイカル軍管区にあり、七十機が極東軍管区にあります。ジェット機です。「ベア」の速度は四五〇ノット、最大五〇〇、通常四三五ノットです。前の型の「ベア」のことで、この「バッジャー」では通常四四五ノット。最大五四〇ノットです。それから極東軍管区にはほかの飛行機が四十機あり、航続三千海里です。通常速度は四四五ノット、最大五四〇ノットです。

今日お渡ししようと思っていた情報はこれですべてです。当地に来ている我々の同僚は誰もこの情報をお渡ししたことを知りませんし、わが政府のうちで、大統領とここにいる人々を除いて誰も我々がこの情報をお渡ししたことを知りません。情報関係者も知りません。情報関係者には、この情報を準備してくれと頼んだだけです。これはしるし、……もし私たちが他の危機に直面した場合に、どちらに決断すべきかについて同じ情報を共有するようにするためのしるしなのです。

葉剣英副主席　キッシンジャー博士とほかのアメリカの友人の皆さんに対し、ソ連の軍事力に関する最高機密情報を教えて下さったことに感謝いたします。

第一にアメリカの友人たちには、我々がこの情報を絶対に秘密にして守ることについて安心していただきたい。第二にあなた方が下さったこの資料は大変有益であると申し上げたい。第三に最高機密情報を下さったことが、アメリカ合衆国政府が我々との関係の改善を心から願っていることの重要な印であり、このことに対して我々はキッシンジャー博士とニクソン大統領に感謝を表したいと思います。

キッシンジャー博士　お互いのためにしたことです。

葉剣英副主席　存じています。

キッシンジャー博士　ほかに質問があれば、滞在中でもその後でも、私に連絡いただくか、別の連絡の手段を作りましょう。何か軍事的な展開に根本的な変化の兆候が見えた場合、どなたにお知らせするか教えていただくとありがたいと思います。パリではこの目的には少しこみいり過ぎています。

しかし実際に誰かをパリに送って、あなた方の大使にお知らせすることはできるでしょう。でも大して変わりありませんね。誰に知らせるか、どこの何が最も安全か、お知らせ下さい、そこに人を送ります。あなた方が我々にメッセージをくれることができるように声をかけて下さるか、あなた方が指定した場所で通常よりももっと限定された方法でどのようにやるか言って下さいますね。できれば帰国前に。

葉剣英副主席　継続的に接触することはとても必要です。このことはすべて周恩来総理と毛沢東主席に報告します。彼らが考えてくれるでしょう。

キッシンジャー博士　そうでしょうね。さて、私は今行われているソ連との協議でのすべての議論を持ってきました。

喬冠華副部長　五分間休憩を取りましょうか。それとも惜しみなく十分間にしましょうか。

キッシンジャー博士　毛主席がコスイギンにしたように、ですね。言っていることはお分かりですね。

（キッシンジャー博士がこの説明で参考にした資料はすべてタブBのところにある。）

（休憩……十一時二十五分〜十一時三十四分）

キッシンジャー博士　今ソ連との間で行っている協議のすべてをお知らせしたいと思います。ソ連の戦略の一部は、彼らと我々が二大国の世界支配を打ち立てているという印象をつくりだそうとすることだと理解しています。それゆえ彼らは、世界的な範囲にわたる議題で協議を始めました。いくつかは二次的な意味しか持たないものです。とくに昨年七月に私が北京を訪問して以来は。我々の方針は、私たちの利益になるような合意をし、あなた方に今行っている協議を知らせ、あなた方に対する共謀となるように見えることは行わないことです（ですから、例えば、核保有五大国会議の開催には賛成しませんでした）。そしてソ連と行ういかなる合意もあなた方とも行えるようにしておき、あなた方がコメントしたければ、あなた方の意見を真摯に受け止めるというものです。このまま経過を述べていっていいですか。

喬冠華副部長　どうぞ。

キッシンジャー博士　それでは長広舌でまたハーバードの記録を破ることになるかもしれませんよ。

葉剣英副主席　かまいません。

キッシンジャー博士　はじめに、ベルリンでの協議をよくご存じと思いますが、これについてはお知らせしてきました。ちなみにまた申し上げますが、わが政府のなんびともあなた方にどの程度の情報を提供してきたか知る者はいません。現在東西両ドイツ間で合意を実際に実行する問題について協議が続いていますが、ドイツ流の法律的なこだわりからconvulted(1)な問題があります。しかしこれらの条約は夏までには締結されると思っています。ちなみに我々の印象ですが、ソ連は技術的な協定をすべてモスクワの首脳会談もしくはその前後にサインされるよう多数残しているようです。しかし、これは何ら特別に意味があるものではないことはご賢察のことと思います。

まだサインが残っている技術的な協定がたくさんあって、夏のころには山場が来るのは確かです。いずれにせよ、ご承知のように、大統領が昨日総理に、あなた方が同意するなら私を六月に北京に派遣し、私がいつも示しているように率直にあなた方に説明すると提案しました。

葉剣英副主席　大変結構です。

キッシンジャー博士　欧州安全保障協力会議について。ソ連は我々やヨーロッパの友人に対して欧州安全保障協力会議の開催を積極的に働きかけています。そこで何を議論するかということより、会議の開催を欲しているという事実にこだわっています。彼らの戦略はヨーロッパに全般的な緊張緩和の空気をかもしだすことにあり、部分的には、あの地域にある彼らの諸手段を使えるようにすることにあります。ヨーロッパの友人からもこの会議に出るよう強く圧力をかけられています。我々の戦略は、会議には原則的に反対ではないと表明することです。しかし議題が何になるのかをまず第一に見てみたい。そこで今のところは、ひきのばしをしています。今年後半に予備的な、低レベルの会談を開くことに同意するでしょう。しかし一九七三年より前に会議があるとは思っていません。

相互的な釣り合いのとれた軍縮について。再びソ連は原則としてはこのことを語りましたが、具体的な議論には尻込みしました。我々の立場はワールド・リポート［大統領の議会向け外交教書］に述べてあります。リポートは北京の出版物では評判が良くないようですが……（笑い）

我々のアプローチは、具体的な問題を討議しようというもので、彼らのように討論していれば到達できるとは考えず、効果のあるステップを踏みつづけることで達成される、というものです。この点については、大変率直に申し上げねばなりません。もし交渉が成功すれば——それはとにかく長い時間がかかるでしょうが、もし成功すれば——客観的な結果として、ソ連はヨーロッパから極東へいくつかの部隊を移動させることになるでしょうし、我々もそれに何らかの対応をしなければならないでしょう。いずれにしても協議は、あったとしても、今年前半には始まらないと思います。年末までに始まるとも思いません。終わるまでに二年はかかるでしょう。

次は中国の軍縮会議への参加の件です。これが二月に再召集された時、我々はあなた方が共同議長として招待されたいと思っているのか、参加したいのか、率直に言って知りませんでしたから、我々は中立的な立場をとりました。十八か国会議のことを言っています。もし参加しようと思っているなら、あなた方の参加に圧力をかけません。あなた方の参加に反対もしません。そこで我々はこの問題を回避しました。あなた方の意向を知らせて下されば、それに十分沿うようにしましょう。

喬冠華副部長　我々の国連代表が態度を表明しました。我々の立場は変わっていません。つまり我々はその会議に参加するつもりはありません。そしてあなた方がこの件に対して中立的な関心を持っているということに注目していました。

キッシンジャー博士　お国の歴史の中でもアメリカの宣教的本能におなじみだと思いますが、我々の軍備管理庁の人たちは彼らが何をより合理的だと思うか、あなた方を説得できることをいつも希望しています。我々は自分の立場を維持しますし、あなた方は我々からの圧力下には一切入ろうとしないでしょう。ソ連の世界軍縮会議提案も同じことです、我々はそれには加わりません。

喬冠華副部長　それで国連は延期の決定をしたのですね。

キッシンジャー博士　その通りです。でもソ連からまた次の総会の前に持ちかけられることは必至ですね。

包括的核実験禁止について。これらの協議は今中断されています。査察なしに地下核爆発を発見できるかどうかという技術的問題に引っかかっています。そのことで今年に協議があっても、進展は非常にゆっくりとなるでしょう。海底発射核兵器禁止条約のことはよくご承知ですね?

喬冠華副部長　(うなずく)

キッシンジャー博士　それを読み上げるかわりに、私が条項をお渡ししましょう。それからご自身で検討なされればいい。生物兵器禁止条約も同じです。時間節約のためです。(この説明でキッシンジャー博士に利用された文書はタブCのところにある)。その方がいいと思いませんか?

喬冠華副部長　ずっといいと思います。

キッシンジャー博士　化学兵器……ここにも別の海洋法の議論があります。

喬冠華副部長　私も、予備的に、あなたが「ステート・オブ・ザ・ワールドメッセージ」[大統領の議会向け外交教書]で言っているこの問題への取り組み方の原則を見てきました。我々にとっても、あなた方の立場を理解することはとても重要です。

キッシンジャー博士　昨年、総理が昨年のリポートについて日本人の一団にお話をされました。あれはまだ我々が会見したことが知られる前のことでした。総理は私が見た中でも最良の分析をされていると私は思いました。我々が日本人に対していつも経験していますが、彼らは秘密を守ることができませんね。（笑い）

喬冠華副部長　彼らにひっかけられたと思いますか。

キッシンジャー博士　いいえ、でも我々が彼らに言ったことは全部新聞に話してしまいますね。

喬冠華副部長　例えば、あなたの話……

キッシンジャー博士　ああ、私はあの社会主義者にはひっかけられませんでした。初めは会いたくなかったのです。でも日本の大使が私を呼んで、会ってくれなければ大使の面子が丸つぶれだと言うものですから会いました。彼らがいつもそうするから、彼も新聞に話すに決まっていると思って何も言いませんでした。彼が質問するたびに、記者会見の記事を読んでくれと言いました。そこにすべて出ていると。私が彼に台湾問題への感想を述べたと総理がヘイグ准将に語ったと知ってびっくりしました。ひっかけられたのではありません。彼らはでっち上げてしまうのです。（笑い）

喬冠華副部長　捏造ですね。

キッシンジャー博士　日本の外交官に何か話すと彼は秘密を守ると誓いますが、それは七十二時間はという意味です。

章文晋局長　でも日本社会党の指導者の例では日本人はちゃんと秘密を守るということを示していませんか。あなたが実際に言ったことは何も言っていないのですから。

キッシンジャー博士　私は何も言っていないのですよ。さてこれが月に関する条約案の議論の状況です。

喬冠華副部長　月は我々には遠すぎます。我々よりあなた方に近いでしょう。

キッシンジャー博士　これがソ連との為替取引協定の状況です。こちらが保健に関する協定の状況。保健問題について協議しようと合意しています。ソ連がその協議を行って、首脳会談の時点で協定がなされても驚きません。これは民間航空協定です。どれも重要ではないのですが、正確を期すためにやっています。環境問題での協力。海事関係。これについてはいくつかお知らせしました。海上事故防止の会談。これはほかのチャンネルを通じてお知らせしました。これらは技術的な外交案件です。非常に重要なのでお話ししたい案件がいくつかあります。

まずＳＡＬＴ〔戦略兵器制限交渉〕です。この春に合意がなされると思います。今のところソ連は防御ミサイルについて我々に歩み寄りをしています。それによれば彼らは防御基地を四つ持てて我々は一つ持てることになっています。（笑い）

我々だって四と一の違いはわかりますから、受け入れることはないでしょう。（笑い）

それから我々はおそらく……協定……まだ協議をしていませんし、我々の立場もまだ決めていませんが、いずれにせよ双方とも同数の防御ミサイルを持つというものになるでしょう。ソ連がモスクワを防御し我々は攻撃ミサイル基地を防御する。それぞれの側でそれに対応する基地を持つオプションがある。我々がワシントンを防御できれば、彼らは攻撃基地を防御できる。このような協定になると思っています。また攻撃ミサイルの制限もあるでしょう。我々は少なくとも双方が地上ミサイル基地の建設をやめると合意しました。まだ潜水艦については合意していません。我々のチャンネルを通じてお知らせし続けますが、これが交渉の現状です。あなた方が参加することに関心がないことは分かっていますが、あなた方への圧力に使われるような立場は避けます。もちろんあなた方に圧力をかけることには参加しません。

ソ連がきわめて活発になっている第二の分野は、我々と経済的な協定を協議しようとしていることです。彼らは［第二次大戦中の］武器貸与問題や穀物購入についての協定交渉を持ちかけてきました。

喬冠華副部長　この機会にお尋ねしたいのですが、あなた方がソ連に第二次大戦中に支払った武器貸与はいくらになりますか。

キッシンジャー博士　今ここにありませんので……帰国前にお渡ししましょう。四十八時間以内に取り寄せます。すぐにお渡しできるでしょう。いま議論されている数字は、彼らが申し出たのが三億で、彼らが我々に対して負っているのは十億近いと思います。

冀通訳　ドルですか。

キッシンジャー博士　そうです。我が方の数字では八億の負債になると思いますが、第二次大戦中にこれ以上の援助を彼らに与えていることは確かです。数字はお届けします。

喬冠華副部長　ありがとうございます。

キッシンジャー博士　彼らが今提案してきているのは、我々が商務長官を再度モスクワに送り、信用供与と最恵国待遇を含む協定を議論し始めようというものです。これには応じて、商務長官を派遣してもよいでしょう。我々の一般的な政策では、法的な考慮においては人民共和国とソ連は同じ待遇とするものです。

喬冠華副部長　ちょっと口をさしはさみますが。

キッシンジャー博士　はいどうぞ。

喬冠華副部長　中米間の通商問題についてはコミュニケの最初の案文に取り上げられていませんでした。ただヘイグ将軍がいらしたときに、我々が中米間の通商の発展に関して何かコメントするよう望んでいると述べられました。ロジャーズ国務長官と姫鵬飛との会談であなた方にはあまり関心がないような印象を受けましたので、今戸惑いを覚えているところです。

キッシンジャー博士　そんなことはありません。ヘイグ准将の言ったことが正しい。コミュニケにも入れたいし、話し合う用意もあります。困難なのは我々の側のすべての人があなた方とのコミュニケーションにすべて通じているわけではないことです。というのもリークによってあなた方を当惑させたくないからです。でもその部分は昨日お渡しして……

喬冠華副部長　そうです。検討しているところです。

キッシンジャー博士　そうだと思います。我々は通商に関心があります。この混乱を解消するよう国務長官に話をしたいと思います。

喬冠華副部長　ちょうど通商のことをあなたがお話になったので、割り込みました。

キッシンジャー博士　はい。総理に申し上げたように我々の政府のやり方は、あなた方のものよりずっと入り組んでいます。でも選挙の後にはもっと首尾一貫させられるようになるでしょう。

中東問題について。我々がエジプト・イスラエル間の間接的な会談がなされるよう試みていることはご承知でしょう。ソ連はこの議題を首脳会談で提起すると言ってきました。どんな形で、どんな提案をするのか我々は知りません。しかしこのことは私が、よろしければ、六月に当地に来るときには大きな話題の一つになっているでしょう。何が話し合われたのか、完全なご説明を申し上げるつもりです。

あと二つの問題は、宇宙探査の技術的な問題で、ご自身でお読み下さい。首脳会談の時か、その前後にサインされるでしょう。二年間議論されてきましたが、これらのものは突然加速されることがよくあります。新聞でインド洋における軍備管理をソ連と議論していると報道がありますが、これは本当です。

これらが主要問題ですが、これからも詳細にお知らせし続けます。新聞報道に気を取られないで下さい。私が申し上げなければ、それは本当ではありません。信頼の関係を持たなければならないと信じます。策略がよいと思っていません。いつも時間が間に合うようにお知らせします。そうすればあなた方がコメントをしたい時には――これまではされたことがありませんが――あなた方の見解を聞き、真剣に受け止められるでしょう。

最後に一つだけ質問があります。それはコミュニケの仕上げをどうするか、ということです。実際には、その詳細ではなく手順のことです。

喬冠華副部長　そうですね、まずなによりもこの情報を提供して下さったことに感謝申し上げます。これも関係を改善したいというあなた方の希望の表れなのでしょう。これ以上は言いません。周恩来総理と毛沢東主席にこれをすべて報告します。

キッシンジャー博士　そうです。問題はコミュニケの作業です。時間の設定もありますね。

喬冠華副部長　まず我々はあなた方の台湾問題についての新しい言い回しを検討したいと思います。その後で議論できますが。

キッシンジャー博士　もちろんそれで結構です。

喬冠華副部長　今日の午後は大統領と総理の話し合いがあります。我々は全員そこに出席します。明朝は、あなたもあそこに行かれますか。

キッシンジャー博士　行かなくてもいいようになっています。作業した方がいいと思います。もちろん今晩にでもあなた方が我々の提案全部を受け入れると言って下さってもいいですが。

喬冠華副部長　そうすれば万里の長城にあなたも行けますね。

キッシンジャー博士　［今晩観戦する予定の］体操競技場でメモをこっそり渡して下さい。

喬冠華副部長　明日キッシンジャー博士は腹痛かもしれませんね。

キッシンジャー博士　一月にはキー・ビスケーン［フロリダのリゾート］で病気だったのですよ。本当にインフルエンザでしたが、新聞は誰かが私に電話で、私がキューバかどこかに行っていないことを確認したいと言い張りました。でも明朝はどうなるでしょう。

喬冠華副部長　もう明日は二十四日ですから、作業を続けることが多分現実的だと思います。何時に作業をするかについては午後にお知らせします。

キッシンジャー博士　同僚たちに見せることができる合意を成し遂げられることが重要です。そうすれば、彼らは最後の最後にどうやってこんなことができたのかとびっくりしすぎないですみますから。もし合意できれば、全部でなくとも、要の部分でいくつかできれば助かります。コミュニケはいつ発表するとお考えですか。これもお尋ねしておきたいことです。

喬冠華副部長　いつ新聞に発表するかについて特別にこだわりはありません。

キッシンジャー博士　それでは日曜の夜は。

喬冠華副部長　我々が上海にいるときですか。

キッシンジャー博士　そうですが、ほかにお考えがありますか。

喬冠華副部長　最終的にまとまったならば、どの日付がいいかはあなた方にお任せします。優先権をお渡しします。

キッシンジャー博士　いずれにせよ我々の帰国前ですね。

喬冠華副部長　それでよろしいでしょう。

キッシンジャー博士　可能性は二つあります。日曜の夜か月曜の朝です。しかし月曜の朝だと新聞本社に送る時間がないでしょう。我々の計画では、コミュニケを発表したとき――これまでのところやるとは言いませんでしたが――、私は記者会見を開き記者たちに説明するつもりです。そうしないと訳の分からないことを書くでしょうから。

喬冠華副部長　北京でですか。

キッシンジャー博士　新聞発表した後です。

喬冠華副部長　でも記者会見は中国で開くのですね。

キッシンジャー博士　そうです。コミュニケを配り、どのようにしてそれが成立したか、どのような意味かを説明します。私が何を言うかはあなたの同意を得ますし、あなたと私と総理とが同意しなかったことは話しません。

喬冠華副部長　上海でですか。

キッシンジャー博士　もしそこで我々がそうしなければひどい推測、憶測がなされてしまうでしょう。もしお望みなら合同記者会見を開きましょう、そうすれば私が間違ったことを言った場合、あなたが訂正できますから。

喬冠華副部長　どうかそういう厳しい試練はご勘弁下さい。あなたはこういう場にずっと慣れていらっしゃるでしょうが。

キッシンジャー博士　ハーバードの教授として、贅言を費やしても意味あることは一つも言わないと

いう芸当はできます。（笑い）

もし理解できなかったら私のことを大変深遠なのだと思うでしょう。私が説明して、そこから一つの主要なテーマが浮かび上がってくるようにすれば、私たちの共通の利益になると思います。そのような仕方で、私は自分の言うことを正確に紡ぎだし、説明します。パラグラフごとに説明してやり終えることができるでしょう。それが最も困惑を少なくし、積極的なインパクトを最大にする可能性があります。

［あなたは］我々が提起したさまざまな点に関して総理からのご意見で何か気が付くでしょうし、私も大統領と一緒にあなた方が提起したさまざまな点について何か気が付くでしょう。その後私たちでそれを最終的な形に仕上げましょう。

喬冠華副部長　同感です。上海までのスケジュールはとてもつまっています。

キッシンジャー博士　明日の午後までに仕上げましょう。

喬冠華副部長　夕方までかもしれません。杭州では終わらせなければなりません。では手順は次のように。明日杭州で読み通してチェックする。それから総理と大統領に送って承認を求める。

キッシンジャー博士　一歩でも進めるように、私は今のものを大統領に渡しましょう。

喬冠華副部長　結構です。一度そうした後でもまたそうしなければなりませんが。私たちは指示を受けていますが、あなたがロジャーズ国務長官に見せたい時には大統領自身の決定によるということですね。我々は異議ありません。

キッシンジャー博士　彼には杭州で見せます。

喬冠華副部長　もう一つ、「議論に同席したものは以下のごとし」というのを付けるか付けないかはあなた方にお任せします。我々がリストを付ける付けないはそれに従います。

キッシンジャー博士　なしにしましょう。

ロード　キッシンジャーははずすべきだと思います。

キッシンジャー博士　これが彼の最後の旅ですね。（笑い）

訳　注

（1）convoluted（入りくんだ）の誤記か。

資料4　一九七二年二月二十三日　ニクソン・周恩来第二回会談

ホワイトハウス
ワシントン

取扱注意・関係者のみ閲覧可

会談メモ

出席者　大統領
ヘンリー・A・キッシンジャー博士　国家安全保障担当大統領補佐官
ジョン・H・ホルドリッジ　国家安全保障会議スタッフ
ウィンストン・ロード　国家安全保障会議スタッフ

周恩来総理
喬冠華　外交部副部長
章文晋　外交部西欧・北米・太平洋州局局長

王海容　外交部儀典局副局長
趙稷華　外交部
冀朝鋳　通訳
唐聞生　通訳
記録係二名

日時　一九七二年二月二十三日　水曜日　午後二時〜六時

場所　北京　大統領宿舎

（初めに軽い話題。総理が大統領夫人はいかがかと尋ね、大統領が元気だと答えた。夫人は鍼治療が大変印象深かったようだと付け加えた。大統領は、天気予報では明日は雪だが長城に行けるだろうか、と尋ねた。総理は大丈夫だと答えた。

総理は壁に掛かった大きな絵について話した。一九三五年に描かれたもので中国共産党が蔣介石軍に大勝利をおさめ、転換点となった戦いを描いたものである。戦いは貴州省の遵義付近で行われた。その後共産主義者たちは西方の雲南に向かって進軍した。この戦いで共産主義者たちが川を渡ったのかとの大統領の質問に対し、周恩来総理はそれはもっと後のことだと答えた。それから総理は共産主義者たちが勝利を達成するためにとった様々な策略や戦いの様子を語った。彼は軍事作戦を正確かつ詳細に描写し、元気に手を振りながら戦いを語った。）

ニクソン大統領　毛主席が戦術戦略すべてを決定したのですか。それともスタッフの組織があったのですか。

周恩来総理　そうです。私も当時のスタッフの一員と言っていいでしょう。(1)しかし毎日どこまで進むか、どこで野営するかについて主導権を持っていたのは毛主席でした。毛主席が戦略をすべて決定していました。

ニクソン大統領　今のお話を聞いた後では、戦場であなた方と向き合う必要などないことを望みます。

周恩来総理　そんなことは起こらないと思います。起こらないで欲しいものです。

ニクソン大統領　まったくです。

周恩来総理　我々の政策はご存じですね。我々は自分の政策は隠しません。我々は世界の人民が闘う革命は支持しますが、一兵たりとも国外には送りません。いかなる国の革命もその国の人民に依拠すべきものです。

お国の八年間にわたる独立戦争で、ジョージ・ワシントンがそうでした。もちろん、当時ラファイエットの義勇軍による援助はありましたが、フランス国家から送られた軍ではなかった。エイブラハム・リンカーンも南北戦争で義勇兵を使いましたね。何度も敗北したけれど、最後には戦いの流れを変えることができました。成功したのは人民に依拠したからです。彼には人民に関する三つの言葉がありましたね。本当に重要なことならば、人民を実際に動員することができます。

私たちの哲学は異なりますが、国家間の関係を処していくには、昨日の宴会で私が言った平和共存の五原則に即して行動すべきだと思います。実際に平和五原則は我々が提案し、ネルー［元インド首相］が賛成したものです。後になって彼はそれを実行しなくなりました。キッシンジャー博士との以前の話し合いで、私はインドが我々にしかけた戦争についてのネヴィル・マクスウェルの本(2)に言及しました。

ニクソン大統領　それは読みました。

キッシンジャー博士　私が大統領にさしあげました。

ニクソン大統領　私は無礼を働いてしまいました。——キッシンジャー博士も無礼だったと言います——でも自分でやっていることは分かっていました。ガンディー夫人が帰る前に私のオフィスに来ました。［インド・パキスタン］戦争の直前でした。私はその本のことを言って、中印戦争の始まりを興味深く説明していると言いました。彼女の反応は好意的ではありませんでした。（周恩来総理笑う）

周恩来総理　そうですか。でもあなたは真実を語ったのですから、無礼ではありません。実際にはフルシチョフの差し金です。

ニクソン大統領　そうお思いですか。フルシチョフが？

周恩来総理　彼がインドを励ましたのです。ホルドリッジさんはご存じでしょう。この事を研究したから。

ホルドリッジ　新聞の社説を思い出します。

周恩来総理　一九六二年の事件を見ると、実際には一九五九年に始まっています。なぜフルシチョフはキャンプ・デービッドに行ったのでしょう。あの年（一九五九年）の六月、キャンプ・デービッドに行く直前に、彼は中ソ間の核協定を一方的に破棄しました(3)。その後で新疆西部アクサイチン地域で、中印両軍の衝突が起こりました。新疆省のこの地域は高原地帯です。インドの占領地域はカラコルムの麓で、争いの焦点となっている地域はその間の傾斜地です。

ニクソン大統領　彼らの言うラダクですね。

周恩来総理　彼らは山をのぼって攻撃してきました。我々は闘い、彼らに多数の負傷者を出し、撃退しました。しかしタス通信は中国がインドを攻撃したと言いました(4)。そう言った後で、フルシチョフはキャンプ・デービッドに行った。キャンプ・デービッドから帰った後で北京に来ました。人民大会堂で宴会を開き、翌日彼は毛主席に会いに来て、双方会見となりました。当時外相は今は亡き陳毅元帥でした。陳毅元帥は彼に質問しました。「どうしてニュースを発表する前にこちらに問い合わせなかったのか。なぜ中国の新聞よりインドの新聞を信用するのか。それは兄弟国よりもインドのほうを信用するということではないか」。

フルシチョフはなんと言ったでしょう。「あなたは元帥で、私はたんなる中将だ。だから私はあなたと論争する気はない」。彼は不機嫌でした。帰るときも握手しませんでした。質問には答えませんでした。私にはほんの少し丁寧でしたが。

ニクソン大統領　総理にはですか？

周恩来総理　そうです。彼は「インド側の負傷者はそちらより多かった。攻撃された側の犠牲者だと信じる理由です」と言いました。もし犠牲者の多い方が攻撃された側だと考えられるとすると、どうなるでしょうか。例えば、第二次世界大戦の終わりにはヒトラー軍は皆怪我をしたり捕虜になったりしました、だからヒトラーは攻撃の犠牲になったというのでしょうか。彼らは理性に耳を傾けないのです。

そんな理屈を通用させることはできませんが、とにかくタス通信の説明はインドを励ます効果がありました。またネヴィル・マクスウェルはその本の中で、一九六二年にインド政府は、ロシア政府が彼らに、中国は報復することはないと言ったことを信じていたと書いています。もちろん我々は国境を越えて他国の人民と戦うことはありません。我々はインド軍を力でマクマホン・ラインの外に追い出そうともしませんでした。中国がそのラインを認めているわけではありませんが。しかしもしインド軍がマクマホン・ラインの北側に来て、さらに中国領に侵入してきたらどうして報復しないでいられるでしょうか。我々はネルーに公開の電報を三通送り、公開の回答をするよう求めましたが、彼は拒否しました。彼は非常に無礼で、返事をする礼も尽くしませんでした。我々には彼を追い払うしか道はありませんでした。

本にある他のことはご存じですから、もう言いません。しかしインドはソ連に励まされて攻撃したのです。

もちろん、大統領もキャンプ・デービッドから来たのですね。しかし我々は、大統領にソ連とよい関係を持たないよう求めることが我々の利益にかなうとは思っていません。軍縮その他で合意に達するよう望んでいます。我々は、大統領が先にソ連を訪問されるよう望むとも表明しました。

ニクソン大統領　総理にお尋ねしたいのは、バングラデシュ承認問題です。これについて決定をなさらなければならないでしょうし、我々も決定しなければなりません。昨日申し上げたように、我々は承認を遅らせています。イギリスその他の国々はもう承認しましたが。

周恩来総理　フランスももう承認しましたね。

ニクソン大統領　決定する前に、ブット［パキスタン大統領］の態度を見極めようと努めました。ブットは承認に反対ではないとほのめかしていました。実際、あの地域にソ連のための余地をあけておかない方が我々の利益になるということは彼も分かっていました。インドは三月二十四日までにバングラデシュから撤退するだろうと見ています。それを前提にして、決定はまだなされていませんが、その時あたりに承認する可能性を考慮に入れています。(5)

そうなったら総理はどうなさいますか

周恩来総理　第一の問題について言えば、我々はいつも国連総会と安保理の決定が実行されるべきだと強調しています。それが世界の諸国と人民の支持を得ているからです。

ニクソン大統領　［国連総会決議の賛否は］十対一です。

周恩来総理　過去には、一般的に言ってそれほどの多数はありませんでした。決議を三回採決して、ソ連はこれ以上の拒否権発動がきまりわるくなって、棄権するだけでした。ずいぶん遅れて採択されましたが、道徳的な拘束力は持っています。それまでにインドは東パキスタンをすでに占領していましたが、西パキスタンに進むのは止めていました。

ニクソン大統領　それが重要です。

周恩来総理　それだから、彼らが本当に東パキスタンから——今はバングラデシュと言っていますが——軍を撤退させるかを見たい。言葉の上だけでなく、本当に実行するか見てみたいのです。もちろん彼らは表面的にそうすることはできます。なぜなら、ベンガル人部隊を残して、ムジブル・ラーマン(6)と一緒にさせてしまえば、ベンガル人はみんな同じに見えますから、確かめる手だてがありません。しかしそうすれば、インドとガンディー夫人の将来に禍根を残すだけでしょう。

西でも双方がすぐに停戦し、軍を引くべきです。そして一緒に交渉しなければなりません。インドは領土的野心はないと言いました。しかし事態の展開としては、彼らがそこに居残り、撤退を拒んでいます。もう一度一九六二年のインドの侵略を例にとりましょう。当時我が軍は、アッサム地方テズプールにきわめて近い丘陵地帯に押し込まれていました。彼らがそこに着くと、毛主席は全軍に引き返すよう命じました。我々は全装備をインドに置いて引き返しました——これはマクスウェルの本にでています——そして全軍はいわゆるマクマホン・ラインの北側に撤退しました。人は信頼できることを示さなければならないし、他人が動くまで待っていてはいけないからです。人は自分の始末は自分でつけて、誠意を示さなければなりません。

インドは、ベンガル東部の事態は解決されるべきだとの国連決議に賛成したのに、西パキスタンの解決にはどうして乗り気ではないのでしょうか。少なくとも西パキスタン問題は、それが解決されないと、将来再び紛争が必ず起こるから、解決されなければなりません。我々の見るところでは、亜大陸が一国の支配下に入ったとしても、混乱は続くでしょう。民族問題が、今は隠されていますが、お国の問題よりもっと複雑ですから。もしインドが亜大陸全体を支配すれば、もっと紛争があるでしょう。インドは指導力を発揮できない——これが我々の哲学です。国家関係という点から言えば、一国支配はすべきではありません。結局パキスタンは分割の後一九四七年に独立国家になったのですから。イギリスの置きみやげですけれど。

ニクソン大統領　一九四九年ですね。

周恩来総理　一九四七年です。

ニクソン大統領　一九四七年ですか。

周恩来総理　そうであるから、インドは西パキスタンの占領地から撤退すべきです。パキスタンも、もっと小さい区域ですが、インドの占領地から撤退すべきです。ブットも賛成しています。この二つのことをインド側は受け入れるべきです。そうなった後でアメリカがバングラデシュを承認すれば、国連でのアメリカの威信は高まるでしょう。あなたも発言しやすくなるでしょう。

結局、お望みになるのは、すべての軍のバングラデシュと西パキスタンからの撤退を実現することですね。そのほかにも、ブット氏を励まして、援助を与えることもできます。彼らが必要としています。あなた方の行動は中国の行動と共通であるべきだと言われました。我々はそれでかまいません。このことを前大統領のヤヒヤと現大統領〔ブット〕との両方に言いました。ヤヒヤは国を指導する点では政治家としての力量をそんなに見せませんが、私たち両国をつなげてくれた点で、双方とも彼の世話になっています。

ニクソン大統領　彼が架け橋です。

周恩来総理　私たちは特に、キッシンジャー博士が彼を通して、ここまで話し合いに来られたことを忘れてはならないし、忘れられません。ある人が世界に対して貢献をしたとき、我々はその人を忘れてはなりません。

キッシンジャー博士　実際、大統領がブットにメッセージを送って、ヤヒヤ引退後の処遇をよくするように、報復には賛成しない、と言ってやりました。大統領からの個人的なメッセージです。

周恩来総理　ブットはこうも言いました。彼はヤヒヤの面倒をよくみて、守っている。もしそうしなければ、ほかの将軍たちが違った形でヤヒヤの面倒をみるだろう、と。

他国の内政に干渉しないのは当然ですが、ヤヒヤは本当に東パキスタンの部隊を統率していませんでした。我々は武器援助はしましたが、ソ連が軍事顧問と呼ぶ、軍官は一人も派遣しませんでした。ただ、我々が送った飛行機や銃砲の操作を扱う訓練用の人員を送った程度です。後で彼らは引き揚げさせました。停戦時、パキスタンは東パキスタンにまだ八万人の部隊をもっていました。戦闘を続けることができないという状況ではありませんでした。パキスタン人はよき戦士です。兵士たちは戦い続けたかったのです。困ったことに指揮官たちがひどかった。彼らは実際、部隊をばらばらにしただけです。あなたの尊敬するパットン将軍だったならそんなことはしなかったでしょう。ヤヒヤは勝つためには部隊を集結させるべきでした。ひとたびインド側が敗北をこうむったなら、西ベンガルも安全ではないから、彼らもとどまったことでしょう。インドは初め八師団を持っていました。これも分散していました。東ベンガル西部に三師団、北西部に二師団、東部に二師団。彼らはまた他にマクマホン・ライン(8)にもう二師団もっていましたが、それは動かしませんでした。ただ一師団をマクマホン・ラインから東パキスタンにもってきただけです。他に、シッキムにもともと三師団があり、そこから一師団をとって東パキスタンの八つに加え、我々に向けて二師団を残しました。

もしあの時パキスタンが四万の軍をインドの一師団に対して集中していたならば、勝利してインド人の意気を阻喪させることができたでしょう。当時は我が外交副部長もパキスタンが勝てると信じていました。ブットもそうでした。彼らは二人とも文官で、軍人ではありません。我々はそうは思いませんでした。もし彼らが戦うのなら、彼らはすべてを犠牲にすることになるだろうと我々は言いました。

（キッシンジャー博士に向かって）ここで言っていいのですか？

キッシンジャー博士　もちろんです。

周恩来総理　十二月十日に黄華［駐国連大使］に会いましたね。

キッシンジャー博士　会いました。十日ですね。

周恩来総理　十二月の最初の十日間、あの時が一番よかった。二十日の内に負けたのですから。十一月二十五日から十二月十五日までの間でした。その時はまだ時間が十分あったのに。ヤヒヤ大統領はおそらく善人で、善意の人なのでしょう、しかし軍隊の指揮や戦い方は知らなかった。ですから、パキスタン軍の若手の将軍たちにヤヒヤ大統領に対する不満が起こる理由がありました。だが、ほめる理由もあった。私はあの精神に賛成します。

ニクソン大統領　キッシンジャー博士が総理との会談で言ったように、役に立つ橋を燃やすことはできませんね。

周恩来総理　そうです。中国では、橋を渡った後でその橋を壊すのはよくないと言います。

ニクソン大統領　バングラデシュに関して、総理の言われたことを考慮に入れて、キッシンジャー博士を通じて承認のタイミングをお知らせします。インド軍撤退の情報によって決定をすることになるでしょうが、その決定をお知らせします。インド人を撤退させるよう今圧力をかけているところです。あそこにはそうする手段もありますから。

西パキスタンの問題について、我々は援助をしたいと思っています。総理の哲学は、我々の哲学でもあるのですが、それを実行することが欠かせません。つまり、いかなる国であれ、ある一国が亜大陸を制することがあってはならないということです。軍事援助については問題があります。総理にお知らせし、副部長もご承知の通り、議会が、アメリカの世論がパキスタンへの軍事援助に反対しています。ついでに言えば、振り返ってみて、もし我々がもっとパキスタンに軍事援助できていたら、戦争は避けられただろうと私は信じています。なぜならインドは、安っぽい勝利と見なされるものを手に入れようとは思わなかったでしょうから。でもこれはもう過ぎ去ってしまったことです。

周恩来総理　私も付け加えておきたいことがあります。パキスタン政府の東パキスタンに対する政策には多くの誤りがありました。しかし内政問題ですから、ただ忠告をするしかありませんでした。

キッシンジャー博士　（電信を読みながら）大統領、軍事物資の出荷のことをお話しでしたが、情報があります。ソ連は十一月以降ポーランドから戦車百五十台、チェコスロバキアから武装兵員輸送車百台を船で出荷しています。十一月、十二月に二隻の船で出荷されています。一月には三隻目が軍事物資をインドに運ぶことになっています。

ニクソン大統領　インドへ？

キッシンジャー博士　インドです。

ニクソン大統領　西パキスタンが武器と援助を手に入れる道を見つけることが問題です。我々の方では、西パキスタンに十分な経済援助を提供しようと思っています。そうすれば西パキスタンは、防衛のために、他の筋から武器を入手できるでしょう。実際のところこれは我々のインド政策の悲劇です。我々は過去二十年間に、対インド援助として百億ドルを提供しました。軍事援助は非常に少なく、経済援助でした。それがインドを救って、ソ連から大量の武器を買い入れたり、自身で武器を生産することができました。そんなことを意図したのではないのに、そうなってしまいました。

この点について我々のインド援助は――経済援助ですが――慎重にいこうとしています。私は今、世論や新聞が従来通りの水準でインド援助を続けろと押しよせてくるかなりの圧力に耐えているところです。（周恩来総理笑う）我々は、インドが国境問題と我々との関係一般について、どうするのか、静観するつもりです。

周恩来総理　インドは実際底なしの穴です。（ニクソン大統領笑う）

ニクソン大統領　総理がインドとバングラデシュとの関係の問題に触れた時に、私もインドの簡略な歴史を振り返りましたが、インドは西ベンガルを同化しようとして大変苦労をしてきています。もし今東ベンガルを同化しようとすれば、大変な不消化を起こすのではないでしょうか。

周恩来総理　必ずそうなるはずです。非常に残念なのは、娘のガンディー夫人が『インドの発見（英語版）』に具現されている父ネルーの哲学を遺産として受け継いでいることです。

お読みになりましたか。

ニクソン大統領　彼は大インド帝国を構想していたのですね？

周恩来総理　そうです。大インド帝国です。マレーシアからセイロンまで含む。チベットも含むでしょう。この本を書いた時、彼はイギリスの監獄にいました。ただしダージリンにあった紳士用の監獄ですけれど。監獄はシッキムにあって、ヒマラヤ山脈と向かい合っていたと、ネルーが私に言っていました。その時私はまだこの本は読んでいなくて、陳毅同志が読んでいて、私に気づかせてくれました。彼は言っていました、この本にあるのはまさにインドの精神だ、と。後で読んだ時に、私も同じ感想を持ちました。

ニクソン大統領　陳毅さんはいつ亡くなったのですか。

周恩来総理　つい最近です。毛主席が葬儀に出席しました。(9) 胃ガンでした。ガンを治す方法はありますか。

ニクソン大統領　難しい問題です。今年我々がやろうとしている計画の一つが、大規模なガン研究計画です。そういう計画は持たなければなりません。答えが見つかるのがいつになるか、誰に分かるでしょう？　科学の天才は、世界どこに行っても、普通に見かけるものではありません。どこにいるのか、ここか、あちらか。しかしどんなにお金がかかっても、大規模なガン研究には出費しなければなりません。

周恩来総理　その分野では我々も協力できます。

ニクソン大統領　それについては我々も賛成できます。医療研究の問題が出たところで提起しようと思っていましたが、ガンに関するすべての研究施設を使えるようにいたしましょう。研究は一国のためのものではなく、世界すべてのためのものですから。

周恩来総理　（うなずく）そうですね。世界に役立つ協力ができるでしょう。

ニクソン大統領　亜大陸に戻りますが、我々の政策は、総理の政策と同様に、反インドではないことを強調しておきます。それは平和を求める政策です。生き残り発展することは、亜大陸のすべての国民の権利です。この権利は承認され、保護されるべきです。もしある国が、他の国を併呑することが認められるなら、世界は全然安全ではなくなってしまいます。この原則はどこの国でも、我々自身にも当てはまります。

周恩来総理　ある国の人民が立ち上がって政府を変えるとするなら、これは別の問題です。またまったく別の問題として、外国軍がある国を侵略する問題があります。これは許されません。これは大変重要な原則です。

ニクソン大統領　我々が承認のことをお知らせする手続きを決めておきましょう。

キッシンジャー博士　そうですね、私たちのルートを通じて。

ニクソン大統領　もう出来上がっているパリのルートを通じて。

周恩来総理　我々は多分バングラデシュをもっと後で承認すると思います。多分最後になるかもしれません。その理由は二つの問題と関係しています。第一は、インド軍が東西両パキスタンから撤退すること。第二は、カシミール問題はもう解決したというインドの主張は通用しないということ。なぜなら国連は認めていませんし、我々（原文のママ）はまだそこに監視団を置いているからです。とても複雑です。イギリスが残した巧妙な置きみやげです。

ニクソン大統領　カシミールが一九四七年以来インド・パキスタンの関係を害してしまったというのは大変悲しいことです。

周恩来総理　しかしイギリスがわざとあの問題を残していったのです。もう一つは、イスラム諸国がバングラデシュを認めていないことです。我々はそれを尊重します。

ニクソン大統領　我々も尊重しなければ。

キッシンジャー博士　ブルギバ(10)から、印パ問題に対するあなたの立場を認める旨の書簡を受け取っています。

周恩来総理　ブルギバは右翼だと思いますが、彼でさえパキスタンを支持している。毛主席が昨日言ったように、時には、右にいるということもいいものです。

ニクソン大統領　もう一人シャーがいます。彼も右《ライト》ですが、この件では正しい《ライト》。（訳す前に周恩来総理笑う）

周恩来総理　あなたもそうですね。あえて中国と連絡を取りました。マンスフィールド氏は自分で来る勇気はないと言っていました。でも彼はあなたを支持しています。

ニクソン大統領　ええ。

周恩来総理　昨夜私は、あなたの訪中に関するすべての報道を受け取りました。私が見たものはすべて好意的でした。AFL-CIOのミーニー(11)でさえあなたを支持しています。

ニクソン大統領　ミーニーが？　それはおどろきです。

周恩来総理　彼は、あなたが正しいことをしたと言っています。

ニクソン大統領　総理はミーニーがお好きになるでしょう。彼は庶民的で、実際的で正直です。必ずしも右ではありませんが。（中国側笑う）

周恩来総理　人というものは常に正しくはしていられません。この世の誰だって自分自身が無謬だと

は言えないでしょう。(ニクソン大統領笑う)

ニクソン大統領　総理がマンスフィールド上院議員のことを言ったので、申し上げますが、彼は別の党に所属し、当然ながら、いくつかの政策で我々に反対しています。しかしこの米中新展開についてはずっと強く支持してくれていました。彼は、共和党の指導者スコット上院議員がしたように、ずいぶん前に中国を訪問しました。出かける前に私はこう言ってきました。共和党と民主党の上院指導者がそろって訪中できたら、とても有意義で有益だろうと総理にお話するつもりだ、と。そうなれば、両党が支持していることを示すことになります。今ではありませんが——今は議会開会中ですから——多分会期の終わった七月にでも。[12] ご検討いただければと思います。伝えてくれるよう要請されましたのでお伝えしましたが、私も実現させたいと思っています。

周恩来総理　議会は七月にお休みですか。

ニクソン大統領　そうです。七月頃です。

周恩来総理　我々はキッシンジャー博士との約束を守ってきました。去年の七月以後政治分野の人が来るのを断ることは難しいと感じていましたから、許可しようかとも考えたのですが、それでもこのことはあなたの今回の訪中まで延ばしてきました。あなたの訪問後に来ていただく方がもっと有益かと思いました。あなたの今の提案はとてもよいと思います。一緒に来ていただくのならもっとよいでしょう。

ニクソン大統領　二人は親友です。一方は共和党、他方は民主党ですけれど。この点について二人は同意しています。彼らが来ても、中国政府を困らせるようなことはいたしません。

キッシンジャー博士　スコット上院議員は、我々の日本の友人と同じ傾向があって、彼に言ったことは全部新聞に通じてしまうと総理に申し上げておいた方がいいでしょう。(周恩来総理笑う)

ニクソン大統領　マンスフィールドは漏らしません。私が公平であることをお見せしましょう。民主党員は漏らさないが、共和党員は漏らします。(中国側笑う) わが国では、一つの党にすべての徳が集中しているわけではありません。

私の訪問以前に、総理が政治的な要人の受け入れをひかえて下さったことに感謝します。特に強調しておきたいことは、この訪問は二大政党あげての支持を受けていることです。他の人が訪問するのも、もうまったく問題ありません。総理に申し上げたように、来年誰が大統領になっても、この政策は推進されなければなりません。我々の制度のもとでは、私が来年ここにいるかもしれないし、いないかもしれない。民主党か共和党か、いずれが大統領の座をとっても、政策の推進を確信したい。実際には私がここに来たいのですが、そうならないかもしれない。一党とか、一個人とかよりも大きな問題です。来るべき何年間をも巻き込むものです。帰国したら、継続に同意できる両党で支持できる政策リストに載せたいと思います。

周恩来総理　そうですね。あなたの行動と私たちの演説に対するお国の世論の反応を読むと、あなたは正しいことをしたという反応です。我々もこの前例のない出来事は正しい行動であると確信します。親ソ、親印、親日、親蔣介石、この四勢力が反対していますが、それらの声を合わせてもそんなに大きくはない。ジョージ・ボール[13]も反対していますが、彼は親インド派ですか。

ニクソン大統領とキッシンジャー博士　親日派です。

ニクソン大統領　彼は日本のいくつかの企業を代表しています。ちょっと別の考え方をしています。

周恩来総理　それとライシャワー氏[14]。ウォルター・ジャッドか、マッキンタイヤか、ジョージ・ボールか、（キッシンジャー博士に向かって）あなたの以前の学生ライシャワーなどがここに来たいというなら、我々は反対しません。

ニクソン大統領　そうですか。もし誰かここに来るというなら――毛主席や総理の判断に口を挟むつもりはありませんが――上院の二人の指導者が最適だと思います。そうすれば、政治的な候補者を避けることができます。候補者は、候補者ではない人と同じ責任を持って動かないことがあります。

周恩来総理　そうですね。機会をとらえようとするから。二階の食堂に毛主席自筆の廬山についての詩があります。その最後のところに、「その美、山頂にあり」という句があります。あなたも危険を冒して中国にいらした。中国の別の詩に「無限の風光、険峯に在り[15]」というのがあります。

ニクソン大統領　我々が今山頂にいるのですね。（中国側笑う）

周恩来総理　一つの詩です。もう一つ取り上げたい詩があるのですが、ちょうどいい機会がなくて。それは「毛沢東の」「梅を詠ず[16]」なのです。みなさんに杭州の梅をご覧に入れる計画があったのですが、もう時期を過ぎてしまったというもので。今年は時期が早いようです。

キッシンジャー博士　もう過ぎてしまったのですか。
周恩来総理　どうしたのでしょうか。他の年ならばそんなに早く散ってしまうことはないのですが。主席の詩の含意はこういうことです。なにかに先鞭をつける人が、必ずしもいつも手を伸ばしている人ではない。ほかの花々が満開になる頃、それはまた梅の花の消えようとする時。（周恩来総理、詩を全部読む）中国人はここに同時に二つの意味を意識します。（周恩来総理身振りで最後を示す）
ニクソン大統領　とても美しい詩です。
周恩来総理　というわけで、あなたが今おっしゃった考えに同感です。あなたは、ことを始めた方だ。でもそれが成功するところを見られないかもしれない。しかし我々はもちろんあなたがまた来ることを歓迎します。それが科学的なアプローチだと思います。
キッシンジャー博士　見込みがなさそうなことではありませんが。
周恩来総理　もちろん、あなたはそうおっしゃるでしょう。
私はただ中国人の考え方を説明しようとしたまでです。そんなに重要ではありません。誰が次の大統領になっても、七六年のスピリットは存在するし成功します。政策の観点から言えば、我々の相手が同一で、努力を継続できればよいと望んでいます。大統領が引き続き職を続けるだけでなく、顧問や補佐官の方々も仕事を続けていただきたい。様々な変化はあるでしょう。例えば、私が心臓発作で死んだりすれば、あなた方も別の相手と顔を合わせなければならなくなります。ですから、あなた方にできるだけたくさんの人に会っていただくよう努力します。多分少なくとも通訳たちは、総理より長生きする望みがあるでしょう。

しゃべりすぎて申し訳ありません。

ニクソン大統領　とんでもない。とても興味深いお話です。

周恩来総理　哲学の分野になりますが、政治の観点でもあります。例えばこの詩は敵に勝利した後で作られました。詩全体で敵に関する言葉はどこにもありませんが、詩を作るのはとても困難でした。

ニクソン大統領　もちろん、哲学の言葉で考えることはとても有益だと思います。世界の問題を考えるときに、我々は戦術の観点で考えることが多すぎます。目先のことばかり見てしまう。あの詩を書いた方が目先のことしか見なかったなら、あなた方は今日ここにはいなかったでしょう。世界をただ、差し迫った外交戦や決断という点だけから見ていないで、世界を動かす大きな力という点から見なければなりません。私たちの間に一致できない点があるでしょうが、私たちは変化があることを知っていますし、もし共通の基盤を見つけることができれば、両国人民にとって違いはあるけれども、よりよい、より安全な世界になりうるでしょう。総理と私が二人で、公的な宴会の乾杯や私的な会合で強調したように、世界はもっとよい、もっと平和な場所となり得ます。

キッシンジャー博士が私の政府に貢献してくれたことの一つには、彼の哲学的なものの見方があると思っています。彼は長い目でものごとを見ています。私もそうしようとしていますが、私のスケジュールが実務や内外政策の決定などで詰まりすぎていますから、彼のように時間をかけて長い目で見るゆとりがありません。

ちなみに……総理に申し上げますが、我々の望み通り今度の選挙戦で勝ち残れば、キッシンジャー博士はまた一緒です。彼はそうもしていられないでしょうが、私は彼に行ってしまわれたら困ります。彼の書く本は多くを語り過ぎるでしょうから。（周恩来総理笑う）

周恩来総理　たしかにそうですね。彼が残ってくれたらよいと思います。（キッシンジャー博士に向かって）もしあなたが中米関係の正常化を促進したいと望み、その使命が成就する前に、たんに本を書くために去ってしまうのなら、それはあなたの哲学に反するでしょう。

キッシンジャー博士　大統領が、私が役に立つとお考えの限り私は出ていきませんし、いかなることについても本は書きません。

ニクソン大統領　一つだけ訂正しましょう。彼が本を書くことを認めます。ただし詩を書かなくてはいけません。

周恩来総理　詩を書く、私は好きですね。それはいい。

キッシンジャー博士　私はドイツ系ですから、四百ページになってしまいますよ。（周恩来総理笑う）

周恩来総理　朝鮮問題について、あなたのお考えは分かっています。そちらも我々の考えをご存じでしょう。第一に、大統領の公式政策では将来朝鮮から最終的に軍隊を撤退する用意があること、また極東の平和に有害であるから日本軍を南朝鮮には入れないこと。どうやって南北の接触を促進するか。どうやって平和統一を促進するか。この問題には時間がかかります。

ニクソン大統領　ここで重要なのは、双方が同盟者を抑制するよう影響力を行使することです。

歴史の記録を見ましょう。一九五三年、私が副大統領として初めて世界をまわった時、アイゼンハワー大統領は李承晩に対する長い口頭のメッセージを私に託しました。李承晩は北進することを考えていました。私は彼に、北進はできないこと、もし北進すれば支持しないことを伝える不愉快な任務を負っていました。私がそう伝えると、李承晩が泣いたことを覚えています。私が李承晩を北進させなかった人間です。もちろん、アイゼンハワー大統領の特使、副大統領でしたが。この話は初めて明かすものです。

周恩来総理　そうですか。あなたが語った李承晩の性格は、彼についていろいろ聞いていることに合致します。

ニクソン大統領　何に合致すると？

キッシンジャー博士　いろいろ聞いていることです。

周恩来総理　それから数年後に彼は退場しました。

ニクソン大統領　朝鮮人は、北も南も、感情的に衝動的な人たちです。私たちは、この衝動と闘争的態度が私たち両国を困らせるような事件を引き起こさないよう影響力を行使することが大切です。朝鮮半島を我々両国政府の争いの場とさせるのは愚かでばかげたことです。一度起こってしまいましたが、二度と起こしてはなりません。総理と私が協力すればそれを防ぐことができると思います。

周恩来総理　そのことがまた南北の接触を促進するでしょう。

ニクソン大統領　赤十字と政治的接触のように。

周恩来総理　そして国連朝鮮統一復興委員会の役割が終わる日が来ればよいと思います。それはよいことでしょう。

キッシンジャー博士　大統領、私たちはこの問題を検討しています。

ニクソン大統領　総理がキッシンジャー博士に問題提起をしているのですね。我々はそれを検討中です。

【日本について言えば、昨日私が申し上げたことを強調しなければなりません。日本の朝鮮に対する軍事介入をやらせないのが我々の政策です。しかしその政策をどの程度まで実効あらしめられるかは、我々がどれほど密接に日本との関係を保てるかにかかっています。これを保証することはできません。しかし私は、我々が日本に対し強い影響力を持てるだろうし、私たちの決意が日本の朝鮮、台湾への冒険をやらせないことになると信じています。[17]】

周恩来総理　私はいつも一九六九年の［日米］共同コミュニケを引用するよう努めています。しかし現在は状況が変わりました。沖縄の状況は変わり始めています。彼らが今対面しているのは台湾や南朝鮮ではなく、北方四島の問題です。

ニクソン大統領　私はソ連の友人たちが、アメリカが沖縄を返還したように、日本に対して寛大になることを望みます。（中国側笑う）私は佐藤［栄作首相］にサンクレメンテで会った時に言いました。沖縄は日本のものだから、時が経って、決断したことは正しかったと。

周恩来総理　日本の人民が不満なのは、あなた方が依然として核基地を維持しているからです。それが問題の根っこです。

ニクソン大統領　それは、佐藤首相に対する政治的反対によって引き起こされている問題です。実際には間違っている問題です。核基地の問題は当時と後に行った声明に盛り込まれています。

キッシンジャー博士　我々は沖縄のすべての核兵器を移動させました。すべて撤去しました。

ニクソン大統領　一つもありません。

周恩来総理　キッシンジャー博士と話し合ったように、日本は今岐路に立っています。もし日本が中国とアメリカ双方に対して友好的になれるのなら、その経済発展は今までのような異常な道ではなく、ずっと正常な道をたどることができるでしょう。以前の発展は異常でした。それは明白です。彼らは原料がないのですから。原料は海外から、市場もそうです。彼らが高率で発展したので、海外に膨張せざるを得なかった。今のように外国に膨張していけば、軍事的膨張が結果的に避けられないでしょう。

今あなたは日本との関係は以前のような勝利者と敗戦国との関係ではなく、パートナーシップの関係だと言われました。しかしある点まで来れば、彼らはあなた方の言うことを聞かなくなるでしょう。そしてこの発展がその方向に行った場合、全太平洋の安全に影響を与えるでしょう。彼らの軍国主義的思考の伝統からいくつかの国民にとって非常にやっかいなものになるでしょう。もちろん人口からすればほんのわずかの部分が軍国主義的なのですが。つまり第二次大戦から生き残った旧い政治家や軍人たちです。彼らが最近やたらと宣伝をしています。前回の会合であなたがおっしゃったように、あなた方も我々も、日本と我々の歴史的な過去を忘れないでしょう。我々は、独立した、平和で民主的な日本が立ち現れ、中国とアメリカに対して友好的な態度を示すことを望んでいます。

ニクソン大統領　総理にご承知おきいただきたいのは、かつて大戦で戦ったけれども、我々は日本と同盟を結んでいます。そして、あなたがパートナーと言ったような友好関係を発展させてきました。経済的な分野も含んでいます。この関係は実際に太平洋の平和のためになっていると信じます。なぜなら日本は、国民として、膨張主義の衝動と歴史を持っています。もし彼らが経済的には巨人だが軍事的には小人のまま放り出されたら、軍国主義者の要求にやすやすと従うような結果になるのは避けられないと私は思います。

他方で、もしアメリカにいる我々が彼らと密接な関係を保ち、彼らの防衛を引き受けてやっていたら――彼らは核防衛ができませんから――総理が正確に起こりうると指摘された、経済的膨張の次に軍事的膨張が来るという道を、日本にたどらせないことができるのではないでしょうか。【我々の政策は、日本が経済的拡張から軍事的拡張に進むことを可能な限り抑止することです。】しかしそれは、彼らと密接な関係があってのことです。もし密接な関係がなくなれば、彼らは我々に注意を払わなくなるでしょうから。

総理は昨日、過去の歴史にもとづいて主要な隣接国、ソ連、インド、日本、また可能性としてはアメリカも含めて、中国がそれらによって分割されるかもしれないという危険性を指摘されました。

私はもちろん無条件にアメリカはそのような政策を絶対に行わないと保証しますし、ある程度の影響力がありますから、日本やその他の国に対してもそのような政策を行いそうになったなら、そうさせないように努めるつもりです。

歴史の悲劇の一つです。キッシンジャー博士がお話ししたかもしれませんが、私は夜になるとよく中国史の本を読みました。適切な知識がありませんでしたので、中国の歴史が多数の外国からの侵略の歴史だったことも知りませんでした。中国は強かったから、それらを吸収してしまった。中国は流れ込む水を選り分ける、と言われるように。他方で、国の指導者として、総理や毛主席は過去に起こったことを憂慮し、将来起こらないようあらゆる努力を払われているに違いありません。総理には確信していただきたいのですが、私たちがうち立てた新しい関係は必ずその目的に役立ちます。博愛主義的観点から言っているのではなく、我々自身の利益にもなることです。中国が強い独立国であり、中国の隣人たちがその分割に乗り出さないことは合衆国の利益になります。

十分休憩の前に、総理にもう一つの保証をいたしましょう。アメリカの新聞を丹念に見てこられた総理なら、皮肉な観察者が、二つの社会主義超大国に――ソ連と中国でしょう――争わせるのは我々の利益になる、そうなればこちらはずっと安全になるから、とほのめかしているのにお気づきでしょう。何人かがそう書いています。総理はお気づきではなかったかもしれませんが、私は一年前の記者会見で質問され、ソ連と中国の間で戦争があったら我々の利益にはならないと無条件で答えました。大国間の戦争は限定することができず、必ず全世界が巻き込まれます。

周恩来総理　すべての事物は関連していますから。

ニクソン大統領　私の保証に……。

周恩来総理　ええ、新聞で読みました。

ニクソン大統領　私の保証に、このことも付け加えておきます。十二月に亜大陸の状況が微妙になったとき――私は控えめに表現していますが――、以下の用意がありました。【つまりソ連に対して中国攻撃の企てに警告を発することです。警告しても、警告された、本当に警告通りになると気づかなければ何の意味もありません。日本とインドに関する限り、我々の影響力がどこで使われるかについては全く問題ありません。ソ連に関しても、ソ連が中国攻撃にかかろうとするいかなる試みにもアメリカは反対すると保証することができます。それが我々の利益であり、平和、世界平和の維持に益すると確信するからそうするのです。】

周恩来総理　多分彼らは今はずっと穏やかに、落ち着いていることでしょう。ワールド・リポート［大統領の議会向け外交教書］の最初の部分を読んだなら。

キッシンジャー博士　彼らは激しく我々にかみついてきました。（周笑う）

ニクソン大統領　十分休憩をとりましょうか。その後で、おそらく、総理のこの点についての見解をうかがえるものと思います。

周恩来総理　ワールド・リポートのソ連に関する部分は圧巻でした。あれを読んだら、彼らは静かになった。

ニクソン大統領　今もそうですが、平和に対し最大の危険を押しつけていると見られる国家に対して、我々は一番注意を払わなくてはなりませんでした。

（ここで双方は十分の休憩をとった。）

キッシンジャー博士　ソ連大使がワールド・リポートの軍備制限と南アジアの部分に激しくかみついています。

ニクソン大統領　ドブルイニン［駐米大使］です。

周恩来総理　そうですか。彼はおそらくキッシンジャー博士が大統領のためにその部分を書いたと思ったのでしょう。

ニクソン大統領　私は対インド政策に関してキッシンジャー博士に文句をつけたくありません。彼が本を書くときに、あれは私の政策だったと指摘すると思うからです。

インド政策を決定したのは私です。これまでのように内密に総理に申し上げれば、我々は二つの誤りを犯しました。第一の誤りは——どうしようもなかったのですが——インドの攻撃を思いとどまらせるほどパキスタンに十分な武器を持たせるよう配慮しなかったこと。第二は、ガンディー夫人に会った時、彼女を安心させてやりなさいと言う顧問たちの意見に従ってしまうという誤りを犯したこと。そこで、彼女に警告すべき時に、その時間を使ってひたすら安心させてやってしまいました。そのため、今では私は対印強硬論者です。彼（キッシンジャー博士）は私の共謀者です。

その政策で一致しています。(周恩来総理笑う)

総理に基本的な問題に関してご意見をうかがいたいと思います。ご承知のように我々はソ連の指導者たちと会見する予定です。彼らには一度も会ったことがありません。我々の政策は、総理にも賛成いただいたとおり、可能ならば、軍縮と緊張緩和の道を探ることです。もちろん、我々は中国政府と総理に情報を伝えるだけでなく、何についても、中国と近い意見を述べますが、このことについて、ソ連と了解し合っていませんし、了解を取ることもしません。

例えば、我々はこの領域で片務的に一定の前進をしました。その結果がどうなるか理解していませんが。この訪問の前に、中国とソ連をまったく同等の資格にするために、貿易に関してさらに修正をしてきました。訪問の前にそれを発表しました。

そこで私の質問です。総理もご承知のように、重要なのは、署名をした紙ではなく、その紙の背後にある動機です。ソ連はなぜ我々の会見を非難すると総理はお考えですか。その政策の背後にある理由は何でしょう。中国は我々がソ連の人々と会うのを非難していない。実際あなたは、向こうに先に行ったらと言って下さった。ソ連はどうしてあんなに非難するのか。総理のお考えをお聞かせ下さい。

周恩来総理　ソ連の政策は――自分では認めたがりませんが――実際には膨張政策です。しかし彼らはそうは認めません。この膨張の過程で、もちろん批判に遭遇します。我々の批判は相当に手厳しいし、世界にも影響があります。我々は彼らを社会帝国主義者と呼びます。彼らはこの名前を好みませんが、身を守るすべはありません。この名前はレーニンからの引用ですから。

キッシンジャー博士　（喬冠華副部長の方を見て）とりわけ彼が手厳しい。

周恩来総理　レーニンはこの言い方によって、言葉は社会主義者だが、行動は帝国主義者のことを言いました。我々は、彼らがチェコスロバキアに侵略した時にこう名付けました。あれはたまたまルーマニアの祝日に起こったのですが。あの日私は個人的にルーマニアの大使館に行って、ソ連大使の前でそう名付けたのでした。（ニクソン大統領とキッシンジャー博士笑う）

それ以来、彼らは我々を骨の髄まで憎むようになり、我々と論争し続けています。我々を困らせようと、様々なことをしました。人民を持ち出すまでもなく、世界の圧倒的多数の国が、我々と同じ感じを彼らに対して抱くだろうからです。

第二点は、我々もソ連と中国の間で一定の緊張緩和をしたいと思っています。三頭政治の一人だったコスイギンがそうしようとしてこちらに来ました。

ニクソン大統領　一九六五年ですか。

周恩来総理　一九六九年です。彼は中国を通過するため一九六九年九月十一日にやってきました。

キッシンジャー博士　一九六九年の北ベトナムのホー・チ・ミンの葬儀に出席した帰りでした。

周恩来総理　その前でさえ彼らは中国東北部のウスリー江で珍宝島事件を起こしたのです。

あれは一九六九年の三月に起こりました。中国共産党の第九回大会を始める準備をしているときでした。偉大なアメリカの法律家であり法律の知識に詳しい大統領ならご承知のことと思いますが、河川を国境にしている場合は、主流の中央線が国境です。そのことは、もちろんロシアのグロムイコ［外相］直接の（原文のママ）監修のもとで編纂された外交辞典にも明記されています。しかし彼らはその原則を我々には適用しない。中ソ国境の黒竜江省の二つの河川ウスリーとアムールも、十九世紀の不平等条約の中でさえその方式で明記されているというのに。

あの時はツァーの時代でした。これらの条約は、ソ連も中国人民もまだ権力を手にしていない時代に締結されたものです。

ニクソン大統領　双方の人民が代表を持っていなかったのですね。それにしては寛大だ。

周恩来総理　レーニンの時代に、ソ連と中国の間のすべての不平等条約は撤廃されるべきだと宣言しました。

ニクソン大統領　今の政府はその頃とまったく変わってしまったから。

周恩来総理　そうです。あの頃中国政府は軍閥政府で、問題を解決する能力がありませんでした。しかし今や中国は解放されています。社会主義国として、積極的に新しい条約を締結すべきです。

もちろん中国はこの機会に乗じて領土的な要求をしようというつもりはありません。ただ国境線の修正を求めるだけです。我々は現状の国境線を基本とします。もう百年以上現状のもとに暮らしてきたからです。しかしソ連はその方向で動こうとしません。それどころか、中ソ国境のウスリー江や新疆の国境地帯で示威行動や挑発をくりかえしています。

国境交渉を持とうとして動いたのは我々です。それは一九六四年に始まりました。我々が国境交渉をしようと提案し、彼らが賛成しました。しかし交渉が始まると、彼らは昔のツァーの地図を持ち出してきました。彼らは現況にもとづくのではなく、その地図にもとづいて解決したかったのです。しかしその時代に、どこが国境かという考えはありませんでした。国境線はツァーの測量士の手によって国境沿いにただ鉛筆でなぞられているだけでした。時には右岸、時には中央、時には左岸というように。同じようなやり方でモスクワ～レニングラード（ペトログラード）間の鉄道も鉛筆で書かれているだけでした。そしてまた、イギリスのマクマホンも同じようなやり方で中印国境なるものの線を引いたのです。それがまだ生きている。こうしたやり方はヨーロッパ人がアフリカを分割した方式でした。

ニクソン大統領　そのために多くのアフリカ諸国が真の国になっていない。ひどい誤りでした。

周恩来総理　そうです。多くの国が分割されています。たとえそうであっても、我々は交渉を通じて解決したいとまだ考えています。ビルマとの国境問題を我々は解決しました。マクマホン・ラインの一部は中緬国境線になっています。ネ・ウィン将軍は視野の広い人でした。そこで、中緬間の問題を解決しました。しかしウ・ヌーはそれを拒否しました。扱いにくい男で、些末な問題をたくさん持ち出しました。中緬国境線の解決は相互の妥協によるものとはいえ、実際には、結果としてビルマが少し得をしています。それが妥当な線です。ビルマは我々より小さい国ですから、疑わしいときにはこちらが譲ったのです。

ネパールとの国境問題も解決しました。シッキムとは条約を結びました。ブータンとは国境争いはなく後にパキスタンとも争いをなくしました。もちろんこれはインドとの問題を起こしました。国境の一部に彼らの領土が含まれていると言うのです。ネパールとの国境を解決するときに、我々は世界最高峰のエベレストつまりチョモランマは両国に属すものと決め、半分ずつにしました。パキスタンとの国境にある第二の高峰、K2も分け合いました。

アフガニスタンとの間にもわずかながら国境があります。シルクロードが通っていたところです。そこも解決しました。

モンゴルについては、モンゴル人民共和国がかつて中国の一部だったという問題がありますが、蔣介石がヤルタ協定に署名したので［原文のママ］、彼の遺産を引き継ぐほかありません。しかし現在彼は自分の署名を認めることを拒否しています。もし彼に会えるなら、どういう事か訊きたいと思います。しかし、モンゴル人民共和国がかなり冷静になったときに、国境の確定ができました。(18)

また朝鮮民主主義人民共和国との間にも国境があります。そこの高い山の峰に天池という湖があります。かつて満州族が湖は自分たちのものだと言っていました。朝鮮人も自分たちのものだと言います。最終的に我々は湖を二つに分け合いました。

両者が冷静になれば国境問題は解決できます。ベトナム、ラオスとの国境もまだ問題が少し残っていますが、大体解決しています。しかしソ連と、インドの大国二つが残っているのです。彼らはこのことで協力し合ってます。

ニクソン大統領　事件を起こしたがっているのですか。

周恩来総理　必要なときに挑発できるような騒ぎの種を残しておきたいのです。テーブルから離れるしかありませんでした。

一九六四年に開始した中ソ国境交渉は一年しか続きませんでした。三月に彼らは珍宝島事件（彼らはダマンスキー島と呼んでいます）を起こしました。そして一九六九年まで時が経ちました。その島は川の中央線より我々の側にあるのですが、彼らは国境警備兵を島に置いていました。我々も置いていました。彼らは攻撃を仕掛けてきましたが、最初の攻撃は成功せず、損害をこうむりました。我々にも損害がありました。

二度目の攻撃で、彼らは戦車を使いました。三月の川は凍っていたからです。彼らは戦車を我々の背後に回して、島を孤立させようとしました。しかし戦車は我が方から役立たずにされて川に落ち、帰れませんでした。彼らはこちらが挑発したという口実を使いました。しかし彼らの戦車は川のこちら側にありました。それでどうして我々が挑発したなどと言えるのでしょう。

とても興味深い偶然の一致ですが、ちょうどその時、西ベルリンで西ドイツの大統領選挙が行われていました。その前からソ連は、西ドイツに対して西ベルリンで選挙をやらないようにと警告していましたから、珍宝島事件を口実に東ドイツに対して、ほかが大変だから今それにかまっていられないと言ったのでしょう。その結果西ドイツの大統領選挙は西ベルリンで行われました。彼らはまた、事件を口実にして、彼らの主力部隊を西側国境から極東に移したのです。

しかしあの時コスイギンは不安を感じていました。それ以前に我々は中ソ間のホットラインを作っていました。しかしあの時までにもう、クレムリンからかけてくることはなくコールドラインになっていました。線はつながっていましたが、使ってなかったのです。珍宝島事件の時にコスイギンがかけてきました。彼は交換手に、毛主席に、と言いました。（周恩来総理笑う）命令も受けていなかったのに、交換手は勝手に、「そちらは修正主義者だ。だからつないでやらない」と答えてしまいました。するとコスイギンは、「主席につなげないなら、総理につないで欲しい」と言いましたが、交換手は同じ勝手な答えをしました。

後になって我々はそのことを知りました。もちろん我々は交換手を批判しました。交換手は報告もせずにそんなことにまで出しゃばってはいけなかった。後に我々は別の連絡法を見つけました。

ニクソン大統領　電話交換手は昨晩見たバレエのヒロインみたいですね。彼らは彼女からピストルを取り上げたが、また返した。交換手も同じ目にあったのではないでしょうか。（周恩来総理笑う）二人とも、大義のために命令に背いた。

周恩来総理　そうですね。その結果ホー・チ・ミンの葬儀に際して、コスイギンが北京空港で会う用意があると、ベトナム側を通じて彼らは言ってきました。我々はそれに同意し、彼がやってきました。それが一九六九年九月十一日のことです。あなたが降りたあの空港待合室で我々は三時間話し合いました。私は彼を晩餐に招待しました。我々は両国間の緊張緩和で合意することができました。何よりもまず、国境問題が解決されるべきでした。その時まで、三月から十月の六カ月で、彼らは国境の部隊を増やしていました。もちろん中ソ国境に展開する部隊の数は今ほど多くはありませんでしたが。

キッシンジャー博士　実際に二分の一以下でしょう。ほとんど倍にしましたから。

周恩来総理　我々は国境交渉に入りたいが、条件があると言いました。力をもって脅しているところでは交渉に入れないと。私が当時出した原則はこうです。一、国境の現状を維持すること。二、軍事的紛争を避けるため力による脅迫なしに交渉に入ること。第三点は方法のことで、顔をつき合わせている部隊を即時引き離すこと。

あの時は双方その原則で合意しました。コスイギンは原則を合意文書にして、彼が帰国した後送るようにとも言いました。合意の主旨は今の三点にまとめられます。一、国境の現状維持。二、軍事紛争の回避。三、双方の武装勢力の撤退。

コスイギン氏はこれが納得できるとして、原則を書き付けたペーパーを会見後にくれるように言いました。

話し合った第二の点は、双方が大使を帰任させることでした。その結果、今双方に大使がいます。北京最大の大使館はソ連大使館です。大きいというのはそのスタッフの数です。車だけで二百台ありますから、どこにでも行けます。どこでも活動できます。立入禁止の場所もありますが。

第三の点は、貿易の回復です。彼らが以前の長期貿易協定を破棄していたからです。これは一九六四年にフルシチョフが中国を通過したときに破棄しました[19]。我々はそのことを昨夜話し合いました。我々が論争法や原則の議論をするときには、一万年も続くこともありうると言いました。あの時でも貿易はしていました。彼らは中国の豚の缶詰が欲しく、こちらはあちらの材木が必要でした。

この協定は非常に平等互恵の基礎の上にできていましたが、しかし彼らは翌年破棄しました。彼らは突然、中国の豚は良くないのでもういらないと言い出しました。彼らは最終的に貿易赤字を現金やほかの貿易で埋め合わせなければなりませんでした。我々は彼らに借金していません。彼らが我々に借金しているのです。

ニクソン大統領　もしかして、あの交換手は缶詰工場で働いているのではないですか。（中国側笑う）

周恩来総理　そういうことはないでしょう。多分交換手は、中断した貿易協定のことは知っていたでしょう。

この三点を話し合った後コスイギンは帰国しました。十月二十日中ソ国境交渉がついに始まりました。交渉は閣僚レベルで、北京で行うと決めていました。副部長が当方の団長になりました。喬さんが話し合いを始めました。副部長が国連に行くときは別の副部長韓念龍氏に任されました。ソ連はクズネツォフ氏でした。彼は今病気でモスクワにいるそうです。（原注――現在のソ連側代表はイリイチョフ）

交渉は一九六九年十月から今日まで二年三カ月以上も続いています。しかしまだ合意には達することができません。三原則の暫定的な合意さえだめです。こちらがこの問題で行くと、あちらは別の問題を出してくるからです。おそらくあなた方も同様の経験をなさっていることでしょう。彼らはなにか文書を持ってきて、それを基礎に合意しなくてはいけないと言い張ります。しかし我々は同意しません。対等ではないからです。なぜ我々が彼らの文書を受け入れなければならないのでしょう。エドガー・スノウの毛主席との会見記事で、「我々は必ずしもソ連と一致しているわけではない」とあります。多分スノウはそれが『ライフ』に出るのは良くないと思って公表しなかったのでしょう。

キッシンジャー博士　公表しませんでした。彼はとても慎重でした。OKがなければ公表しませんでした。

周恩来総理　本当にそうでしたね。こちらがOKを出しても、さらに慎重でしたから。

ニクソン大統領　みなさんを困らせたくなかったのでしょう。ジャーナリストとしては希有なことです。

キッシンジャー博士　彼は例えば、毛主席が大統領訪問について言ったことを、私たちがお会いした後までこちらには言わなかったのです。

周恩来総理　そうですか。本当に分別のある人でした。正直でもあった。ですから我々は彼を追悼するのです。彼は訪中が難しいときでもあえてやってきました。そして我々の状況を世界に知らせました。

そういうことで、中ソ国境交渉は今日まで同じところで足踏みをしたままです。彼らは緊張を緩和する必要を感じたときにやってきて交渉をし、緊張を高めようと思うと交渉をやめてしまいます。それからまた彼らは自分の条件に我々を縛りつけようとします。こちらが賛成をしていないものなのに。彼らはいつも、中国が領土的な要求をしていると言います。我々が領土的要求はしていないことを証明できる文書があります。キッシンジャー博士はもうご覧になったかと思います。一九六九年に中国政府として外交部長が述べた声明です。

キッシンジャー博士　公式にはまだ文書をいただいていないと思います。私はまだ知りません。前回部長から口頭で中国の立場を説明していただきました。

周恩来総理　すべて公刊されている文書です。その中で我々の立場を明確にしています。つまり解決しなければ緊張の種になり続けるから問題を解決したいということです。とにかく彼らと話し合うのは大変です。彼らは米中が接近するのを本当に怖れています。我々が追いつめようとしているのではないかといつも考えています。実際には、彼らに会って、あなた方と交渉する前に彼らとまず交渉しています。コスイギンとは空港で会いました。大統領がすでに執務室に来ておられるのに、ソ連の首相と先に会っている。私の観測では、コスイギンは問題を解決することが有利だと思っていたのです。しかし彼が帰国して政治局会議を開き、トロイカ[20]だけで意見交換をしてみたら、問題が難しくなった。ブレジネフの方が強くて、もっと野心的だった。ブレジネフが一番感情的です。

ニクソン大統領　彼をご存じですか。

周恩来総理　多分会ったことはあります。しかしよく知りません。ポドゴルヌイは知りません。コスイギンはときどき理の通った話ができます。しかし技術者的発想で、見通しのきく人ではありません。

核の力が増大しているので、おそらくブレジネフはフルシチョフより野心的です。チェコスロバキアで成功したと思っているから、今度はバルカンをねらっています。

ニクソン大統領　ユーゴスラビアですか。

周恩来総理　ルーマニアです。まずルーマニア。それからユーゴスラビア。

ニクソン大統領　ユーゴスラビアはチトー後でしょうね。ユーゴの人たちはそれを心配しています。

【周恩来総理　なぜならば、彼ら（ソ連）はすでにユーゴスラビアの転覆にとりかかっているからです。

ニクソン大統領　ユーゴスラビアにおいてですか。

周恩来総理　そうです。

ニクソン大統領　それは我々もきいていたところです。

キッシンジャー博士　ずいぶん活発だとか。**】**

周恩来総理　彼らが緊張緩和するのを待ちたいと思います。我々の国土は広大ですし、やるべき仕事も多い。祖先から受け継いだ土地は大きく、広大な土地が未耕地です。穀物を栽培しているのは国土の九分の一にすぎません。我々の最大の潜在能力は国土にあります。まだ十分な肥料を使っていません。十分な肥料があれば、さらに大きな将来性が見込めるでしょう。世界のほかの国々で用いられている進んだ方法によって、小麦や米のような穀物をもっと収穫できるでしょう。

そしてまた、我々は社会主義の建設途上ですから、海外への膨張などできません。そんなことは我々の原則に反します。我々は、イデオロギーに国境がないのは、宗教に国境がないのと同じだと考えています。様々な国の新聞がよその国でも売られています。ニュースレポートや本や雑誌は国境を越えていくことができます。しかし自国の運命を決めることができるのはその国の人民です。

こうしたコンセプトから、我々は平和共存の五原則を作り上げることができました。彼ら（ソ連）はこの原則を信用していません。ですから両者のイデオロギーは弁証法的に対立しています。そのためこの場合、党と党の関係を維持するのが困難なだけでなく、国と国、外交関係を維持することも困難なのです。しかし外交関係のようなものは続けられなければなりません。しかしお国の人々がどんどん中国に来るようになると、彼らは落ち着いていられなくなるでしょう。ソ連にアメリカ人がたくさん行こうが、我々はなにも言いませんが。

ニクソン大統領　彼らは将来のあなた方を怖れているのではありませんか。それが問題なのではないのですか。国境論争はたんなる口実で、原因などではない。彼らには大して重要ではないのではないでしょうか。

周恩来総理　国境だからこそ――連鎖反応を怖れているのです。彼らは日本にそう言っています。もし北方四島が日本に返還されると、東から西まで、フィンランドまですべての国境で問題が起こってしまう、と言いました。彼らはすべての国境沿いに領土を獲得しました。国境を接しているどの国も例外はありません。以前はアフガニスタンはそうではないと思っていましたが、そこもそうだと分かりました。ソ連との国境問題のある、イラン、トルコ、ルーマニア、チェコスロバキア、ポーランド、そしてドイツでも、東プロシアが、――（キッシンジャー博士に向かって）ご承知ですね。ケーニヒスベルク、とてもきれいな町です。

キッシンジャー博士　彼らは、東プロシアの北半分と、東プロシア最大の町ケーニヒスベルクをとりあげ、その町をカリーニングラードと名付けました。

周恩来総理　彼らはフィンランドからもカレリアをとりました。彼らが我々からとったものを全部返してもらおうというのではありません。ほんの小さな修正をしたいだけです。全部返せと国境論争でやっても意味がありません。しかし彼らがこちらを対等に扱い、言ったことを守らなければ、うまくいきません。そこの点が論じられるべきです。

ニクソン大統領　彼らはいわゆる社会主義陣営の指導権をあなた方が脅かしていると怖れているのではありませんか。

周恩来総理　我々は彼らが社会主義陣営に属しているとさえ認めていません。

ニクソン大統領　それがまたいらだたせる。

周恩来総理　そうでしょうね。

ニクソン大統領　ロシア人は領土を必要としていないから。

周恩来総理　社会主義陣営はすでに存在していません。考えがそれぞれ違います。

第二点は、陣営の頭は一つであるべきで、ほかのものはその頭の言うことをきかなければいけないという。

ニクソン大統領　どのくらいの間彼らはあなた方との関係をそういう方式で見ていたのですか。一九六五年。一九六六年。矛盾が大きくなったと感じたのはいつですか。

周恩来総理　別れ始めたのは一九五六年からです。その時彼らは第二十回党大会を開きました。我々はイデオロギー上の理由で離れました。当時スターリンの業績をただの一撃で破壊するのは公正ではなかった。毛主席はスターリンのやったことは三割誤りで、七割正しかったと評価しました。それがすべて良かったとは言わない。とにかく彼（スターリン）が第二次世界大戦で貢献したことは認めなければなりません。アメリカの友人たちでさえこのことを認めています。

ニクソン大統領　ロシア人はよく戦いました。ひどい損害も受けました。

周恩来総理　ウィンストン・チャーチルのような西側の指導者でさえ、スターリンとイデオロギーは異なりますが、スターリンが最大の貢献をしたことを認めています。あの時スターリンでなくてフルシチョフが指揮していたら……。戦いを指揮したのはスターリンでなくて、フルシチョフだなどと彼が言うのはナンセンスです。

ニクソン大統領　フルシチョフがですか。

キッシンジャー博士　彼らは歴史を書きかえて、フルシチョフがウクライナの戦闘を指揮したと言っています。

周恩来総理　ですから、彼らは党の歴史を絶えず書きかえています。今はブレジネフが目立ちたいのですが、そうすると歴史に反することになるのでできません。

当時はイデオロギー的に違っていましたが、まだ関係を維持するために統一の道を探りたいと思っていました。一九五七年に毛主席はモスクワに行き、会議で提起されたモスクワ宣言にいくつか留保はしましたが、発表することは支持しました。しかし一九六〇年に彼らは中国からすべての専門家を引き揚げさせ、すべての契約を破棄してきました。

ニクソン大統領　すべての技術者——すべての技術援助を一九六〇年に——ええ、覚えています。

周恩来総理　彼らは引き揚げました。それでもその後モスクワの八十一カ国の会議にも出かけ、その時声明を発表しました。

ニクソン大統領　フルシチョフがアイゼンハワーと会ったのはこれが起こった後だったとは面白い。しかしこちらの国民は誰もそんなこととは知らなかった。

キッシンジャー博士　彼らは一九五九年に会いました。緊張はすでに高まっていたけれど、その技術者問題ではなかった。

ニクソン大統領　そちらの協力はアイゼンハワーがフルシチョフに会った時には止まっていたが、我々はその意味に、その後問題が大きくなっていくことに、気がつかなかった。その時にあの偉大な会談があったのですね。アイゼンハワーとフルシチョフの会談は同志的なものではありませんでした。ここに来るときのための肩慣らしをしていたのかと思います。（周恩来総理笑う）

周恩来総理　一九六〇年にあなたはフルシチョフとパリのエリゼ宮殿でやり合いましたね。

ニクソン大統領　あっちに道理がありました。U２です。文句のつけようがありません。

周恩来総理　たしかに、もっともな口実です。

ニクソン大統領　そうですね、口実でしたね。道理ではなかった。当時の専門家の分析では、フルシチョフはトップ会談を吹き飛ばしたかった、としています。

キッシンジャー博士　私はモスクワにいたことのあるスウェーデンの外交官に、フルシチョフの最大の特質はなにか尋ねたことがあります。彼が言うには、フルシチョフには自分でつくりだした苦境から逃れ出す才能がある。一九六〇年彼はベルリン危機を始動させた。だがどうやって終わらせていいか分からない。一九六一年、一九六二年も同じでした。彼は毎年危機を引き起こすが終わらせ方を知らない。にっちもさっちもいかなくなる。ですから私も大統領に賛成です。彼はトップ会談でうまくやらずに失敗するわけにいかなかった。

周恩来総理　それはあり得ることでしょう。我々はその会談状況や議題についてよく知りませんから。彼がU２について公にしたことしか知りません。一九六一年二十二回党大会に参加するためソ連に行ったのは私です。当時我々は半分裂状態でした。

ニクソン大統領　一九六一年ですか。

周恩来総理　そうです。ソ連は一方的に、アルバニアは社会主義国ではないから大会から追放すると宣言し、アルバニアを出席させませんでした。アルバニアに出していた船はすべて呼び戻しました。輸出も止められました。小国をいじめるやり方です。

ニクソン大統領　皮肉ですね。多くの人がアルバニアの方が社会主義的だと言っています。（周恩来総理笑う）

周恩来総理　そうです。我々は小国に同情せざるを得ませんでした。アルバニアの方が正しかったからです。我々は大会から引き揚げ、彼らを批判しました。そんなに強くではありませんが。

多分大統領は、政務についていなかったからこの展開には気がつかれなかったでしょう。一九六三年七月、あなたが政府にいないときに部分的核実験停止条約が署名されました。

キッシンジャー博士　一九六二年ですか。

周恩来総理　一九六三年です。まさにその時、彼らは一方では三カ国と部分的核実験停止の会議をしていて、片方では条約に関して諸国の党と会議を開いていたのです。我々は前もって、ここからは何の好結果も生み出されないだろうと分かっていました。我々が核兵器を持ってないときに彼らが圧力をかけようとしていたからです。

ニクソン大統領　中国の最初の核実験は一九六四年でしたか。

周恩来総理　そうです。フルシチョフが権力の座から転落した翌日です。

キッシンジャー博士　それは計画的だったのですか。

周恩来総理　いいえ、前もって計画などできません。偶然です。

ニクソン大統領　大爆発で吹き飛ばされたわけですね。（中国側笑う）

周恩来総理　彼は会議を利用して我々に圧力をかけようとしました。その会議以後分裂が続いています。我々は党関係は中断されるが、行くところまでは行きたくないと言っていました。しかし彼らは、話し合いが中断されるとすぐにソ連の全人民と他の共産党に中ソの党会談は失敗に終わったと発表し、会談のすべての内容を公開しました。

王［海容］さんが訂正してくれました。ソ連大使館は二百台も車を持っていません。一日に二百回車を出せるということです。二百回、彼らの車が出ていったということです。王さんは儀典局ですから、その係ではありません。これは車の係の管轄事項です。

一九六四年にフルシチョフは失脚しました。我々はすでに核実験に成功していましたが、ソ連の新しい指導部に若干の期待を持っていました。そこで一九六四年の十月革命記念日を祝うため我々はモスクワに行き、ほかの党にも統一に努めるべきではないかと提起しました。結果的にはそれは不可能でした。ブレジネフの政策はフルシチョフと同じでした。

カクテルパーティーの席上で、彼らは我々を挑発するよう、マリノフスキーのようなやからに指示していました。これは許すことのできないものです(21)。どんなに彼らと話し合っても話は不調に終わりました。それ以来何度も彼らに会いました。――それ以来党関係は断絶しています。どんなに努力してもうまくいかないのですから、仕方がありません。

ニクソン大統領　一点、総理に特に認めておいていただきたいことがあります。米ソの関係において、アメリカは中国の不利になることはしないということです。例えば、毛主席や総理とのこの会談が、中ソ関係において、お荷物にはなって欲しくありません。

周恩来総理　そんなことはありません。

ニクソン大統領　キッシンジャー博士がドブルイニン氏［ソ連駐米大使］に、この会談のことは気にしないようにと言ったのですが、ドブルイニンは信じなかったそうです。

キッシンジャー博士　彼らはこの点についてちょっとヒステリックになっています。

周恩来総理　中国は彼らに立ち向かうのではないのですから、彼らに自信があれば、そんなに興奮しなくていいでしょうに。

ニクソン大統領　私の質問はその点に関してでした。総理が問題を分析してくださってありがたく思います。たしかに、ソ連の核は中国を上回っているのですから、ソ連にとって中国は脅威ではない。私たちの考えでは、ソ連は国境にこだわっていない。それは口実であって、彼らの言う社会主義陣営の指導権と教義にこだわっている。でもあなたはそうは思わない。

彼らはまた中国が将来強国になるのを怖れている。私の経験ではソ連の指導者は先を見ますから。我々は彼らの扱いに完璧を期してふるまい、この会談がソ連に対して共同戦線を組もうとしているというようなことを言わせる口実にならないよう最大限の努力をしましょう。

周恩来総理　共同戦線？

ニクソン大統領　陰謀です。おそらく中国語の方がいい言葉があるのではないですか。ソ連の意図が気になったのは最近のインドの経験でした。初期の段階でインドのパキスタンに対する行動の気をそぐようなことを何もしなかったからです。私たちが断固とした立場を示してから——私は自分でブレジネフを止めましたし、キッシンジャー博士はこの件でよく引用される声明を発表しました——ようやくまだましな態度をとりはじめ、国連でもご記憶の通り、慎むようになりました。

別の言い方をすれば、ソ連に対する最良の政策は、アメリカに関する限り、断固たる政策です。闘争的だったり、交渉したがるのはだめです。しかしパキスタンのような事件が起これば、我々は抵抗するつもりだということははっきりさせておきたい。

現在、世界紛争のない平和が可能なことを保障している基本は、ソ連がアメリカとの対決や紛争を望んでいないことと、アメリカもまた望んでいないことです。双方ともそれが起これば双方の自殺行為だと知っています。

周恩来総理　そうですね。世界戦争、核戦争は。彼らはこのことでジレンマに陥っています。核戦争は、両大国だけでなく、世界の人民にとっても有害です。しかし他方で彼らは軍拡競争をやめようとは言わない。しかし核兵器が増えれば増えるほど、核戦争を戦うのは難しくなる。核兵器は食べられませんし、着ることもできませんし、道具として有効に使うこともできません。生活水準を引き上げません。それができることは、ただ使われるのを待って寝そべっているだけです。どんなに浪費的かは、大統領の方が私よりよくご存じでしょう。二十一世紀の人民はこの浪費について我々を非難するでしょう。

ニクソン大統領　ソ連との軍縮協定をなんとかやり遂げるようがんばるべきだという総理のお考えにまったく同感です。モスクワ会談は試練となるでしょう。もし合意ができても、限られた範囲のものですから、何にでも有効ではない。しかし協定ができなければ、アメリカにも重大な影響がありますす。先を越されないように、核兵器のお荷物を増やさねばならないからです。やりたくはありませんが、遅れをとるわけにはいかないのです。

浪費のことも総理とまったく同意見です。世界に多数の飢えた人々、貧しい人々がいるのに、巨額の金をそんなところにかけているのは、大損害です。でもロシア側の水準が上がれば、我々もほかにやりようがないのです。

周恩来総理　お立場は分かります。

キッシンジャー博士　この点に関して、大統領と総理に興味深いかと思いますが、この六年間我々は地上ミサイルを配備していません。

ニクソン大統領　六年間地上ミサイルの配備がなく、四年間潜水艦ミサイルの配備がない。その間ソ連は相当に作り上げた。彼らは軍備制限交渉をするのに賛成だと言い、我々が潜水艦ミサイルを増やそうとすると、それについて話し合いを始めようという意欲を見せます。我々が新しい計画を始めるときだけ彼らは話し合いたがります。まったく不思議な、逆説的状況です。我々が一方的にやめると、彼らはその水準を上げる。我々が上げようとすると、彼らは停止についての話し合いをしようとする。

周恩来総理　私はある事実に注意しました――正しいかどうかわかりませんが。アメリカの軍艦がインド洋に向かうと、彼らも急いで原子力潜水艦をウラジオストクからインド洋に派遣することに気がつきました。

ニクソン大統領　情報は大変すぐれています。

【**周恩来総理**　彼らはひとたび行動を決定するととても素早く動きます。スバロフ海峡(22)さえ通過しました。本州と北海道の間にある日本の内海とみなされるべきところです。これは初めてのことでしたので、日本もずいぶん緊張しました。

ニクソン大統領　我々は知りませんでしたが、知られていたのでしょう。

周恩来総理　これが海峡に船舶が入った初めての時です。日本もあわてました。】

ニクソン大統領　総理に確言しますが、軍拡競争は我々が好んでやっているのではありません。嫌々ながら、私は弾道弾迎撃ミサイルを承認しました。それはミサイルをとるか、後れをとるかということなのです。後れをとれば、我々自身や同盟国にとってとても危険なことになるでしょう。なぜなら、我々が非常に大きな圧力に屈することになるからです。

これは制限された協定になると言っておかなければなりません。例えば、中距離ミサイルは含まれないでしょう。

キッシンジャー博士　今朝副総理に報告しましたが……

ニクソン大統領　あなたへのキッシンジャー博士の情報は信頼できます。

キッシンジャー博士　今交渉は休会中です。三月二十八日から再開されます。新聞が何を言おうと、信頼できません。交渉が再開すれば何らかの進展があるでしょう。通常のルートでお知らせします。大統領の承認を得て、当方の立場について信頼できる情報が入るようお知らせします。

周恩来総理　情報の提供に感謝します。もちろんご承知と思いますが、我々はあまりこの点について金をかけたくありません。あなた方両大国はこの点について経験がありますから、我々はそのまねをしていくつもりはありません。金の無駄遣いをしたくないのです。二つの大きな堆積物の頂上にいて、降りてくるのが難しくなっている。不運なことです。ソ連との交渉が成功することを望んでいます。

ただ、二つの面があることを申し上げておかなくては。一方で議論がうまくいくよう期待しますが、他方でそれは容易ではないということです。

ニクソン大統領　この午後の会談の最後にあたり、総理があの戦闘についておっしゃったことを思い出します。中国側が勝って、インド側が死傷者が多かったのをフルシチョフが誤解した話です。結論として申し上げたいのは、我々は彼らが頂上にいて、こちらが下りになっているという状況は望まないということです。（中国側笑う）

周恩来総理　わかります。でもうまくいくことを望みます。

ニクソン大統領　総理がおっしゃったことは間違いないと思いますが、交渉はきつい難しいものになるでしょう。

周恩来総理　ＳＡＬＴ交渉はもう二年経過していますね。国境交渉と同じほどです。我々の易しい交渉が成功していないのですから、あなた方の難しい交渉の方はなかなか成功しないでしょう。

別にお聞きしたいことがあります。ロジャーズさんが我々に——［姫鵬飛］外交部長に——言ったことですが、国務長官がコミュニケの話し合いに参加したいそうですね。こちらの部長は、最初の全体会議で、総理が喬冠華氏を任命し、大統領がキッシンジャー博士を任命した、そのほかは共通理解がありませんから、その件はそれですべてです、と答えました。

ニクソン大統領　誤解があるようです。ロジャーズは部長と話し合うなにか考えがあるのでしょう。総理が副部長を代表にしたように、私の代表はキッシンジャー博士です。それでいって欲しいと思っています。

その件で言いますと、私はキッシンジャー博士とコミュニケについて詳細に話し合いました。話し合いをして、普通の重箱の隅をつつくようなものではないコミュニケができそうな感じが強くしています。

当然、一致しないことの表明もあるでしょう。しかし私はキッシンジャー博士と喬［冠華］氏がこの機会にふさわしい言葉で表現してくれるよう期待しています。重要な歴史的機会において、その重要性を述べる時に臨んでいるのですから。それをするのが彼らで助かります。私がやりたくはありませんから。（周恩来総理笑う）

周恩来総理　これまで、二回お話し合いをしました。明日の午後の会談では、当方は、すべての状況が絡み合っている現状の総括的評価をお示ししたいと思います。それによって大統領に我々を理解していただければと思います。時間はかけません。コミュニケについては、会合を持つことに同意したと理解しています。仕事を始めてもらって、長城を越えなければなりません。

ニクソン大統領　キッシンジャー博士は怠け者だから、もう一度長城に登りたくないのでは。

キッシンジャー博士　胃が痛くなりそうです。
ニクソン大統領　彼の胃が痛くなると、事件ですよ。

訳　注

（1）一九三〇年代初め、中国共産党の主力部隊は江西省の根拠地で中華ソビエト共和国を作ったが、国民党軍の再三の包囲攻撃で三四年秋ついにそこを放棄した。一万キロの長征の末ようやく三五年秋に陝西省北部に到着したときには、十万の紅軍兵力が三万に減っていたという。江西のソビエト政府で、毛沢東は政府主席を、周恩来は革命軍事委員会の副主席を務めた。軍事を指導したのはドイツから来た軍事顧問オットー・ブラウンである。敗退を続けてきた紅軍にとって一大転機になったのが三五年一月に貴州省で作戦中に開いた中央政治局会議（遵義会議）で、周恩来は副報告を行っている。周恩来の立場は微妙だったが、今日の通説では、遵義会議の結果、軍権を奪回した毛沢東のもとで周恩来・王稼祥が三人軍事領導小組を作り、以後紅軍は劣勢から立ち直ったといわれる。

（2）マクスウェル（Neville Maxwell）はイギリスの中国専門家、ロンドン大学教授。彼が中印国境紛争について書いた、*India's China War*, London, Cape, 1970（前田寿夫訳『中印国境紛争——その背景と今後』時事通信社、一九七二年）は、中国側の評価が高く、中国語訳『印度対華戦争』が一九八一年に世界知識出版社から出ている。

（3）一九五七年十月十五日、モスクワで中ソ新国防技術協定が結ばれた（ソ連はベリュウシン、中国は聶栄臻が調印）。ソ連は一九五八〜六一年の間、中国にロケット、ミサイル、原子爆弾の技術を提供することになり、その中には原爆のサンプルも含まれていた。だが二年もたたない五九年六月二十日、フルシチョフは、核実験禁止のジュネーブ協議にマイナスの影響を与えかねないとして、五七年協定のいくつかの重要項目を中止し、二年後に状況をみて再検討する、と申し入れてきた。実際にはソ連の核支援は停止され、中国は自力で核を開発、六四年十月に第一回の核実験を行った。

（4）一九五九年九月十日、タス通信社は次のような声明を出し、ソ連の憂慮と紛争の早期解決を促した。「両国間に生じた緊張緩和を認めまいとする勢力がこのたびの事件につけ込んで私利を図るのを中国政府とインド政府は許さないだろう。……ソ連指導部の信ずるところでは、両国政府の当面の誤解を、相互利益を考慮し中印両国間の伝統的友誼の精神で調整するだろう……」。中印紛争でソ連が中立的立場をとったことが中ソ関係を決定的に悪化させ、九月末に急遽北京を訪れたフルシチョフと毛沢東の間では共同声明も出されなかった。

（5）米国は一九七二年四月四日にバングラデシュを承認した。中国が承認したのは七五年八月三十一日。

（6）ムジブル・ラーマン（Sheikh Mujibur Rahman）は東パキスタンのアワミ（人民）連盟総裁。パキスタンからのベンガル分離独立運動を指導。一九七一年三月十四日東パキスタンの全行政権を掌握し、三月二十五日バングラデシュ独立宣言を発表、四月に逮捕されたが、印パ戦争の結果、独立が認められると七二年一月から首相に就任。

（7）一九七一年三月末からの東パキスタンでの内戦、バンクラデシュ人民共和国の独立など東西パキスタン紛争は、十二月にはインド・パキスタン戦争へと国際化した。東パキスタンのパキスタン軍将兵はインドに降伏、インドがバングラデシュ人民共和国の独立を承認して、二週間の印パ戦争は終わった。この結果、パキスタン大統領ヤヒヤ・カーン（Agha Mohammad Yahya Khan）は年末に辞意を表明、ブット（Zulfikar A. Bhutto）人民党党首が新大統領に就任した。だが、米中接近にとって、ヤヒヤ・カーンは最大の影の功労者である。一九七〇年一月の米中ワルシャワ大使級会談で対中関係の改善を模索し始めたニクソン大統領は、同年十月訪米したカーン大統領と会見、〝ヤヒヤ・チャンネル〟を作って対中接触を試みることにした。ニクソンが「米国は中国との関係正常化につとめることを決定したと伝え、仲介者として助力してくれるよう要請」すると、カーン大統領はそれを快諾（前掲、『ニクソン回顧録①　栄光の日々』三〇九頁）、以後、カーンを通じて周恩来・ニクソン、キッシンジャー間でメッセージのやりとりが行われ、七一年七月にはパキスタンの協力でキッシンジャーの秘密訪中が成功したのである。

（8）一九一一年の辛亥革命をきっかけにチベットのダライ・ラマ十三世が中国からの分離独立を宣言、インドに脱出してイギリスの援助を求めた。一九一三年から一四年にかけてインドのシムラで開かれたイギリス、中国、チベット三者の会議（シムラ会議）で、インド政庁外務参与のマクマホン（Sir Henry McMahon）がイギリスを代表して、チベットを内チベット、外チベットに分け、外チベットにおける高度の自治を中国が認めるよう求めた。中国が最終的にこれを拒否したため、イギリス・チベット間の合意に終わった。このときマクマホンが指示した東インドとチベットの間の境界線がいわゆるマクマホン・ラインで、歴代中国政府は一貫して認めていない。この部分および西インドと中国の境界にあるアクサイチン地区の領有をめぐって一九六二年に中印戦争が起こった。

（9）陳毅外相は一九七二年一月六日に死去、十日には毛沢東も出席して追悼大会が開かれた。

（10）ブルギバ（Habib Burqiba）はチュニジアの大統領（一九五七～八七年）。なお、一九七一年十月八日、中国はチュニジアと国交を回復している。

（11）ミーニー（George Meany）は労働運動のリーダーで、一九五二年から米国労働総同盟（ＡＦＬ）会長、五五年からは合併して生まれた産別組織会議（ＡＦＬ-ＣＩＯ）の会長となる（一九五五～八〇年）。

（12）マンスフィールド（Mike Mansfield）は民主党の上院議員、院内総務。スコット（Hugh Scott）は共和党上院議員、院内総務。結局二人は、一九七二年四月十八日から五月三日まで人民外交学会の招待で中国を訪問、周恩来とも会見した。

（13）ボール（George V. Ball）はケネディ政権、ジョンソン政権期の経済担当国務次官。一九五六年に辞職後は、六九年まで米国の国連大使を務める。米国と西欧関係を重視し、統一ヨーロッパを期待する古典的大西洋主義者で、国務次官時代は、政権内でただ一人米国によるベトナム介入に異議を唱え続けた。メモワール *The Past Has Another Pattern*, 1982 がある。

（14）ライシャワー（Edwin O. Reischauer）は米国有数のアジア・日本問題専門家、親日派の外交官。ハーバード大学の教授を四十年務め、一九六一年から六六年には駐日大使だった。著作に、*East Asia : The Great Tradition*, 1958, *My Life between Japan and America*, 1986, *Japanese Today : Change and Continuity*, 1988 などがある。

（15）これも実は毛沢東の一九六一年九月の七絶の結行である。七絶は次の通り。「暮色蒼茫看勁松　乱雲飛渡仍従容　天生一個仙人洞　無限風光在険峯」（武田泰淳・竹内実編『毛沢東――その詩と人生』文芸春秋新社、一九六五年、三四五頁)。

(16) 宋代の詩人陸游の元詩に借りた一九六二年十月の毛沢東の詩「卜算子　梅を詠ず」は次の通り。「風雨送春帰　飛雪迎春到　已是懸崖百丈冰　猶有花枝俏。俏也不争春　只把春来報待到山花爛漫時　她在叢中笑」。大意は、早春の試練に耐えて咲く美しい梅の花は、春を独り占めし世にときめこうとしているわけではない。ただ来るべき春の盛りを予告しているだけなのだ。やがて山に爛漫と花が咲き開いた時、先駆者のつとめを終えた梅は、他の花に囲まれて満ち足りた笑みを浮かべるだろう、というもの(前掲、武田泰淳・竹内実編『毛沢東——その詩と人生』三五三〜三五七頁)。

(17) 一九六九年十一月二十一日、訪米した佐藤栄作首相とニクソン大統領の間で、沖縄の施政権返還についての共同声明が発表され、七二年五月に沖縄が日本に復帰した。「核抜き・本土並み」が合意されたと当時伝えられたが、最近の米側機密文書の解禁で、核の再移転で合意を見ていることが明らかになっている。

(18) モンゴル人民共和国を中国(中華民国国民政府)が承認したのは一九四六年一月のことである。四五年二月の米英ソ首脳のヤルタ会談で「外モンゴルの現状は維持されるべき」と合意されており、ついで八月十四日の国民政府・ソ連の間の中ソ同盟条約締結時の交換公文で、国民政府は、外モンゴルの住民投票で独立の意思が確認されれば「現在の境界線内の外モンゴルの独立を承認する」と約束、十月の住民投票で九九%の独立賛成が確認されたあと、それを承認したのである。蔣介石はヤルタ会談に参加しておらず、この点は通訳の誤解かもしれない。中華人民共和国になってから毛沢東は、時にモンゴル独立への不満をソ連に非公式に述べているが、一九六二年十二月、ほぼ現境界線をふまえた国境条約と議定書が結ばれ、最終的に中蒙関係が確定した。

(19) 周恩来は一九六四年に中国に立ち寄ったフルシチョフが長期貿易協定を破棄した、と述べているが、この事実は確認できない。『中華人民共和国対外経済貿易関係大事記：一九四九〜一九八五』(対外貿易教育出版社、一九八七年)などでこれまで明らかになっているところでは、経済について中ソ間の長期協定は、五九年二月に周恩来・フルシチョフが調印した経済協力拡大協定(一九五九〜六七年)だけで、これがいつ破棄されたのかも明らかではない。なお、一九六四年は「九評論文」などで中ソ論争がピークに達していた。

(20) 一九六四年十月、フルシチョフ書記長が失脚してからのソ連指導部は、ブレジネフ書記長、コスイギン首相、ポドゴルヌイ最高幹部会議議長の三人による「トロイカ体制」がしばらく続いた。

（21）一九六四年十月フルシチョフの失脚後、中国共産党の指導部はソ連の新指導部に期待をかけ、十一月のロシア革命四十七周年記念式典に周恩来をトップとする高いレベルの党政代表団をモスクワに送り、対ソ関係の改善を図った。だが、ソ連側にその意志はなく、おまけに、マリノフスキー元帥が公式の宴席で副団長の賀龍元帥に、「わが方はフルシチョフを倒した。諸君もそうしたらどうかね。毛沢東に引き取ってもらえば（給収拾）、我々の関係はよくなるだろうに」と述べたことで、大荒れに荒れた。激怒した周恩来がブレジネフに抗議し、ソ連側はそれに陳謝して収まったものの、中ソ関係緩和のわずかなチャンスが失われたわけである。このエピソードは、中国側の文献のほとんどが伝えているが、最近ロシアの文献もそれを裏付けている（尤・米・加列諾維奇（孫黎明など訳）『勃列日涅夫与毛沢東、戈爾巴喬夫与鄧小平』四川人民出版社、一九九九年、七〜八頁）。

（22）周恩来はSuvarov Straitと明言しているが、前後から明らかに津軽海峡のことだと思われる。なお、ロシア語では津軽海峡をСангарский пролив（サンガルスキー・プロリーフ）と呼ぶ。

資料5　一九七二年二月二十四日　ニクソン・周恩来第三回会談

ホワイトハウス
　ワシントン

取扱注意・関係者のみ閲覧可

会談メモ

出席者　大統領
　ヘンリー・A・キッシンジャー博士　国家安全保障担当大統領補佐官
　ジョン・H・ホルドリッジ　国家安全保障会議スタッフ
　ウィンストン・ロード　国家安全保障会議スタッフ

　周恩来総理
　喬冠華　外交部副部長
　章文晋　外交部西欧・北米・太平洋州局局長

王海容　外交部儀典局副局長
趙稷華　外交部
冀朝鋳　通訳
唐聞生　通訳
記録係二名

日　時　一九七二年二月二十四日　木曜日　午後五時十五分〜八時五分
場　所　北京　人民大会堂

周恩来総理　今朝は長城まで行かれてお疲れでしょう。
ニクソン大統領　面白いと疲れません。
周恩来総理　夫人はいかがですか。
ニクソン大統領　とても気に入ったようです。
周恩来総理　お寒くなかったですか。
ニクソン大統領　とても良い天気でした。オーバーは必要ありませんでした。
周恩来総理　キッシンジャー博士は今日は長城にいらっしゃらなかったのですね。ロードさんも。
キッシンジャー博士　喬冠華さんがとても手強くて。（周恩来総理笑う）
ニクソン大統領　キッシンジャー博士も手強かったに違いありません。

周恩来総理　その通りです。

喬冠華副部長　それが公平です。

ニクソン大統領　重要問題では率直さが必要です。問題をユーモラスに、しかも直接的に話し合わなければなりません。フルシチョフの時は全然違いました。彼は靴を脱いで机をたたいたのですから。まだ副部長があそこへいらっしゃる前でしたが。

周恩来総理　昨日大統領に申し上げたように、今日はまず我々の全般的な立場と見解をお話ししたいと思います。というのは、我々は共同コミュニケの議論で、平和共存の五原則について話し合うつもりであり、双方が相互の関係の中でこれを実現する努力をする用意があればよいと思うからです。大統領がおっしゃったように、双方とも相手に対して領土的な野心はありません。また双方とも相手を支配しようとか、意志を押しつけようとか欲していません。しかしもちろんこのことを実現するにはプロセスが必要です。我々の方にはそれほど難しさはありません。しかし大統領の方には、あなた御自身の政治的手段の問題のほかに、前の政権から残されている諸問題があります。それを片付けなければなりません。

あなたが政権を執り続けることができるように望んでいます。そしてまた、昨日申したように、キッシンジャー博士が残って大統領のお仕事を手助けされることも望んでいます。そうでなければ、今日はここでよいことを話し合ったのに、明日は誰か別人が政権を執るということになって、よろしくありません。実効あるものになるのかどうかという問題が起こります。

ニクソン大統領　その通りです。

周恩来総理　その意味で共同コミュニケを発表した後で、二大政党の指導者が中国を訪問してこの問題をさらに議論し、コミュニケをさらに細かく、隠し立てなく率直に検討するとよいと思います。もちろん内密の話については表に出しません。このことが大統領選挙の問題ではなく、両国人民の長期にわたる利益のためですから、お国の二大政党がこのアプローチと態度を支持して下さればと期待します。

［以下の］四つの原則は、私たちが共通して実行したいものですから、コミュニケの最後の部分に入れて宣言したいと思います。それはつまり、両国関係の正常化は両国人民の利益だけでなく、世界の人民の利益であるということです。我々は排外主義者ではありません。米ソ関係への我々の態度がそれを証明しています。私たち双方が反ソ同盟を結び、いかにしてソ連に反抗するかを話し合っていると、彼らは主張しています。モスクワではそう主張している。この問題に関する我々の態度は明らかです。

共通している第二の問題は、双方とも国際的な軍事紛争の危険を少なくしたいと望んでいることです。私は、米ソが核軍縮について合意に達するようにという意見を示しました。それはいかがですか。もしその主旨で合意に達しなかったなら、それは彼らの誤りです。

ニクソン大統領　ソ連のですか。

周恩来総理　そうです。

ニクソン大統領　こちらにはその用意があります。

周恩来総理　そうですね。

第三の原則は、双方がアジア太平洋地域で覇権を求めないことです。これには双方だけでなく日本も覇権を求めないことが含まれます。

ニクソン大統領　ソ連も。

周恩来総理　そうです。ソ連も求めない。

ニクソン大統領　インドも。

周恩来総理　そうです。ここでは双方が善を行い、悪を行わないことが含意されます。

ニクソン大統領　はっきりさせましょう。双方が覇権を求めないことが含意される。また我々ができる範囲で、覇権を求めようとするものに抵抗することも含意する。そういう意味ですか。

周恩来総理　そうです。つまり、我々は他国がそうしようとすることに反対する。

（キッシンジャー博士、コミュニケ［草案］の覇権の部分の文章を読み上げる。）

周恩来総理　合意している第四点は、双方とも第三国のために交渉したり、他の国に向けた協定や了解事項をもつことはしないということです。

私たちは二国間の交渉をしているのであって、第三国の代わりにやっているのではないことは明白です。第三国の問題は、その国の問題です。

この四点には私たちの間で誤解の生じる余地はありません。

ニクソン大統領　新聞は覇権という言葉も知らないでしょうから、説明しなければならないでしょう。

（周恩来総理笑う）

キッシンジャー博士　しかし私が副部長に言ったように、大統領の指示は、総理が同意するなら、副部長か総理と文章を作り上げるようにというものでした。

ニクソン大統領　どういう意味？

キッシンジャー博士　つまり、期限前に決断しなければならず、期限は越えられないということです。コミュニケの主題を私がどう説明するか、前もって正確に説明いたします。

周恩来総理　合意に達しそうですから、双方の翻訳が、一致していて、お互いに適切なものになるように注意しましょう。コミュニケに誤解を生じさせてはなりません。あなたの方がこちらよりも厄介な問題を抱えていますね、国務長官に報告しなくてはならないという。副部長は上司の部長にもちろん報告します。でも彼が部長に報告する方がずっと簡単です。大統領もご承知のように、我々は絶対話し合ったことを外に漏らさないからです。

それでは具体的な問題にうつりましょう。

第一に台湾問題です。【ロジャーズ国務長官が大統領に提出したメモランダムがすでに日本側に知られています。

キッシンジャー博士　私はきのう副部長に私たちがずいぶん遠くまでやってきたことを示すために一

通の文書をお渡ししました。それを彼らに見せたということはあり得ますね。

周恩来総理　我々がこれを知ったのは昨日の夜ですよ。私はこのニュースを今朝早くベッドの中で見ました。ドイツの通信社の東京特派員からの特電で、福田外相がリークしたとのことです。福田が新聞にリークした内容は国務長官が台湾に関してあなたに渡したものと類似していました。

ニクソン大統領　台湾ですね、日本ではない。

周恩来総理　台湾です。

キッシンジャー博士　私が示したのは台湾の部分だけです。】

周恩来総理　昨日大統領に申しましたが、国務長官が当方の姫鵬飛に台湾問題の討議に参加したいと言いました。それは、台湾問題がこちらだけでなく、そちらにとってもきわめて重大な問題であることの証拠です。もしコミュニケの中でアメリカが問題解決の将来の方向を全然示さなければ、もし示すことができないならば、わが国の人民に説明できませんし、近隣諸国や我々に関わりのある国々に説明できません。

キッシンジャー博士が今日の午後渡した草案には、［台湾からの米軍の］撤退、最終撤退の問題が上げられていました。そのような撤退の日時については問題ありません。しかしあなたはある条件とリンクさせている。

それはもちろんキッシンジャー博士と副部長が主旨のはっきりした言い方を頭から絞り出すことです。つまり、双方がある義務を負うことを理解し、つじつま合わせではなく、人民が正確に知るような言い方です。そんなに厳密でなくてよいでしょう。

ニクソン大統領　それが望みです。まだいいのが見つかりません。

周恩来総理　それと同時にあなたは平和的な解放を求めている。キッシンジャー博士が昨日の非公式の会談で言われ、我々は平和的解放に向けて努力するとお答えしました。当事者双方の問題です。我々はそれを望みます。でも彼らがそれを望まなかったら我々はどうするでしょう。あなた方の軍隊がそこにいる間、我々の軍隊はあなた方と軍事的に対決することはありません。宴会の乾杯でそう申し上げました。十五年前にもそう言いました。それゆえ我々のこの問題に対する立場は明確です。大統領就任後の最初の善意の現れは、第七艦隊が台湾海峡をパトロールするのをやめて、ときどき通過するだけにしたことです(1)。そのことの示す意味から、双方が台湾問題がどう解決されるのか見通しを持ちました。

すでに昨日大統領に申し上げましたが、台湾が本土に復帰した後でさえ、我々には台湾に核基地を建設する必要がありません。つまり我々は台湾を日本に向けて使用しません。日本にはその点安心してもらいたい。

そういう意味で希望しますが、もし台湾の解放があなたの次の任期で実現できたら、すばらしいでしょう。もちろんたんなる希望です。もちろんこれは我々の内政問題です。我々はあなた方がこの内政問題に干渉すべきではないと表明できないし、あなた方も我々になにか押しつけるべきではないし、我々も蔣介石になにか押しつけるべきではありません。しかし大統領、蔣介石にもそんなに時間がないことをお気づきになるべきです。

ニクソン大統領　年齢ですか。

周恩来総理　そうです。

ニクソン大統領　そうですね。

周恩来総理　しかし彼の考えは中国は一つしかないというもので、この点を我々は評価しています。一九五八年の当時の国務長官ダレスは、蔣介石に金門、馬祖島をあきらめて台湾を完全に本土から切り離して、国境線を引くよう求めました。蔣介石はそうはしたくなく、我々も金門・馬祖から引かないように勧めました。我々は彼らを砲撃して、引かないよう勧めたのです。奇数日には砲撃し、偶数日には砲撃しない、休日も砲撃しないというやり方です。それで彼らも我々の意図を察知し、撤退しませんでした。ほかのやり方やメッセージなど必要ではありませんでした。この砲撃だけで彼らは分かったのです。

先日毛主席が言ったように、主席は蔣介石を一九二四年から知っています。ほとんど五十年来の知り合いです。ある時は戦い、ある時は協力し合いました。だからお互い手の内を知り尽くしています。アメリカは中国に領土的野心はないし、中国は一つだというのが大統領の原則ですから、あなたが政権を担当している間に、この原則を適用する努力をしようではありませんか。それは両国にとって利益となり、何の脅威も与えません。キッシンジャー博士が十年はかかると言われたとき、私は率直にそれでは長すぎると言うべきでした。これは状況説明の会合でしたが、あなたは多分十年かかると言われました。それでは長すぎます。いつまでとは言わない方がいいでしょう。私は十年は待てません。あなたには十年あるかもしれない。十年待てるかもしれない。そうすればあなたは三選されるかもしれません。

キッシンジャー博士　それは憲法違反です。

周恩来総理　四年後にまた出られるでしょう。あなたのお年ならまだまだやれます。しかし現在の中国の指導者の年齢からすれば、それは無理です。年をとりすぎています。

ニクソン大統領　総理。アメリカで元大統領というのは、イギリスの国王のようなもので、責任はありますが、力はありません。政権を去ればということです。

周恩来総理　しかしあなたの経歴は歴史の上でもまれなものではないですか。二期副大統領であったし、次に選挙に負けて、その次に選挙で勝った。とても珍しい例です。

ニクソン大統領　政権を去った人でも影響力はあります。

周恩来総理　毛主席も、一票投じると言っていました。

ニクソン大統領　それは大きな票になるでしょうね。

周恩来総理　もうすでに二十年以上にもなるのですから、友好的に解決したいと思います。ジョン・フォスター・ダレスがワルシャワ会談で提案した問題解決の方法に従えば、もう期限はすぎてしまいました。ダレスがアメリカ大使を通じて行った提案(2)によると、中国が十年ないし十五年か二十年武力を行使しなければよいということでした。もしあの時そのような協定を結んでいたなら、もう十五年はゆうに経っています。国務省の文書館をご覧になって下さい。

キッシンジャー博士　事実関係は間違っていない。しかしもしそのような原則を受け入れたなら、内政問題に外国の介入を認めるのに等しいことになります。ですから受け入れられません。

周恩来総理　私の言い分は間違っていません。

今定式化《フォーミュレーション》のため私たちは努力していますが、双方は互いの見解を知り合ったことが示されています。だが内政に干渉するようなことはない。これは良いことです。我々はあなた方に蔣介石を片づけてくれと言っているのではない。それはこちらの問題です。

ニクソン大統領　平和的に。

周恩来総理　そうです。我々には自信があります。自信がなくてどうやればいいのでしょう。我々は自分でこの問題を解決しますから、そちらの軍隊は当然撤退ということになるでしょう。それがごく自然なことです。

台湾問題は両国にとってきわめて重要な問題です。だがここで一言付け加えないわけにいかないことがあります。つまり、これはトルーマン元大統領の誤りの結果です。コミュニケに入れる必要はありませんが、ここで言っておきたいと思います。

とにかく、長い間敵対関係にあった両国が、問題を解決するのにそのような方法を採るのは、容易なことではありません。これは毛主席の偉大な精神によって初めて可能になったものです。彼には、そのようなことを書き、そのような方法で実現する勇気があります。台湾問題の定式化の作業を進めているので、双方がその立場を述べますが、もし深く理解すれば、両国にはこの問題に対して共通の基盤があることがわかると思います。しかし一般的にあるいは表面的に見るならば、その共通の基盤は見えないでしょう。

この問題について我々に敢えてそうさせるのは、毛主席によって表された偉大な精神だけです。七億の人民が寄せる毛主席への信頼によって、我々はそのような文書を提起できるのです。大統領も我々の困難点がおわかりいただけたと思います。しかし我々には困難を引き受け、それを克服する勇気があります。

私たちはこの一点で合意に達しなければなりません。この点で合意できれば、ほかのことは簡単に解決できます。これが、台湾問題が、鍵です。ともかく我々の見解に近い定式化を考えついて下さることと信じます。

ニクソン大統領　総理は、私が今コメントすることをお望みですか。それともほかの問題をお話しになってからにしますか。

周恩来総理　どうぞおっしゃってください。

ニクソン大統領　最初の声明で述べたように、私たちには何よりも先になすべきことがあります。私の目標はすでに示しましたし、総理も直接それにふれられましたが、私の目標は米中関係の正常化です。その目標を実現するためには、台湾問題の解決が欠かせないことが分かりました。方向性は、総理と私、毛主席と私の間で決着されています。方向は正常化です。私はこの道を一九六七年の

『フォーリン・アフェアーズ』誌の論文[3]から言葉によって歩み始めました。今やそれに従って何らかの行動をしようとしているところです。正常化の目標は私が一人で始めたものであり、目的達成が私の意思です。

目的達成について私が何を言うかという問題は、直接的に、目的に到達できるかどうかを左右しています。もし、二人の専門家の苦心の結果できる私たちのコミュニケが、敵に飛びつくチャンスを与え、合衆国大統領は、政府と台湾との関わりを否定するために一万六千マイルも行ったのだなどと言わせたら、この先何カ月も我々の関係を阻害することになるでしょう。

例を挙げましょう。私が第七艦隊について命令を出した時、官僚たちの間に反対がありましたが、私は決行した。ベトナムの決着が付くように──何らかの方法で決着が付けられると思いますが──台湾駐留軍の三分の二の撤退も、実行されるでしょう。反対があるでしょうが、行われるでしょう。

残りの三分の一についても、削減の方向に行けます。私たちの関係が発展する中で、それが可能です。

とても重要な問題が一つあります。──新聞や議会のことを理解していらっしゃる総理にはお分かりと思いますが──ワシントンに帰ったときに、総理との間に台湾問題について何も密約はないと言えなくてはなりません。そこで私には、コミュニケの言葉が与えてくれる〝ゆとり〟とでも言うべきものがなければなりません。それは台湾問題を次の数カ月の、あるいは次の数年の大問題にしてしまわない言葉です。そうすれば我々は目標達成に向かって我々を動かすようなことができます。

周恩来総理　これにはこちらの外交部長にも、国務長官と同様の限界があります。ゆとりが必要で時間を限らないということで、数分前に話したところです。あなた方も困難を抱えておられるでしょうが、こちらも困難を抱えている。外交部長は人民の感情を代表しています。しかし毛主席の指導という威信のおかげで、我々は人民を説得することができます。

ニクソン大統領　私もそうですが、毛主席は、長期的観点に立っておられる。でも私は千年と言っているわけではないし、十年とも言っていません。ぜひともお二人に心に留めておいていただきたいのは、私の目標は正常化だと私が述べたことです。もし選挙に勝てば、その達成に五年は確保できます。今言ったようなことで密約をして、握手して、二期目には達成されますというわけにはいきません。もしそうしたら、新聞に質問されて彼らのいいようにされてしまいます。だからそう言いたくありません。

日本との比較をさせてください。例えば、我々の軍隊が日本から撤退すべきだという総理の立場を知っています。コミュニケにも示されるように、私はそれには同意しません。私は在日米軍を撤退させません。【なぜならば、日本を抑制することが太平洋の平和にとって利益になると私は信じるからです。】私たちが話し合ってきたすべての状況が、我が軍の駐留を求めています。

台湾に関しては、私たちの会談で何が起ころうと、米軍の恒久的な駐留がアメリカの安全のために必要だとは信じません。それゆえ、私の目標は――この言葉を会談で使えると思いますが――残留部隊の撤退、三分の二だけでなく、残り三分の一を含む全ての撤退です。それは達成できる目標です。

私が議会を納得させるために、どうやってそれを提案しなければならないか、総理にご理解いただけたらと思います。それは私の教書、いわゆるニクソン・ドクトリンと整合的でなければなりません――総理が教書を認めていないことは知っています。その教書によって我々は在韓米軍を削減しています。もちろん韓国のケースは違います。ある意味でそれは日本と結びついていて、台湾とは違います。総理。私がこれをいかに行うかということは、私が世論をいかに扱うかということにひとしいのです。ベトナムへのアメリカの関与が終わり次第、三分の二は撤退するでしょう。私の計画は、残りの三分の一も削減し、私の政権担当中に撤退させることです。しかし来年の一月前にはそれはできません。四年の任期を越えなければなりません。

帰国したときに、誰かが、台湾から全軍を撤退させると総理と密約しなかったかと質問したら、私は、しなかったと答えます。しかしそれは私の計画にあると総理には申し上げました。段階的に撤退させるうちに、議会で承認を得るに必要な支持を広げていくことができるでしょう。

台湾へのアメリカ軍の駐留はもはや必要ではないということを私は世論の基礎に据えます、それはそちらの世論にとっても害はないことでしょう。

私は毛主席に、主席は私をご存じないから信用できないでしょう、と言いました。そう言ったのは、お互い完全に率直になり、どちらも利益になると思うことしかやらないと認め合うことが大切だと感じたからです。そして今私が総理に言っているのは、総理に私を信頼してほしいと言っているのではないということです。この政策は、紙切れに書くことをめざしているのではなく、アメリカ自身の利益、人民共和国との関係の正常化を遂げたいという欲求を見て決めているのです。私が今述べた予定表によってアメリカ軍の撤退をすすめるつもりです。

政治状況がよく分かっていますから、漸次的にしかも必ず行えば、その達成には一点の疑問もないと言って発言を結ぶことができます。しかし今発表しなければならないとなれば、成し遂げることが困難になります。時宜にかなわない問題を引き起こすからです。

以上です。

周恩来総理　我々は時間を限ることを求めていません。期限の問題をたてているわけではありません。一つの中国の問題に関しては、すでに五原則に上げられています。大統領から提起されたことに、私はこれらの点の重要性を付け加えました。

第一にあなたは、平和的解放を望むし妨害もしない。第二に、米軍がいる間に日本軍を台湾に入れさせない。【何があっても避けようとするでしょうが、抑止するには日本に軍隊を置いておくことが必要です。

ニクソン大統領　日本にわが軍がまだ在留している間は、そのとおりです。しかしわが軍がまだ台湾にいる間はという意味ですか。】

周恩来総理　そう、米軍が台湾にいる間は。日本軍が台湾に入ることを抑えますか。

ニクソン大統領　それ以上のことをします。撤退したあとも日本軍を台湾に来させないようにします。

【**周恩来総理**　というのは、あなた方がまだ日本に軍隊を置いている間はということですか。

ニクソン大統領　その通りです。日本に我々の軍隊がいなければ、日本は我々のことを気にもしないでしょう。】

周恩来総理　あなたが上げた第三点は、台湾独立運動を、アメリカにおいても台湾においても、支持したり、許したり、励ましたりしない。

キッシンジャー博士　励ます、がいいです。許す、はこちらの埒を越えます。

周恩来総理　思いとどまらせる［discourage］はどうですか。

ニクソン大統領　思いとどまらせる、でいいでしょう。

周恩来総理　しかし、アメリカ軍が台湾にいる間は台湾独立運動を許さないと言っていいのではないですか。そこが重要です。

ニクソン大統領　それでは駐留中は、そうしましょう。

【**周恩来総理**　というのも、ご承知のように蒋介石でさえあなた方が彭明敏を出国させたと言っているからです。

キッシンジャー博士　それは真実ではありません。私がこのことを取り上げたのは総理とそのことを前に話し合ったからというだけのことです。大統領、会談録のコピーを思い出して下さい。私は総理に、いかなるアメリカの政府職員も、いかなるアメリカの機関も、間接非間接を問わず、台湾独立運動に励ましや援助をいかなるやり方でも与えないと申し上げました。もし何か情報をお持ちでしたら、私たちのチャンネルを通じてお知らせ下さい。我々はそれを止めるべく措置をとります。

ニクソン大統領　今日のこの会談でその約束を保証します。

周恩来総理　私は彭明敏がアメリカ人の助けを得て逃げ出すことができたという趣旨の情報を受け取りました。彼はキッシンジャー博士の学生でした。ライシャワー氏と同様に。

ニクソン大統領　総理、蔣介石はそのことを嫌っていました。あなたも嫌っていました。我々もそうです。でも我々はそれと何の関わりもありません。

キッシンジャー博士　私の知る限りでは、あの教授が逃亡できたのは、アメリカの反蔣介石左翼グループの援助を得たからです。

ニクソン大統領　蔣介石は我々に反対していました。

キッシンジャー博士　あの動きを止めるのは政治的に困難でした。当時はまだ私たちはお互いに接触していませんでしたから。やめさせようとはしました。再びあのようなことが起これば、止めることができます。彭明敏はスウェーデンに行ってしまっていました。台湾にはいませんでした。スウェーデンにいたのです。そこからアメリカに来させないようにするのはとても難しいことでした。

大統領、私は総理に次のようにも申し上げました。我々は政府としても、直接的にも、間接的にも、いかなる形でも、合衆国内で台湾独立運動を支持しない。もしそれに反するような情報をおもちなら、それを阻止するよう努めると。

ニクソン大統領　その約束を保証します。

キッシンジャー博士　もし我々の支持しない運動が発展した時には、それを抑えるために台湾で我々の力を行使することはできません。

周恩来総理　それはそうです。蔣介石がやるでしょう。そうする力は持っています。

ニクソン大統領　そうだと聞いています。】

周恩来総理　台湾問題についてふさわしい定式化は二人にやってもらいましょう。それが解決されてから全体会議を開くことに賛成します。

ニクソン大統領　そうしましょう。

周恩来総理　解決できてからですよ。

ニクソン大統領　こういう問題は内々で解決すべきで、多人数の会議にはふさわしくありません。

周恩来総理　たしかにそうです。

ニクソン大統領　我々はこちらの人間、ロジャーズやグリーンを納得させなければなりません。それはこちらの問題です。キッシンジャー博士の問題ですがね。（周恩来総理笑う）でも全体会議の問題ではありません。

周恩来総理　ほかの問題を議論しましょう。もちろん意見の交換だけです。第二の問題はインドシナです。インドシナについては当地の人々の提案があるのをご承知ですね。我々はそれを支持しています。

ニクソン大統領　七項目ですね。

周恩来総理　我々は［南ベトナム］臨時革命政府の七項目の提案と二項目の補足説明(4)を支持していま す。それとインドシナ人民首脳会議の共同宣言を支持しています。その点はっきりしています。

もし戦争が続くのなら、アメリカ軍の撤退後であれ、若干のアメリカ軍が残っている状況であれ、戦争が続くのなら、我々は、ベトナムだけでなくインドシナ三国への支援を続けます。これは避けられません。

第三に、もしアメリカが完全に離脱して、戦争が本来の内戦になっても、我々は今支持している側を支持します。ベトナムでも、ラオスでも、カンボジアでも。それがこれまでの一貫した立場でしたし、変わりはありません。もちろん戦争が終わることを希望します。しかしあなた方双方とも、まだ抜け出す道を見つけていません。我々はそれに口出しはできません。ただ待つだけです。我々は繰り返し、支持する義務があるだけで、彼らのために交渉する義務はないことを明らかにしてきました。そのことは四点のなかですでに明らかにされています。

しかしコミュニケに入っていないことで一言申し上げたいことがあります。あなた方に押しつけようというのではなく、単なるこちらの見解です。それは、大統領、あなたのような先の見通しのある指導者にとって——五十万の軍の撤退を決定されていますが——なにかしっぽを残していくのは、あなたやアメリカの名誉のためにも、有益なことではありません。サイゴンやプノンペンには当てにならない友人たちがいますから、結局人民は彼らを見捨てるでしょう。そこでの戦争が引き延ばされてしまうかもしれません。

ニクソン大統領　しっぽというのはどういう意味ですか。アメリカの軍事力ですか。

周恩来総理　そうです。しっぽとはアメリカ軍のことです。あなたは、もし彼らとの協定がなければ、空海の爆撃は続くとおっしゃった。そして輸送で援助し続けると。

ニクソン大統領　本当に率直ですね。ご承知のように我々は困難な立場に置かれています。総理の言われたような意味で、我々はベトナム戦争を終わらせるために中国政府の助けを求めに来たとさんざん言われてここにやってきました。もちろん総理の言われていることは、ベトナムでは助けられないということです。

周恩来総理　それは、あなたの反対勢力、民主党委員会がキャンペーンのスローガンとして利用しようとしていることです。

ニクソン大統領　どんなにコミュニケがうまくできても、言われることは明らかです。中華人民共和国が我々に求めたのは、台湾での動きで、それは成功した。アメリカが求めたのはベトナムで助けてもらうことで、それは失敗した。そう言われるでしょう。

総理の立場はよく分かりました。しかし、それではこちらに困った問題が起こることをどうかご理解いただきたい。キッシンジャー博士も証言できますが、私がこちらにベトナムについてのことで来る前に、議会指導者たちに期待させるようなことはなにもしてきませんでした。反対に、中国政府はこの点については難しい問題があるから、ベトナムは自分たちのやり方で解決することになる、と言いました。

キッシンジャー博士　それはステート・オブ・ワールド・リポート［大統領の議会向け外交教書］にも載せています。

周恩来総理　さらに、コミュニケの共通基盤である四点のなかに、あなたは会談でいかなる第三者も代表しないと言っている。

ニクソン大統領　総理にご承知いただきたいのは、我々は自らの利益を守り、軍を守り、捕虜を取り戻すために、する必要のあることを当然行うということです。総理の政府が我々のすることに反応せねばならないことも分かります。我々の目標を達成するのに必要がないと考えることは何もしません。そして我々の目標は、捕虜送還後の最終的撤退です。しかしもし交渉できないのなら、我々でなく、北ベトナムが、我々に軍事行動の継続を余儀なくさせているのです。

しかし、総理、ベトナムの解決は必ず来ます。私がもう決断したのですから。しかし正しいやり方でなされなければなりません。もうそんなに長いことではないでしょう。

通訳　撤退がですか。

ニクソン大統領　そうです。アメリカの撤退完了がです。

しかし言いましたように、正しく行われなければならないと強調しておきます。我々の政治目標を達成することなしに一方的に撤退するのではありません。

周恩来総理　しかしそれではむしろことを複雑にしませんか。あなた方の政策はあなたの政府が始めたものではなく、あなたの前任者たちが始めたものですから。まず初めにアメリカ軍を送り込む必要がなかった。送り込み始めて、どんどん増えていった。そして泥沼に落ち込んでしまった。そして今のあなたの政府は、撤退を行わざるをえなくなっている。その不運な問題をあなたは自分の手に抱えている。

捕虜の釈放問題については、釈放されなければなりません。それは当然のことです。しかしいくつかの例外があります。インドのような。彼らはパキスタンから非常に多数の捕虜をとって取引に使おうとしています。

ニクソン大統領　北ベトナムがやっているのがそれです。

周恩来総理　捕虜については一つお話があります。あなたが副大統領の頃の話ですから、あまりはっきりとはご存じないかもしれない。我々はたいへんな自制心を発揮しました。でもそれはよいことでした。結局アイゼンハワー大統領が朝鮮戦争を終わらせたのですから。しかしそちらの捕虜とそちら側の他国の捕虜は全員、朝鮮民主主義人民共和国によって釈放されました。しかし我が方の捕虜については、きわめて多数いたのですが、蔣介石が特殊工作員を南朝鮮の捕虜収容所に送り込みました。捕虜の公式的本国送還はインドを団長とする国際監視団のもとで行われました。いわゆる審査の手続きが施され、――小さな部屋なのですが――捕虜たちを一つのドアから入らせ、台湾に帰りたくないかどうかたずね、その後もう一つのドアから出しました。そのような状況で、武器の脅迫のもとで、捕虜が希望することを述べるのは無理でした。多数の捕虜が台湾に送られました。ある者は逃げ出して、本土に帰ってきました。

「いかなる権利があって蔣介石は捕虜帰還問題に介入できるのか」、と騒ぎ立てることもできました。しかし双方が紛争を終わらせたいと思い、我々は義勇軍を送っただけでしたから、捕虜問題を理由にして戦争を続けようとするのは良くないと考えました。台湾行きを強制された捕虜の数は、千ではききません、万かそれ以上いました。しかし我々は耐えました。

戦争があれば、いつでもことが同じとは限りません。当時我々にとっては原則問題でしたが、我々に関する限り最善のことは戦争を終わらせることでした。ここまでにしましょう。歴史の問題ですが、我々の心に思うことはたくさんあります。しかし捕虜が台湾に行ったとしても、それは中国の領域内です。ある者は蔣介石の軍隊に入ったかもしれません。ほとんどの人々がもう年老いてしまいました、またある者は本土に逃げ戻ってきています。

ニクソン大統領　ベトナムに関しては、一点つけ加えさせてください。我々は総理の立場を理解します。総理がこれに介入するとは言えないとおっしゃっていますが、少なくともソ連がしているように見えることはして欲しくないですし、北ベトナムが交渉を拒否するのをけしかけないで欲しいと希望します。

問題は、ソ連がアメリカをベトナムに縛りつけておきたがっていることです。我々の介入を終わらせたくない。北ベトナムが交渉するのを引き留めたがっているように見えます。総理にお答えを求めませんが、もし彼らが、ソ連と中国双方から、交渉を引き留められているのでしたら、それは問題です。

周恩来総理　初めジョンソン政権が一九六八年に北爆停止を発表したとき、我々はパリ交渉に乗り気ではありませんでした。いい機会だとは感じなかったからです。しかし一九六九年以後我々の立場は、交渉支持に変わりました。事実、パリ交渉が実を結ぶのを助けるために、我々はワルシャワ会談をやめました。在ワルシャワ・ユーゴスラビア大使館でファッション・ショー事件(5)が起こった後にはじめて、この会談は再開されました。彼らは交渉で何が行われているか、なにがしかを話しました。それ以来、我々は交渉賛成です。朝鮮戦争の時と同じように、そこで戦っていても交渉は必要だからです。

喬冠華氏はまた、二年間以上行われていた朝鮮の交渉に参加しました。最終的に休戦交渉は一九五三年に達成されました。

交渉のルートは閉ざされてはなりません。我々が行けるのはそこまでです。彼らの問題に口出しはできません。

一つお話をしましょう。カンボジアのことですが、私の見るところでは、シアヌーク殿下は大変聡明な人です。

ニクソン大統領　私も彼を知っています。

周恩来総理　そして愛国者です。彼はロン・ノルやシリク・マタクやソン・ゴク・タンなどとは全然違います。もちろん戦闘状態にあるのですから、シアヌーク殿下がカンボジアの左翼勢力と同盟するのは避けられないし、当然です。しかし彼らは彼ら独自の政策を持っています。シアヌーク殿下の政府のメンバーのうち何人かは北京にいますが、我々は彼らの問題に口出ししたことはありません。彼はすでに国民に対して三十以上のメッセージを書いたり出版したりしています。我々は『人民日報』に自由に載せるよう紙面を提供しています。

彼はメッセージをただ自分の考えに従って書いています。彼のイデオロギーは我々のものとは全然違います。キッシンジャー博士はご存じだし、大統領もお分かりになるでしょう。この点、我が国の言論の自由はどの国よりもすぐれています。彼は中国にすでに二年間います。彼が『人民日報』に出した論文を集めれば、分厚い本一冊になるでしょう。彼が出した論文や声明の数には、我々のうち誰もそれに及ぶものはいません。どうしてかと言えば、彼が愛国者だからです。だから我々は彼を支持します。彼は共産主義者でも、社会主義者でも、マルクス主義者でもなく、愛国者です。

お互いに相互理解をもとうとしていますので、これが我々の立場だとお伝えしたかったのです。

ニクソン大統領　我々は……。

周恩来総理　マンスフィールド上院議員もシアヌークの親密な友人の一人ですね。

ニクソン大統領　私も一九五三年に二回シアヌークに会いました。

周恩来総理　プノンペンで。

ニクソン大統領　プノンペンです。もう一度は、彼が一九五三年早々にワシントンに来たときです。誰も信じませんが、彼をカンボジアから追放するのが我々の政策ではありません。

周恩来総理　（笑う）そのことでキッシンジャー博士と議論しました。

ニクソン大統領　もしシアヌークが中国と親密ならば、彼の害にならないでしょう。しかし北ベトナムと親密ならば、よくありません。カンボジアの人は北ベトナムが嫌いだからです。これは私の分析で、総理のお考えと同じではないことは分かります。しかしこれは実際に起こったことだと思います。

もし北ベトナムがカンボジアから出ていけば、カンボジア人はシアヌークの復帰を望むかどうか決めることができます。しかし北ベトナムがカンボジアにとどまる限り、シアヌークが復帰するチャンスはほとんどないと思います。たんなる私の見解ですが、その事態を左右できる方法は我々にはありません。

周恩来総理　私たちの分析方法が違いますから、同じ結論に達することができません。我々の見るところでは、ジョンソン政権が南ベトナムの愛国者を押さえつけようとして軍隊を送り込んだのだから、そのような状況で、北の同胞たちが南の兄弟たちを助けに南に来ることを、どうしてあなた方は拒めるでしょうか。

ニクソン大統領　その意見には反対ですが、理解はできます。北ベトナム人が南に来たのはみんなベトナム人だからです。しかし北ベトナムはカンボジアには関係がないはずです。カンボジア人は北ベトナム人と、全てのベトナム人と常に戦ってきました。彼らがカンボジアに入っていくことは正当化できません。私はそう考えます。我々がここで言ったことが事態には影響しないことが残念です。

周恩来総理　これは歴史的展望の問題です。なぜならフランスの植民地主義者がインドシナ三国を一つにつなげ、彼らの利益を一つに結びつけました。インドシナという言葉そのものもフランス人がつけたものです。以前にはそんな言葉はありませんでした。そんな名前もありませんでした。歴史的には三つの別々の国です。中国とベトナムの関係は緊密で、二番目にカンボジアと海で結びついていました。ラオスとはそんなに関係はありませんでしたが。

フランスの植民地主義が彼らの利害を結びつけました。それから再び、フランスによって国境線を引き直す問題が起こって、イギリスがアフリカでしたのと同じように、三国の間の矛盾が高められたのです。

ニクソン大統領　マクマホン・ラインも。（周恩来総理笑う）

周恩来総理　日本が負けた後、フランスが戻ってきて、再びインドシナ三国を占領しました。それがまた三国人民を一つに結びつけ、フランス植民地主義と戦ったのです。一九五四年の協定以後、三国はまた分かれました。その時になって初めて、我々は三国の状況を知るようになりました。まだよく分かる前は、ベトナムしか知りませんでした。ホー・チ・ミン大統領が我々と非常に密接な関係にあったからです。

ジュネーブ会議の後で、もしその時アメリカ政府がジュネーブ協定を守っていたら、状況は違っていたでしょう。ベトナムは統一されていたはずです。カンボジアはシアヌーク殿下の下にとどまっていたでしょう。ラオスは状況が違いますが、一九六二年のラオスに関するジュネーブ議定書によって解決されていたでしょう。

しかしジョンソン政権の間、ジョンソンは本当に多数の軍を南ベトナムに送り込みました——数と体力だけを見れば、南ベトナムの軍を越えていたし、北ベトナムの軍も越えていました。これは世界に知れわたった状況です。アメリカ人でさえ、そのことを中国人と同じように話します。

それゆえにベトナム軍は、軍事行動と隠れ場所という理由でカンボジアを利用しました。しかし我々がそのことを知ったのは一九六九年になってからです。事実は、シアヌーク殿下がベトナム軍に同情して、カンボジア国内の通過を認めたのです。なぜならば、フランス植民地主義に対する抵抗闘争では彼らは一緒だったからです。ですから、シアヌーク殿下の表明した北ベトナムへの同情は理解できるものです。

もし戦争が終われば、ベトナム軍は必ずカンボジアから撤退するでしょう。そしてカンボジアはカンボジア人のものになるでしょう。

ニクソン大統領　総理が述べられた、人民共和国の原則は、近隣諸国に対し武装力によって軍事的な干渉をしないというものでした。それでは総理は北ベトナムが軍事的にカンボジア、ラオスを支配するのに反対ですか。それが我々の立場です。

周恩来総理　戦争がすでに起こってしまっているのです。その戦争はアメリカによって引き起こされました。それで彼らは作戦を展開しているのです。

ニクソン大統領　戦争が終われば、総理は北ベトナムがカンボジアとラオスから出ていくべきだと信じますか。

周恩来総理　もし戦争が完全に終わるならば、つまり、カンボジアがシアヌーク殿下の下に復帰するならば、そうすれば北ベトナムは必ず撤退するでしょう。もしまだロン・ノルがカンボジアに残っていると、撤退はあり得ません。なぜならカンボジア人自身はロン・ノルを支持していません。彼は外から押しつけられた人物です。

私は依然として、インドシナ問題であなた方が誤りを犯したと考えています。もちろんそれはあなたの政府の責任ではありません。当時あの地域は、少なくとも三分の二は平和で中立的な地域になり得た。しかしジョン・フォスター・ダレスがあちこちに線を引いて、ジュネーブ協定を踏みにじったので、全体が混沌と化してしまった。このことはアンソニー・イーデンの回想録[6]で裏付けられます。ジュネーブ協定でははっきりと、二年後に国民投票を行うと規定していました。しかしダレスは、あれは国内向けの言葉に過ぎないと言いました。

もし私たちが平和と中立の地域を生み出せるなら、インドシナ三国だけでなく、東南アジア全体としても、その地域の友好国全体としても、そうするのに遅すぎるという時はないと思います。そうしなければ、この地域に平穏は訪れないでしょう。私はインドシナだけでなく、東南アジアのことを言っています――タイ、マレーシア、シンガポール、フィリピン。それらの国にはその傾向があります。我々はその方向で彼らがそのやり方で独立を獲得するのを助けなくてはなりません。

その場合、大統領、あなたは別の力の真空が作られて、状況をややこしくするとおっしゃるのでしょうね。とにかく我々はそこに入っていきません。それはお認めですね。もし面倒が起こったなら、人民が真空を塡めるというのが我々の確信するところです。第一回の会談で私はそのことを論じました。しかし、すぐに反応することはないでしょう。それぞれの国の人民がどの程度政治的意識があるかによっています。

たしかに特定の国で、まだ人民が立ち上がっていないと、ある大国がそこに行って勢力圏を築いてしまうかもしれません。それはコミュニケ［草案］にも入れたところです。（コミュニケ［草案］を読み上げる）

ニクソン大統領　我々の見解は違います。申し上げたように我々は総理の見解を尊重します。ベトナムについて、北ベトナムは我々の八項目提案を拒否しました。これは、カンボジア、ラオス、ベトナムの中立に関する限り、総理の言われた中立のインドシナという目標をなしとげられるよい提案でした。これは今は我々の問題で、私はそれを正しいやり方で解決するつもりです。

私は総理の政府が北ベトナムに交渉をしないように後押しはしないということに喜んでいます。軍事的解決よりも、そのほうがよりよい方法です。

周恩来総理　ここに具体的な問題があります。孤立した問題ですが。彼らは交渉を継続したいと言っていました。あなた方は今月の十七日にはノーと言って、二十四日には賛成しました。拒否した理由はヴェルサイユの人民会議(7)でした。

キッシンジャー博士　我々は交渉にはふさわしくないと感じました。彼らは今日会合を開いています。

ニクソン大統領　そうです。我々は交渉に大変積極的ですが、この件で北ベトナムに指図を受けるわけにはいきません。我々も彼らを指図しません。彼らは交渉しようとしていません。彼らのやり方は、これでどうですか、受け入れますか、ダメですか、と言うのですから、我々は受け入れられません。話し合いが、今総理と私とでしているように、理性的に行われるなら、合意しなくても共通の基盤が見つかるはずです。そうすれば秘密会談が始まった二年前に解決できていたでしょう。でも彼らはそういうやり方をしようとはしませんでした。そうだね、ヘンリー。

周恩来総理　十二回秘密会談をしたのですか。

キッシンジャー博士　そうです。でも、一日に二度の会談もありましたが、それは一回に数えました。

(周恩来総理笑う)

周恩来総理　次は朝鮮問題です。

ニクソン大統領　朝鮮ですか。

周恩来総理　朝鮮です。我々はもちろん在韓米軍の漸次的削減を評価しています。

ニクソン大統領　すでに三分の一削減しています。

周恩来総理　しかし、もし日本軍が南朝鮮に入ることを許されたら、緊張を作り出すでしょう。【キッシンジャー博士は日本がいくつかの試みを行ない、すでに人員を派遣していると認めています。もちろん軍隊の形ではありませんが、軍の関係者です。我々は彼らのそうした活動を詳細に監視しています。あなた方もそうだと思いますが。】

ニクソン大統領　日本が朝鮮に介入しても、米中どちらの利益にもなりません。【日本の介入を締め出すことができると保証することはできません。しかし我々ができる限りは彼らにそうさせないよう影響力を行使します。】

周恩来総理　日本問題について言うと、意識していらっしゃると思いますが、中国と日本は未だに戦争状態にあります。蔣介石とのいわゆる平和条約は実効がありません。蔣介石でさえそれを認めています。彼らには打開する義務があります。

現在の佐藤内閣はあてになりません。佐藤内閣はある時はこう言い、別の時にはああ言います。国会ですら内閣を信用していません。

そこで我々は次の内閣に期待しています。なぜなら、日中が外交関係を修復できても、日中友好が日米関係を損ねてはいけないからです。

もし日本と外交関係を修復し、平和条約が締結できたら、相互不可侵条約を日本と結んでもよいとさえ考えるでしょう。彼らは我々の核武装を心配しています。しかし我々は、先制不使用を保証できます。したがって何らの脅威も彼らに与えていません。またその条約は、日本が他国と関係をもつ妨げにはなりません。

現在日本が我々と外交関係をもつことには、アメリカよりソ連の方が強く反対するでしょう。最近のグロムイコ訪日で、彼は福田［赳夫外相］に公然と、中ソ間で五年以内に珍宝島事件より大きな紛争が起こるだろうと語ったと伝えられています。(8)

グロムイコが次に福田に語ったのは、北方四島問題は平和条約の中で考えられるが今は返還できない、ということです。なぜでしょう。今中ソ国境交渉が進行中だから、もしソ連が今返すと、中ソ関係で中国が有利になるからです。

ニクソン大統領　連鎖反応ですね。返さないのではないでしょうか。ソ連は誰にも何も返したことがない。

周恩来総理　彼らは今でもツァーがアラスカを売ったことを悔やんでいます。あれはいくらでしたか。五百万ドルですか。

キッシンジャー博士　一千万ドルです。

ニクソン大統領　今までで一番の取引でした。今では石油も出ますし。

周恩来総理　当時彼らはそのことを知らなかった。

ニクソン大統領　大きな油田があります。

周恩来総理　去年日本の天皇をそこで迎えましたね。今回もそこに帰るのですか。

ニクソン大統領　一泊します。

周恩来総理　グアムやハワイみたいに暖かくはないのでしょうね。

ニクソン大統領　昼がなく、ずっと夜です。太陽が見えるのは二、三時間でしょう。深夜の太陽と人々は呼んでいます。

周恩来総理　日本問題について、もし私たちのどちらかが何か知った場合にはお互い知らせ合うのがよいと思います。私たちは太平洋地域で日本が平和で独立した中立の国になればよいと望むからです。

ニクソン大統領　完全に秘密にできればというのが重要です。

周恩来総理　その通りです。私たちは日本に何か押し付けていると思わせてはなりませんし、実際に押し付けてはいません。日本は中国を侵略しましたが、中国の歴史で我々が日本を侵略したことはありません。結局は彼らを追い出しました。今は何の脅威も日本に対して与えてはいません。

キッシンジャー博士　大統領、日本政府が報道側にしゃべってしまう傾向があり、報道側も信頼できないということを考えますと、一点申し上げてもいいかと思います。我々が何かをお互いに話す場合は、直接話すべきで、日本を通じて間接的に話すべきではないと理解しておかなければなりません。私は日本の民社党の指導者ＫＯＳＡＫＡ(9)との苦い経験があります。私は彼といろいろな問題を話し合った中で、台湾問題について当座の評価も話しました。ところが彼はそれが台湾問題についての［アメリカの］公式の見解であるかのように扱いました。全く正しくありません。

ニクソン大統領　完全に秘密であるべきです。

周恩来総理　日本は経済発展に取り組んでいます。それでいいのですが、発展が急速すぎます。あの過度の急速さはあなた方の過去の対日政策といくらか関わりがあります。あなた方はそのことに十分注意を払いませんでした。日本が肥え太っていくことを助けてきました。そして今やあなた方の大変な重荷になっています。】

ニクソン大統領　第二次世界大戦の敗戦国である日本とドイツの二つともが、アメリカの援助を受け入れたというのも面白いことです。その他たくさんの国も援助を受けました。日本とドイツがどうしてあんなにうまくやれたのか分析してみると、活力があって、働く意欲があるからだと思います。我々が援助したほかのいくつかの国はそういう特質をもっていません。そこでこういう結論を得ました。大事なのは国に提供される援助ではなくて、その国の人民がその援助を有効に利用しようという意思があるかどうかなのだということです。もしそう考えなければ、お金はただネズミの穴に落ちるだけです。

いい例はインドです。（周恩来総理笑う）援助をすればするほど、影響力が少なくなるという事実をおいといても、我々は援助したことを悔やんではいません。言いたいのは、インドが日本と比べて、援助をうまく使えなかったこと、日本人が持っている活力、ないしは決然とした精神を持っていないということです。

周恩来総理　人民の特質もあるでしょうが、世界の人民には共通の特質があります。最も重要なことは、日本とドイツは活力を復活させたがっている敗戦国だということです。イタリアも上げていいのですが、精神力がたりません。そういう例もあるでしょう。

ニクソン大統領　日本とドイツには大きな活力があります。中国人民にもあります。彼らは共通の特質をもっています。しかし亜大陸のある国々の人民には――おそらく環境のせいだと思いますが――そういう特質がありませんでした。【私は総理に謹んでご忠告申し上げますが、もし貴政府がインドに援助を提供したとしても決して見返りを期待なさらないことです。（中国側笑う）ビンタをはられる以外は。（中国側笑う）キッシンジャー博士はインド援助には大の支持者ですが、私は彼の教えから今は改宗しました。さあ君が話す番だよ。】

キッシンジャー博士　大統領はアメリカ・インディアンのことを言っています。（周恩来総理笑う）

周恩来総理　亜大陸について言えば、パキスタンが分割されてしまったことに、何よりも同情します。我々は彼らに援助を送らなくてはなりません。大統領はご自分だけが経済的援助を与える立場にあると言いました。私はそのことに注意を払っています。バングラデシュの承認については、承認の決定がなされるならば、どうか事前にお知らせ下さい。そうして下さるとすでに了解し合っていますね。

我々のバングラデシュ承認はそちらよりも遅れるでしょう。最後になるかもしれません。といって、あんなに大きな人口を抱えた地域といかなる接触も持つことを拒むということではありません。それでは我々の利益にはなりません。我々はパキスタンを苦況に陥らせたり、友人がいないと思わせたりしたくありません。それとイスラム諸国の感情も尊重しなければなりません。

印パ紛争の前でさえ大使をインドに戻すかどうか考え込んでいました。我々はインドとの関係も改善したいと思っています。インド政府もその意思を表明しました。ガンディー夫人もこれを公表しています。

ニクソン大統領　彼女にニューデリーとワシントンで会ったときに、そう言っていました。ほかのことも言いましたけど。（周恩来総理笑う）彼女は私が総理や中国政府と会うことに反対しませんでした。ただ彼女を傷つけないでと。

周恩来総理　しかし……。

ニクソン大統領　しかし……。

周恩来総理　傷つけないって、誰が彼女を傷つけたがっているのですか。

キッシンジャー博士　大統領。バングラデシュ承認について、三月末までにインド軍が撤退することと承認をリンクさせたあなたの決定をもう一度指摘しておかれたらどうでしょう。その問題については、アメリカの新聞の際限のない憶測を総理はお読みになると思います。なぜならその点について、我々と官僚とで意見が合っていないからです。彼らはもっと早く動いて欲しがっていました。バングラデシュも我々に承認を求めました。

ニクソン大統領　この旅の前に動けと彼らは要求しましたが、私は断りました。

キッシンジャー博士　ですから我々が承認するときには、お知らせします。噂を信じないようにして下さい。

ニクソン大統領　我々から、または私から聞いたときにだけ信じて下さい。新聞を信じてはいけません。

周恩来総理　そうですね。ほかの質問をしたいと思います。中東問題の解決はどのようにお考えですか。（周恩来総理笑う）フランスは我々に中東問題に一役買って欲しいと言って来ました。それには関わりがないので、口をさしはさむのを断りました。

ニクソン大統領　我々はスエズ問題だけの中間的な解決を探り、イスラエルとエジプトに間接的な話し合いを持たせるよう努めているところです。しかし、近い将来に解決の見通しはないと申し上げざるをえません。中東問題解決の鍵はソ連の態度ではないでしょうか。

もう少し詳しく、正直に申しましょう。我々は休戦を守るよう努めます。双方を話し合いにもっていき、イスラエルへの影響力を行使するよう努めます。しかし解決に関しては、双方に隔たりがありすぎます。この問題はあまりにも難しく複雑です。副部長が国連に来るときに中国の知恵を携えてきて下されば、解決できるかもしれません。（周恩来総理笑う）

周恩来総理　それは無理でしょう。

ニクソン大統領　マリク［ソ連国連大使］さんと一緒にやって下さい。（周恩来総理笑う）

周恩来総理　キッシンジャー博士だってこの問題を議論したくないでしょう。彼はユダヤ人ですから、疑われることが心配で、中東問題を私と話したがりません。

ソ連が一方ではアラブ諸国支援を表明し、他方であんなにたくさんのユダヤ人をイスラエルに送り出すやり方をどうお考えですか。さらにことを複雑にしていませんか。聞くところによれば、イスラエルへ行く人は五十万人に上るといいます。自国の人民を食べさせることができないのでしょうか。

キッシンジャー博士　総理、私はそんなにたくさん送り出しているとは思いません。

ニクソン大統領　彼らは行きたがっている。

キッシンジャー博士　そうです。行きたがっているのです。これまでのところ、ほとんど年寄りの、生産性のない者たちを送り出しています。彼らはイスラエルのお荷物になっています。生産性がありませんから。

ニクソン大統領　豊かな国ではないですから。石油は出ないし。

キッシンジャー博士　ソ連の行動は理解に苦しむと申し上げなければなりません。五十万人よりは少なく、一年に五千から一万人くらいだと思います。正確な数字を手に入れることはできます。手に入れましょう。

ニクソン大統領　我々が印パ問題で強い立場をとる一つの理由は、ソ連が中東問題のようなところで冒険主義的な政策を採らないようにさせるためです。印パ紛争には、パキスタンの将来よりも高いものがかかっています。つまり、ソ連に支持されている大国なら近隣の小国を分割してもよいのかどうかという原則がかかっています。その原則が認められるなら、世界は安全ではなくなります。だからこそ国連の投票が十対一になったのです。(9) それでも大して役には立ちませんでした。国連は何も言ってないとお考えでしょう。

周恩来総理　国連の歴史始まって以来の圧倒的多数でした。投票は一〇四票と十一票で、十一というのも実際にはソ連とインドの二国を代表したものに過ぎません。

ニクソン大統領　総理は私の中東に対する見解に関心をおもちだと思います。ソ連はイスラエル自身のことを問題だとは思っていません。中国政府のイスラエルに対する態度は存じています。ソ連はもっと大きな賭け金をねらっています。地中海での支配的役割を求めているのです。中東への全体的な影響力とともにアフリカへの通路を求めています。それがかかっていると私は思います。ソ連に関する限り、イスラエルはたんなる歩の駒、口実に過ぎません。

我々の中東に対する関心は、少なくとも私の関心は――ということは彼の（キッシンジャー博士の）関心でもありますが、彼はユダヤ人ですけれど、その前にアメリカ人だと言っています――関心はイスラエルよりも大きなものです。ソ連はあの地域に手を伸ばそうとしています。それには抵抗しなくてはなりません。それがあるから、我々はたとえばヨルダンの危機に対して、ソ連がこの地域でさらに攻撃的に動くなら、我々の利益が関わってくると考えるとソ連に警告するような立場をとったのです。

周恩来総理　もう時間が来てしまいました。あと二言言いましょう。いや、また明日お話ししましょう。実際には二言以上ありますから、明日続けましょう。ニクソン夫人もすぐいらっしゃいます。もう話はやめた方がいいでしょう。明日続けましょう。

ニクソン大統領　今夜の三時でもいいですよ。（周恩来総理笑う）

キッシンジャー博士　大統領ならお受けしますよ。私のことを一晩中働かせたことがあるのですから。

周恩来総理　北京ダックの夕食後、副部長とお仕事があるでしょう。大統領は明日故宮をご覧になりたいのですから。

（テーブルから離れながら、この先の公式会議と非公式会議について話し合った。）

訳　注

（1）米側の対中接近の意図を知らせるべく、一九六九年十月にニクソン大統領は、朝鮮戦争以来続いてきた米海軍駆逐艦二隻による台湾海峡の定期パトロールを止める、と決定した。この情報は、キッシンジャー補佐官からパキスタンの駐米大使シャー・アリを通じてヤヒヤ・カーン大統領へ、そして十一月五日には駐パキスタンの中国大使のもとに届いた。米政府がこのパトロール中止を公表したのは十一月七日のことである（Richanrd H. Solomon, *U. S.-PRC Political Negotiations, 1967–1984 : An Annotated Chronology*, p. 3）。

（2）周恩来は、ワルシャワ米中大使級会談でダレス国務長官が米大使を通じて、十年から二十年中国が武力不行使を約束すれば十分だ、と提案したと述べているが、この点をはっきり確認することはできない。台湾海峡危機のさなか、一九五八年九月十五日から米中大使級会談がワルシャワに場所を移して再開された。王炳南大使は、九月三十日の第七十八回会談でビーム大使がダレスが苦心して作った米国の「草案」を説明、だが、中国に金門・馬祖砲撃停止を要求する、「新味のないもの」だったためそれを拒否した、と回想している（王炳南『中美会談九年回顧』世界知識出版社、一九八五年、七六～七八頁）。だが、九月三十日の記者会見でダレスは、「台湾海峡での武力行使が米国の義務だとは考えない」、「金門・馬祖で大軍を配備するのは愚かだ」、「この地域で確かな停戦があれば（米軍の）撤退があり得る」と答え、米国の政策変更を示唆している（蘇格『美国対華政策与台湾問題』世界知識出版社、一九九八年、三〇五～三〇六頁）。

（3）ニクソンは一九六七年に、*Foreign Affairs*, Vol. 4, No. 4, October に "Asia After Viet Nam" を寄稿、「ベトナム後」の米国の新アジア政策を提起した。その中で、中国の承認や国連の議席回復を意味するものではないにせよ、中国の現実をきちんと把握した対アジア政策の必要性を強調している。

（4）一九七一年ベトナム、ラオス、カンボジアで戦闘が続いていたとき、パリではベトナム和平のための公式会談と秘密交渉が続けられていた。七一年七月十一日の公式会談で、南ベトナム臨時革命政府（ビン首席代表）が、年末までに米軍が完全撤退することを決めるなら、その安全保障と米軍捕虜の釈放を同時に行う、総選挙管理のための民族和解政府を作る、などを含む新七項目提案を出した。米側が八項目提案と北ベトナムとの秘密交渉の暴露で対抗すると、それを拒否した臨時革命政府が、七二年二月二日に「七項目提案中の重要事項二項目の補足声明」を発表した。ここでは話し合いへの柔軟な姿勢を示したものの、現体制下の大統領選挙を主張する米側提案に対して、あくまで「新体制を決めるための総選挙」を主張するなど原則部分は従来と変わらなかった。結局、七二年二月二十四日、二週間ぶりに再開したパリ会談で北ベトナム、臨時革命政府が米国の北爆強化に抗議して退席、三月から後者の総反攻が始まる。

（5）いまでは米中双方の文献が明らかにしているが、一九六九年十二月三日、ワルシャワで開かれたユーゴのファッション・ショーでアメリカのポーランド大使ストーセル（Walter Stoessel）が中国の代理大使雷陽の通訳に、中国大使館との連絡を回復せよという指令をワシントンから受けている、と米中大使級会談の再開を申し入れたことがその後のドラマティックな米中急接近につながった。伝言を聞いた雷陽はすぐに北京に連絡、周恩来が毛沢東に報告し、両者の熟考をへて、十二月末、中国側はワルシャワ米中会談の再開を決意するのである（『周恩来伝』下、二〇四五〜二〇四六頁）。

（6）イーデン（Sir Robert Anthony Eden）は一九五五〜五七年、英保守党の首相。ＮＡＴＯ創設、ジュネーブのインドシナ協定に指導的役割を果たした。*Memoirs* を残している。

（7）一九七二年二月十一〜十三日ヴェルサイユで開かれた、「インドシナ人民の平和と独立のための世界集会」。

（8）ニクソン訪中をソ連はきわめて警戒的に受け止め、同時に日中接近を恐れて対日柔軟外交に転じた。一九七二年二月十一日『プラウダ』が、「ソ連の極東国境を侵そうとするいかなる勢力も壊滅的敗北をこうむるだろう」と中国に警告したが、他方、二月二十三日から二十八日にグロムイコ外相が五年ぶりに訪日し、日ソ平和条約の締結のための交渉の開始、首脳の相互訪問、経済協力など、積極的な対日姿勢、「微笑外交」を展開した。また、二十四日から開かれた両国外相の第二回定期協議では、日ソ関係よりもむしろ中国問題が焦点になり、日中関係の急展開を懸念するグロムイコ外相が福田赳夫外相に、「日中関係は日本とソ連との関係を犠牲にして行われてはならない」と牽制した、と伝えられた（『朝日新聞』一九七二年二月二十五日）。

（9）このころKOSAKAに該当する民社党のリーダーは見つからない。一九七一年十二月民社党代表団（団長・春日一幸委員長）が訪米してキッシンジャー補佐官と会見、米中接近・ニクソン訪中について質した。キッシンジャーはこの会談内容について一切公にすることを拒んだ、という（『読売新聞』一九七一年十二月四日夕刊）。ここでキッシンジャーが述べているのはこのときのことだと思われる。

（10）一九七一年十二月七日の国連総会は印パ問題を緊急議題として取り上げ、印パ両軍の即時停戦および即時撤退、東パキスタン避難民の自発的帰還のための努力強化などを骨子とする決議案を賛成一〇四票、反対十一票、棄権十票の圧倒的多数で可決した。反対したのはソ連・東欧諸国、ブータンとインドである。

資料6　一九七二年二月二十五日　ニクソン・周恩来第四回会談

ホワイトハウス
　ワシントン

取扱注意・関係者のみ閲覧可

会談メモ

出席者　大統領
　ヘンリー・A・キッシンジャー博士　国家安全保障担当大統領補佐官
　ジョン・H・ホルドリッジ　国家安全保障会議スタッフ
　ウィンストン・ロード　国家安全保障会議スタッフ

　周恩来総理
　喬冠華　外交部副部長
　章文晋　外交部西欧・北米・太平洋州局局長

趙稷華　外交部
冀朝鋳　通訳
唐聞生　通訳
記録係二名

日　時　一九七二年二月二十五日　金曜日　午後五時四十五分〜六時四十五分
場　所　北京　大統領宿舎

（話し合いは周恩来総理と大統領の間で、大統領の長城への旅行と北京の天候に関する短いやりとりから始まった。）

周恩来総理　ここから杭州までの明日の天気は晴れでしょう。飛行には何も問題はないでしょう。今夜はあまり時間がありません。もし話が終わらなければ、杭州や上海に行ってやりましょう。

ニクソン大統領　二人の交渉者（キッシンジャー博士と喬冠華）には今夜宴会後おそくまで働いてもらいましょう。二人には終わらせるよう言わなければ。

周恩来総理　そうすれば明日空港で（杭州への）出発前に十五分間公式会談を開くことができます。

ニクソン大統領　三十分の方がいいと思います。非公式会談に出席しなかったこちらの者がなにかやったという気になれますから。それに写真も何枚か撮れます。

周恩来総理　そうですね、私の方も写真はかまいません。三十分あればあなたももっと話せますから。

ニクソン大統領　いいえ、私はもう話し尽くしました。交渉者に話す機会を与えましょう。まだ十分話してはいませんから。

周恩来総理　ロジャーズ国務長官や姫鵬飛［外交部長］にももっと話してもらいましょう。彼らの会談はどうだったのか話せるでしょう(1)。

ニクソン大統領　それはよいお考えです。彼らは私たちに話す機会がありませんでしたから、彼らの話を聞きましょう。

周恩来総理　さてそれでは、昨日話せなかったことで二つの問題があります。一つは中ソ関係の問題です。私は二十三日のこの部屋での会談ではっきりお話ししました。あれは歴史の回想でした。今我々は中ソ間の大きな緊張に直面しています。しかし解決しようという意思さえあれば、解決は難しいことではありません。これにはさらに一つ問題があります。それゆえ我々は力による脅迫の下でなければ、国境問題を解決したいと思っています。我々はずっと暫定的な協定にたどり着こうとしてきました。それが問題の核心です。我々は領土的要求をソ連に対してしないし、こちらの意思を押しつけたいとも思いません。

原則をめぐる二つのセンター間の論争は続くでしょう。大統領が言われたように、イデオロギー論争は長期間かかるものです。しかしそうだからといって、国家間の関係の改善——善隣関係——と調和の状態に達することを妨げるようではいけません。一九七〇年のメーデーで毛主席は交渉団の代表にそう言いました。その時はソ連代表のクズネツォフが病気でソ連に帰っている時期でした。彼は病気だと聞きました。一九六四年から六五年に我々は、パキスタン前元首アユブ・カーンを通じて意見をソ連に伝えていました。これは第一に、挑発をしないとしたものです。当時我々はメッセージを二人の国家元首、ソ連の元首とリンドン・B・ジョンソン大統領に送りました。我々は挑発しないというものです。二点目に、もしそちらが我々を攻撃するなら、我々は防衛するというものでした。

周恩来総理　昨日大統領が言われたように、長城は防衛のためのものであって、人々を分かつためのものではありません。

ニクソン大統領　その通りです。

周恩来総理　それから我々が空襲用地下シェルターを掘っていることが知れ渡りました。どの家族も防空壕を掘ってそれをつなげたのです。私はアメリカがすぐそれに気がつくと思っていました。

ニクソン大統領　キッシンジャー博士はそれを知らなかったんじゃないですか。

キッシンジャー博士　ええ、知りませんでした。

周恩来総理　彼がそれについて話したことはありませんが、知っていますよ。

ニクソン大統領　ヤヒヤ［パキスタン前］大統領が私に話してくれました。

周恩来総理　我々のソ連の友人も知っています。何人かは見ようとしたのですから。

我々が言った三点目は、我々の言ったことは当てにしてよいということです。

第四点目は、もしそちらがミサイルで攻撃するなら、我々はそれを戦争と見なす、そちらはとがめられないで済むと思ってはいけないというものです。

我々のソ連に対する態度は今でも依然としてこの四点からなっています。

私たち二国の関係については、大統領が接触のイニシャティブをとられてから、二国間の緊張に変化が生じています。毛主席は初日の会見で大統領に、アメリカによる中国攻撃や中国によるアメリカ攻撃は主要な問題ではないと言いました。

問題は別にあって、それが未だ解決できていないソ連の問題です。我々はまだ防衛体制を取っていますが、同時に対ソ関係改善の意欲があるという立場も取り続けています。

しかし力による脅迫を受けて交渉することは絶対にできません。我々がソ連に要求するのは、軍隊を撤退させよということではありません。それはあちらの内政問題ですから、それには干渉しません。そうではなくて、論争になっている地域には軍を入れるなということです。それが最も公平な立場でしょう。これは一昨日我々が言ったことです。あの日私が言ったのは次の三点です。一、国境地帯の現状を維持すること、二、軍事的脅迫をやめること、三、争点となっている地域からの軍の撤退。

しかし、さまざまな部署から受ける報告によれば、ソ連は世界のここかしこで軍事作戦を展開し、グロムイコが福田［赳夫外相］に述べたところによると、五年以内に珍宝島事件以上の紛争が中ソ間で起こるようです。おそらく彼らはバングラデシュでしたように行動したいのでしょう。トルキスタン共和国でも作ろうとするのかもしれません[2]。

周恩来総理　そんなものを我々は承認しません。

ニクソン大統領　しかしそんな言葉ではひるまないでしょう。我々は抵抗します。彼らが新疆に入ってくるのはたやすくはありません。たとえ入ったとしても、出ていくのは厳しいでしょう。何があっても我々は挑発はしません。同時に米ソの接触と交渉に我々は反対しません。むしろ正常な現象だと見なします。ですから五月の［米ソ間の］交渉が前進し成功することを願っています。たやすいことではないとも思いますが。

彼らよりずっと弱い我々が、自信に満ちていて、ずっと強い彼らが、おびえているのはどうしてなのか。我々には理解できない事柄です。大統領なら彼らの心情がお分かりでしょうか。

ニクソン大統領　彼らはこの問題で病的になっています。今回の訪中に反対している唯一の大国がソ連です。総理はヨーロッパやラテンアメリカの国々が全てこの訪中に賛成していることにお気づきでしょう。ヨーロッパの新聞は好意的です。

周恩来総理　日本とインドは喜んではいません。

ニクソン大統領　そうですが、彼らは何もできはしません。

周恩来総理　彼らは静観するのみですね。

我々は日本に対しても善隣関係を促進したいと思っています。私たちが出したいと願っているコミュニケにも、米中いずれも太平洋における覇権を求めないし、他の大国がそうすることも欲しないと書かれるでしょう。それには日本も含まれます。そしてこれがソ連に対する態度でもあります。もしソ連が大統領に我々のソ連に対する態度を尋ねたら、そう言ってやって下さい。そうでないと、我々がここで彼らに対し結託して陰謀をたくらんでいるように見えてしまいます。たとえば、我々が彼らを転覆しようとしていると考えるかもしれません。

自分の国内のことは自分で解決すればいい。こちらは口をさしはさむつもりはありません。

ニクソン大統領　それを総理からうかがってうれしいです。私がソ連に行けば必ず中華人民共和国と我々との関係を、総理の承認あるいは知るところなしに、論議したり交渉したりすることになるでしょうから。我々はそのためにソ連に行くのではないのですが。我々の目的はお示ししたように

……

周恩来総理　彼らがあなたにそう訊くだろうと思ったので言ったまでです。

ニクソン大統領　私から言わない方がいいですか。

周恩来総理　あなたが言う必要はありません。でも彼らがおそらく質問するでしょう。その時の答えです。

ニクソン大統領　（キッシンジャー博士に対して）なにかそうしなければいけないね。七日間も会うのだから、毎日会うための話題が必要だ。なにか話題を見つけなくてはならない。彼らはもうキッシンジャー博士に、彼がここに来たとき何を話し合ったのか三回も尋ねているのです。

キッシンジャー博士　ソ連の大使から二月二十八日火曜日の朝九時に電話が入る予定になっています。

周恩来総理　お聞きしましたが、キッシンジャー博士が大統領に、チャウシェスクへの乾杯で中華人民共和国の名称を使うようにとおっしゃったそうですね。ソ連の大使がすぐに気がついたとか。あなたがワールド・リポート(3)［大統領の議会向け外交教書］で正式名称を使ったときも。

ニクソン大統領　共産中国というかわりに。

周恩来総理　これも不思議なことで、彼らは中華人民共和国と我々のことをずっと呼んできたのに、アメリカがそう呼ぶとどうして不幸になるのでしょう。彼らを理解するのは難しいです。まさに病的です。

ニクソン大統領　彼らは米中の敵対的な関係を明らかに歓迎していました。だから我々が態度の変化を示すと反応したのです。我々がもっと正常な関係をもつことを望んではいなかったのです。

その動機を判断しようとはしませんが、彼らの行動から見れば、彼らは明らかに米中関係の不和を望んでいます。しかしながら、総理に申し上げたように、我々は中ソの不和な関係を望んではいません。そしてまた申し上げたように、中ソが交戦状態に入るのがアメリカの利益になるというような提言は却下します。

我々は人民共和国との良好な関係を望んでいますし、ソ連との良好な関係も望んでいます。そして中ソの関係がもっと良くなることを歓迎します。しかしそれは中ソ両国がやりとげなければならないことです。

私がルーマニアとユーゴスラビアで言ったように、いかなる国もアメリカの友人になったからといって、どこかの敵になることはないというのが我々の原則です。

そのことは時には実現するのが難しいことは分かります。往々にして、いくつかの国がまとまって別の国々に対抗しがちだからです。しかし世界のこの微妙な力の均衡のなかで、アメリカにいる我々は、他の国々の間に紛争を引き起こしても長い目で見れば得るものはありません。我々合衆国は中ソ間に紛争を引き起こしても得るものはありません。人民共和国も、ソ連も得るものはありません。そしてほかの国々の間に紛争を引き起こしても、我々には得るものはありません。

それは理想です。しかし実際には現実の世界は理想の世界と全然違います。我々の関心が向かうのは現実の世界です。

周恩来総理　私たちは実際問題を論じているのですから、中東問題を取り上げたいと思います。イスラエルが占領している土地をなぜアラブ諸国に返せないのでしょうか。そうすれば緊張緩和に有効だと思うのですが。

ニクソン大統領　もちろん、占領地の返還が問題の鍵です。しかしイスラエルは、自分にとってもっと有利な力関係にならなくては返すことができないと感じています。攻撃があった場合でももっと手際よく防衛できるような。しかし占領地返還問題はこの込み入った交渉で我々が常に論議しているものの一つです。

これはこの話し合いのテーマに入っていないことですが、総理がこのことやイスラエル周辺の諸国に関心を寄せられることはよく分かります。今度六月キッシンジャー博士が来るときに[4]、総理とこの件でお話できるよう彼に委任します。でも内密にしないと、ダメになってしまいます。決着はつかないでしょうが、キッシンジャー博士が総理に経過をお伝えするでしょう。この地域で起こっていることは、氷山の一角のようなものです。

秘密会談はまだ始まっていませんが、――［私とキッシンジャー博士］二人の間だけですが――その可能性をここで考えています。ですから申し上げています。問題の一つは、キッシンジャー博士を北京にやったようにカイロに忍び込ませることはできないだろうということです。

周恩来総理　それは難しいでしょうね。しかし実際には、あなた方はアラブ諸国と本来はコンタクトがとり得ていたのではないですか。

ニクソン大統領　我々の政策は、キッシンジャー博士がお話できると思いますが、私が政権を担当して以来アラブ諸国とのコンタクトを改善することでした。まだほとんどの国を訪問していませんが、ナセルはもちろん、そのほかの指導者たちも知っています。ですから改善は目標です。しかしイスラエル問題は目標達成をより難しくしています。しかしそれに向かって努力しています。

彼らは結局イスラエル・アラブ紛争が解決するまで公式に我々と関係を維持することはできないと言います。しかし我々はたくさんの非公式な接触はしていますし、それを拡大しています。しかしイスラエルに関わる中東情勢を見ると、私が指摘したように、それは中東の真の問題ではありません。地政学的な力の観点から見て、ソ連をアラブ諸国が助けを求めに行く唯一の大国として残すのは賢明ではありません。

周恩来総理　リビアから引き揚げたあとでも、彼らの石油開発を援助しますか。

ニクソン大統領　はい。我々にはまだ石油会社がリビアにはあります。リビアの受け取るパーセンテージは以前より多くなっています。実際にリビア人は外交力をもった国に変わりつつあります。大量のドルがあり、人口が少ないからです。たとえば、彼らはマルタに補助金を提供しました。（周恩来総理笑う）

周恩来総理　それもまた第二次世界大戦以来の異常な発展ですね。

キッシンジャー博士　アメリカの間接的援助の計画です。アメリカの経済援助がリビアを通じて他の国に流れていくのです。（周恩来総理笑う）

周恩来総理　彼らもまたあなた方が天然資源を奪って行くと言っています。ですから利益の一部を彼らに与えないといけないでしょう。

ニクソン大統領　彼らはいい取引をしていますよ。ほかの会社から支払いを受けているどの国よりも高いパーセンテージを受けていますから。

周恩来総理　ですから彼らはあなた方の植民地主義に反対しているだけでなく、ソ連の植民地主義にも反対しています。それが彼らの長所の一つです。すでにご承知と思いますが、我々は彼らとは関係がありません。

ニクソン大統領　知りませんでした。

周恩来総理　あなた方はリビアから最大の空軍基地を撤去しましたね。

ニクソン大統領　そうです。ホイールズ基地です。

周恩来総理　あなた方はイギリスの海軍基地もそこにとどまっていられないようにしてしまった。ソ連がその基地をねらっていますが、リビアはそれに逆らっています。その点あなた方の石油の利益にはいくらか良い点もあります。

ニクソン大統領　リビアは総理が中央アフリカのことでおっしゃった人工的国家の一つです。これは北アフリカにありますが、今は国境問題のことを言っているのではありません。

周恩来総理　北アフリカで唯一行ったことのない国です。

ニクソン大統領　作ってはいけなかった人工的国家です。私の見るところでは、国ではなかった。しかしリビア人にそうは言えません。モロッコ、アルジェリア、アラブ連合共和国など、それら全ては一定のアイデンティティがありますが、リビアはただ石油だけです。

周恩来総理　かつてはマグレブ諸国よりもエジプトと緊密な関係があったのではないでしょうか。

ニクソン大統領　石油です。

周恩来総理　蔣介石が大使をまだ置いている数少ないところの一つです。非常に特殊な場所です。皆さんは我々のそういうものに対する政策はご存じですね。我々は彼らの政策を理解します。そして何も彼らには押しつけようとは思いません。

ほかの問題に行きたいと思います。アフリカにあるポルトガルの植民地問題(5)です。私はこれを非公式の形で論議するように提起します。あなた方はどうしてポルトガルにアフリカの二つの大植民地をあきらめるよう説得しないのですか。あの地域は黒人たちが一番抑圧的な政策に従属させられているところなのに。

ニクソン大統領　我々がポルトガルに行使できる影響力はとても小さいものだと思います。ポルトガル政府はこれらの国に完全な独立を与えることには全くの拒否反応を示しています。

キッシンジャー博士　厳密に言うと、彼らはそれがポルトガルの一部だと見なしています。それを植民地扱いせずに、ポルトガルの一部として扱っています。

ニクソン大統領　ちょうどフランスが植民地のアルジェリアを、フランスの一部として扱っていたようなものです。

周恩来総理　フランスはそう言えたかもしれません。しかしポルトガルはあんなに小さいのにあんなに大きな海外植民地をもっている。それから中国にも。ちっぽけなマカオというところをもっていて、ポルトガルの一部だと言っています。そこは四百年前に取られました。多数の同志たちは指の一振りであれを取り返せると言います、しかし我々はきわめて抑制した態度を保ち、しばらく時を待ちたいと思っています。

インドは勇気を示してゴアを回復しました。あれもマカオと同じくらい小さいところです。メノン氏[6]はかつてそのことで私に自慢をしました。そしてなぜ我々がマカオを回復しないのかと尋ねました。我々はそんなに急いでいない、主要な問題はアンゴラ、モザンビーク、ポルトガル領ギニアの独立だからと答えました。それと比べたら、マカオなんて比較になりません。

この問題は、ヨーロッパとアジア、アフリカにとって非常に不平等な問題だと思います。問題は二つあります。一つは、ポルトガル植民地。二つ目は、南アフリカ、南ローデシア、南西アフリカの白人支配です。これはあまりに不平等、不公正な問題です。最近国連で、我々の外交副部長がこのことで発言をしましたし、エチオピアのアディスアベバで開かれた安保会議でも取り上げました。この問題について、エチオピア皇帝ハイレ・セラシエ二世や最も保守的なケニアの大統領でさえ、議事に出されたときには憤慨していました。

米中両国間に生じつつある緊密な関係にもとづいて、私はこの問題に関し一言言う価値があると言いたいと思います。なぜならアメリカはこの件についてなにか言えるからです。南アフリカ、ポルトガル、ローデシアは政府が採っている政策を他の国にも受け入れるよう押しつけているからです。

ニクソン大統領　我々は、もちろん、国連でいろいろな機会にこの件に関する我々の立場を述べてきました。この問題は目標とか理想という問題ではありません。我々は多数決を信奉します。人種主義は採りません。我々はそう言いましたし、本気です。他方で、南アフリカやローデシアで軍事的に解決することは、大きな悲劇となるでしょう。それも白人より黒人にとっての方がひどいでしょう。それが我々の見方です。人民共和国のようなほかの国々が強い立場をとって、もっと直接的なアプローチをすれば、我々はもっと抑制された立場で行こうと思います。目的は同じだと思います。

周恩来総理　しかし我々の知るところによれば、ポルトガル政府はこの地域をますます強力に軍事的に抑え込もうとしています。南ローデシアの白人支配は、スミス［ローデシア首相］を支持するイギリスによって支持されています。もちろんこれは、非常に非公式な意見交換です。お互いの立場に大きな違いはありません。

ニクソン大統領　総理にご理解いただきたいのは、私たちは国連の決議でいつも同じように投票はしないということです。私たちはお互いに、最善と判断するアプローチをとらなければなりません。我々はもちろんアフリカの黒人の問題に強い関心を持っています。そこではまた、イギリスやポルトガルのような同盟国があって、総理がこの件でとれるような立場に立ちきれないところがあります。おそらく我々は抑制された一連の行動によって、同盟国への影響力をより効果的に発揮し、同盟国を動かせるかもしれません。（周恩来総理時間を見る）

総理と飛行機で非公式にお話できるでしょうか。

一つ個人に関わることで総理に申し上げておきたいことがあります。キッシンジャー博士が十月に議論したダウニーのことです。

周恩来総理　ダウニーというと。

ニクソン大統領　アメリカ人の囚人です。ダウニーは有罪です。中国政府が彼をあわれんで五年に減刑することにしたことを知っています。

周恩来総理　フェクトー氏はすでに帰されました。

ニクソン大統領　フェクトーとハーボートの釈放はアメリカでは非常によい反響がありました。(7)　ついでに言いますと、ベトナムに絡んで二人の飛行士がいますが、ベトナム問題が解決するまでは、なんの行動もとれないことは承知しています。捕虜問題が北ベトナムとうまくいくまで、当然二人に対する扱いが穏やかであればありがたいと思います。

私が今言ったのは要求ではありません――そんな法的根拠はありません――また総理に動いていただく義務もありません。しかし訪中の前にダウニーの母から手紙が来ました。彼女は七十六歳です。元気でもありません。五年経てば彼女は八十一歳です。息子が帰ってきたときに生きていない可能性が大きいでしょう。私は彼女に、総理に伝えると言いました。ご判断下さい。母親が年老いて、健康でもないということで、情け深い行動になります。アメリカで大きな良い印象を与えるでしょう。(喬冠華の方を向いて)ちょうどあなたがいた頃ご存じの、ハーボートとフェクトーの話がもたらした反響のようなものです。

周恩来総理　去年我々は彼の刑を五年に減刑しました。彼の態度も最近は良くなっているようです。ですから機会があればさらに何らかの措置がとれるでしょう。しばらく時間がかかります。両国にはなんの関係もないし、法的な前例もありませんから、複雑な手続きになります。

ニクソン大統領　たしかにそうでしょうね。

私は総理より先に宴会に行っていなくてはなりません。

訳注

（1）解説でもふれているように、毛沢東・周恩来との会談、喬冠華とのコミュニケ起草交渉のいずれからもはずされたロジャーズ国務長官は、この間、グリーン国務次官補やジェンキンズ国務省東アジア共産国担当部長、ジーグラー報道官らと共に、姫鵬飛外交部長と両国の実務関係について話し合った。連絡事務所の設置、文化・スポーツ・医学などの交流についての実務交渉は北京で四回、上海で一回開かれ、最終的にはコミュニケにも盛り込まれた。

（2）ここで周恩来は、一九四四〜四六年、新疆西北部のイリ地区で生まれ、短命に終わった「東トルキスタン共和国」について述べている。ソ連（現在はカザフスタン共和国）に接している新疆は錫、タングステン、石油など戦略資源の宝庫で、ソ連は一九三〇年代から強い関心を持ち始めた。新疆の支配者盛世才との間で資源開発条約を結び、また対日作戦のために赤軍部隊を駐留させるなど、ソ連―新疆関係は緊密だった。四二年以降ソ連―盛世才関係が悪化し、国民政府の軍隊が入ってくると、ソ連の影響力はいったんは後退した。だが四四年秋、イスラムの宗教指導者、ウイグル人、カザフ人などの反国民党、反漢の蜂起が起こると、それをソ連は軍事的に支援して「東トルキスタン共和国」を作り上げた。大量のソ連製武器や軍事顧問、経済顧問などがこの地区に入り、ソ連が新疆イリ地区を中国から分離する動きにかかわったことは明白である。だがヤルタ協定をへて第二次世界大戦が終わると、ソ連は対新疆政策を改め、武装蜂起勢力と国民政府との間の和平交渉を仲介し、四六年七月武装勢力は共和国の旗をおろした。「東トルキスタン共和国」、あるいは「イリ三区革命」へのソ連の関与についてはいまだ多くの謎が残されている（毛里和子『周縁からの中国――民族問題と国家』東京大学出版会、一九九八年、王柯『東トルキスタン共和国』東京大学出版会、一九九五年など参照）。

（3）一九七〇年十月二十六日、訪米したルーマニアのチャウシェスク大統領を歓迎する夕食会で、ニクソン大統領は「初めて意図的に共産中国を〝中華人民共和国〟という正式呼称で呼んだ」。翌日にはチャウシェスクに、ハイレベルの個人的代表の交換をしたいというメッセージを中国に伝えてほしい、と依頼している。ルーマニア・チャンネルの始まりである（前掲、『ニクソン回顧録①　栄光の日々』三〇九頁）。

（4）一九七二年六月十九日から二十二日、キッシンジャー補佐官は北京を訪問。周恩来、葉剣英との間で、両国の連絡事務所の設置など実務問題のほか、インドシナ、日本、ソ連、インド・パキスタンなどインド亜大陸情勢、朝鮮、台湾問題について協議した。

（5）アフリカにあるポルトガルの二つの植民地とはアンゴラとモザンビーク。いずれも一九七五年に独立した。

（6）メノン（Krishna Menon）。ロンドン大学卒業後、インド民族主義運動に参加。一九五二年に国連のインド代表、五七年から六二年は国防大臣としてカシミール問題でパキスタンと衝突した。

（7）フェクトー（Richard G. Fecteau）は、朝鮮戦争のさなか一九五二年十一月にC47機で中国東北部に侵入、打ち落とされたCIAの将校。二十年の刑で入獄していたが、中国は一九七一年、対米政策変更の一環として十九年で彼を釈放した。同じスパイ偵察を行って拘留されていたCIA将校ダウニー（John T. Downey）は、結局一九七三年に釈放されている（Patrick Tyler, *A Great Wall—Six Presidents and China : An Investigative History*, Public Affairs, 1999, Notes, p. 440）。ハーボートについては不詳。

資料7　一九七二年二月二十六日　第二回全体会談

ホワイトハウス
　ワシントン

取扱注意・関係者のみ閲覧可

会談メモ

出席者　大統領
　ウィリアム・P・ロジャーズ　国務長官
　ヘンリー・A・キッシンジャー博士　国家安全保障担当大統領補佐官
　ロナルド・L・ジーグラー　大統領報道担当秘書官
　マーシャル・グリーン　国務省東アジア・大平洋担当補佐官
　ジョン・A・スカリ　大統領特別顧問
　アルフレッド・ル・S・ジェンキンズ　国務省東アジア共産国部長
　ジョン・H・ホルドリッジ　国家安全保障会議スタッフ

ウィンストン・ロード　国家安全保障会議スタッフ
チャールズ・W・フリーマンJr.　国務省通訳

周恩来総理
葉剣英　軍事委員会副主席
李先念　副総理
姫鵬飛　外交部部長
喬冠華　外交部副部長
熊向暉　総理秘書
章文晋　外交部西欧・北米・太平洋州局局長
韓叙　外交部儀典局局長
王海容　外交部儀典局副局長
冀朝鋳　通訳
唐聞生　通訳
彭華　Shen Jo-yun　関係部署のリーダー

日時　一九七二年二月二十六日　土曜日　午前九時二十分～十時五分
場所　北京　空港

周恩来総理　大統領からになさいますか。

ニクソン大統領　総理。私たちはきわめて包括的な話し合いをもちました。おそらく私が政権にいる間、二国の首脳間で行ったうち最も包括的な話し合いだったと思います。平行して国務長官と外交部長も話し合いました。その結果私たちは二国の関係諸分野にわたって話し合い、さらに双方に利害関係のある世界の諸問題についても格式張らずに討論する機会がもてました。

周恩来総理　そうですね。

ニクソン大統領　私たちは共通の地盤を見つけ出さねばなりませんでしたから、この話し合いは必要でした。話し合いを終えて、声明を出すときに、話し合いが実際どうだったのか正直に表すようにしたことは重要だと思います。普通のコミュニケでは意見の深刻な相違を隠すような外交的な裏表のある言い方をします。この点について、正直さと善意と直接的な話し合いが私たちの関係を特徴づけています。この基礎のうえに私たちは将来への堅い基盤を手に入れました。総理もこの点について一言おっしゃりたいのではないですか。

周恩来総理　ありがとうございます。大統領がおっしゃったとおり、私たちの五日間の会談は今指摘されたとおりに行われました。双方がさまざまな分野で相違点を出し合いましたが、またそうするなかで共通の地盤も見出すことができました。また大統領が今おっしゃったことに同意しますが、私たちは、世界に、何よりも両国の人民に相違点を明らかにすべきですが、同時に共通の地盤をも、会談の実際の状況が反映されるように述べるべきです。そのようにして、私たちは外交の旧弊を突破することができるでしょう。大統領も毛主席も、表面的な装いやあらゆる外交的な言葉、そのほかのさまざまな虚飾を取り去ってしまう特質をおもちです。

ニクソン大統領　会談ではとても早く要点に入ることができました。

周恩来総理　そのことも世界に新しい様相を示すことになりました。どうして私たちの相違点を外交辞令で隠さなければいけないのでしょうか。私たちのやり方で、両国の人民に会談の実際がどうだったのかを示すとともに、世界に対して新しいやり方を示すことができます。おそらく最初は——初めは——この新しいスタイルを受け入れることができないかもしれません。しかし時間の経過のなかで、最後にはこのやり方がいいと言うようになるでしょう。大統領が初日の初会合で言われたように、私たちは言う以上のことをなし遂げることができるでしょう。

ニクソン大統領　その通りです。

周恩来総理　私はこのやり方の方がいいと確信しています。それに反して、世界と両国の人民に幻想を与えることは、彼らを失望させることになるでしょう。そうではなく、彼らに会談の真の姿を示し、陰に隠れて隠し事をしなければ、率直で、正直で、真剣な新しい討論のやり方になるでしょう。

ニクソン大統領　こうも言えると思います。私たちには相違点があり、一万六千マイル離れた二十二年間の空白に一週間で橋を架けることはできないと。しかし国務長官も賛成だと思いますが、我々としてはこの率直な話し合いのおかげで予期した以上の共通の地盤を見出せました。否定的側面でなく肯定的側面を強調したいと思います。深淵が隔てていた二大国が、共通の地盤があることに気づいたという話を世界の人々は聞きたがっていることでしょう。

周恩来総理　まさにおっしゃるとおりです。一万六千マイル離れた二十二年間の空白に一週間で橋を架けることはできない。

ニクソン大統領　私は習うのが早いほうです。毛主席と総理には詩人としての才能がおありと聞いて。

周恩来総理　それは才能です、御自身の元々の才能です。ではどうやって始めましょうか。どうやって始めたらいいでしょう。何十万マイルにわたる大長征の第一歩です。第一歩を踏み出せば、次は楽でしょう。

ニクソン大統領　一万年もかからない。

周恩来総理　それは長すぎます。その点言われたように、一万年は長すぎます。[第一日の] 乾杯のスピーチで引用されたように、「ただ朝夕を争わん」です。

国務長官と外交部長が補足として言いたいことを喜んでうかがいましょう。それでよろしいですね。

ロジャーズ国務長官　総理および大統領。ありがとうございます。私は外交部長との話し合いが、大統領と総理の話し合いと同様の精神で行われたと外交部長にも同意していただけると確信します。率直で、決して非友好的ではありませんでした。我々の言う橋を架け、大長征を行うためには、意見の交流とふれあいが必要だという一致点を見ました。当方としては、貴政府の都合のいいやり方で、頻繁なふれあいと意見交流を含んだ活動に従事する用意があると指摘しました。

周恩来総理　双方ともですね。

ロジャーズ国務長官　討論の結果、話し合いと意見交換が誤解を解消するのに役立つことが明らかになりました。たとえば、外交部長は、中国人がアメリカを訪問する場合ヴィザに指紋が必要だと勘違いされ、それは受け入れがたいと言いました。それは違うと私が言い、はっきりさせるために隣室に行き、電話を取り、ワシントンを呼び出しました。十分後、外交部長はヴィザに指紋はいらないことを確認しました。

ニクソン大統領　総理。国務長官がアイゼンハワーの法務長官だった時に、そのやり方は止められました。

ロジャーズ国務長官　確かめるために我々は電話をしました。

周恩来総理　とても真剣なまじめな態度ですね。

ロジャーズ国務長官　速やかな意見交流とふれあいをもてば、誤解が解消されることをこのことは教えています。発言の締めくくりに、私は外交部長とそのスタッフに、あらゆる点で可能なかぎりのおもてなしをいただいたことを感謝申し上げます。おかげさまでこの旅が非常に楽しい満足のいくものになりました。

周恩来総理　当然のことをしたまでです。しかしある点では十分なことができなかったと思います。そちらの新聞が指摘したような欠陥に気がつきました。たとえば、万里の長城に行かれるに際して必要と思われる準備をしました。真っ正直だったのですが、明の陵墓でショーなどやる必要はありませんでした。あんなに寒かったのに。ある人々は子供にお墓を飾り立てさせました。そのため間違った外観になってしまいました。そちらの特派員たちが、このことを我々に指摘してくれました。我々も誤りを認めます。もちろんこのことで誤りを隠し立てしません。そして誤りを犯した人たちを批判しました。[1]

私自身は明の陵墓に行きませんでした。人々が何をしたのか前もって知りませんでした。昨晩そちらの新聞で初めて知りました。私が調べてみますと、新聞の言うとおりでした。特派員に感謝しなければなりません。杭州と上海に着いたらその機会があるでしょう。これは毛主席の精神です——つまり、誤りを隠してはならない、そうして政策を実行するのが容易ではないことを理解しよう、ということです。些細なことですが、悪いものは悪い。それで大統領、国務長官、キッシンジャー博士の前で明らかにしたかったのです。お客様に対して、間違ったことをしたらそれを認める。間違ってもいないことは、認めることはできません。こうすることによってのみ我々の工作は改善されます。このやり方によってのみ、我々の官僚主義を減ずることができます。巨大な国家機構をもち、その機構に多数の要求があるときに、官僚主義をなくすのは容易ではありません。

少ししゃべりすぎました。外交部長に発言してもらいましょう。

姫鵬飛外交部長　当方と国務長官側とのこの数日間の会談については、今国務長官がおっしゃったご意見に全面的に賛成します。私たちの話し合いの雰囲気は、友好的という言葉で特徴づけられます。双方とも共通の地盤を求め、両国間の関係を改善するために積極的な気持ちで、前向きの態度をとってきました。そうすることで、双方が協調してきたと思います。共通の地盤を見つけるために、ある点で歴史を振り返り、過去にあった意見や原則の相違点にふれてきました。しかし両国関係正常化の始まりをうまくスタートさせ、この分野で前進するために、双方はいくつかの具体的なテーマや原則について討論しました。いくつかの個別的な分野でどのように前進できるかについては、スポーツ、科学の人民レベルの交流、医学分野の人的交流などを話し合いました。

周恩来総理　文化交流も。

ニクソン大統領　教員の交流も。

姫鵬飛外交部長　これらの分野について双方が合意しました。両国の通商問題も、両国関係正常化の促進を助けるものと考えました。またそれは政治的にも重要な意味があり、通商を第一歩踏み出そうという点で、合意——意向が通じ合うこと——に達しました。

また私たちは、関係が正常化する前にも、今述べた事項について人民レベルでの交流が、それぞれの政府の援助により行われ、政府もそれを助けるべきだという共通の見解に達しました。さらにこれらのことが徐々に、漸進的に、行われるべきだとの共通見解に達しました。当初は量的に大きくはないでしょうが、だんだんと発展していくでしょう。

周恩来総理　一万年は長すぎますが、しかし大長征を一年で終わらせるのは時間が足りません。ですから時間はもう少しかかるでしょう。しかし始めなければなりません。まず「ただ、朝夕を争わん」です。事実、大統領はその点で毛主席と同意見です。ですから私たちは国務長官と外交部長にうまく取りはからうよう、主要な責任を負っていただきたいとお願いしなければなりません。

ロジャーズ国務長官　外交部長に念のため申し上げますが、我々の制度では、大統領には五年しかありません。

周恩来総理　五年あればじゅうぶんです。

ニクソン大統領　たった八カ月かもしれません。

周恩来総理　国務長官が支持しているのに、なぜそんなに弱気になるのですか。

姫鵬飛外交部長　私も国務長官に会談のお礼と感謝を表したいと思います。

ニクソン大統領　私たちの将来の関係について重要な点を一つ付け加えたいと思います。総理は、我々が明の陵墓に行った際の新聞記事に関連して率直なお話をされました。私は少女たちが気に入りましたから、誰も非難するつもりはありません。あれを見て楽しませていただきました。しかし些細なことが、将来私たちの関係を損なうような問題になることもあり得るので、それは避けなければなりません。国務長官もキッシンジャー博士も代表団全てが同意すると思いますが、アメリカでは中華人民共和国とのこの新関係は世紀の大ニュースです。アメリカには自分を専門家だと思っている千人のコラムニストがいます。またこのことにコメントをしたいと思っている千人の上院、下院議員ら政治家がいます。我々の制度では、彼らには意見を表明する権利があります。声明を出す前に我々に相談することはありません。たとえば、昨日でた話では、大統領は一定の時期にバングラデシュを承認する決断をしたとなっています。私はそれを考えているところです。まだ決断したわけではありません。でもコラムニストはそうなって欲しいものだから、そう書いてしまうのです。

これからもコラムニストたちが書くさまざまな話があるでしょう。また海外の人が、権威があり政府を代表していると思うような政治家たちが、さまざまな声明を出すでしょう。今私たちの関係が始まるこの時期に、私たち最高のレベルで、いわゆる相互信頼というものをお互いに身につけておかなければならないと思います。アユブ・カーン(2)がかつて言ったことがあります、信頼というのは細い糸のようなもので、一度切れてしまうと、またつなげるのはとても難しいと。将来この歴史的な出来事について、何らかの声明が出されたときに——それは必ず出されますが——総理と貴政府には、大統領か国務長官か大統領が指示した者が話をするまで、我が政府の政策ではないと肝に銘じておいていただきたいと思います。他人の言うことを我々は規制できません。しかし私たちが行う討論や意見交換では、真っ正直に、信頼に値するよう、誠実にするつもりです。国務長官はどう思うか発言してください。

ロジャーズ国務長官　大統領の発言はきわめて重要です。先日外交部長にも言いましたが、もし誤解が大きくなるように見えたら、私と連絡を取って欲しいとお願いしました。

周恩来総理　直接ですか。

ロジャーズ国務長官　そうです。

ニクソン大統領　そうすれば誤解が解けます。

ロジャーズ国務長官　外交部長に、どこの外務大臣とも電話でやりとりする取り決めをしていると言いました。イギリスのヒューム［外相］とも、フランスのシューマン［外相］とも、問題があれば電話をします。お互い意見交換する方法があれば、問題が片づいてうれしいものです。もし連絡し合えるようにしておけば、問題を片づけることができます。

ニクソン大統領　総理や皆さんに申し上げたいのですが、私の任期中に、意見の交換にこれほど細心で、絶対的に信頼できる政府と交渉したことはありません。これには国務長官もキッシンジャー博士も同感でしょう。情報漏れはいっさいありませんでした。その基礎の上に立ってこそ私たちは将来の発展に努めるべきでしょう。

たとえば、我々はテレビ局の特派員から、お互いに何を話し合ったのか全然報せないじゃないかと文句を言われました。そうしたのは、総理との了解事項だったからで、それを我々は守ろうとしてきたからです。それがわが国の人民全てに理解して欲しい任務ですし、私と国務長官が国に帰って伝えようとするものです。我々が中華人民共和国との交渉で大きな前進をすることにとって、今日どんな新聞の見出しが出るかということよりも、明日に向かって我々が歴史を作ることこそが我々の利益にかなうことなのです。

周恩来総理　そのとおりです。意思疎通をより正確にするために、二国政府間の関係は直接になされるべきで、意思疎通も直接なされるべきだという考えに賛成です。つまり、物事をより正確にするためにのみ、大統領や国務長官や大統領が委任した人物と当方政府とが直接に話し合うということです。一般世論については、正しいものだけを受け入れるべきでしょう。世論の中には常に正しいものがあるからです。しかし、間違ったものは信じてはいけません。そのようにすれば誤解も避けられるでしょう。

また、知っていただきたいのは、中国人も批判を支持するということです。我々が誤っていれば、それを改め、間違ったら、間違いを正します。そうすれば必ずよい結果が得られます。

あと二日残っていますから、コミュニケを仕上げることができるでしょう。この面でも作業が完成することを望んでいます。大統領も賛成されますか？

ニクソン大統領　賛成です。そうすれば、何を話し合ってきたのかという報道陣の質問にも答えられるでしょう。今はただ、天気の話をしているのではないとしか言えません。

ロジャーズ国務長官　総理、一言付け加えさせてください。我々一行にはかつて中国経験のある者がいます。彼らは貴国人民の状態が進歩したことに感銘を受けています。人民に対するプログラムがうまくいき、偉大な成功を収めることをお祈りします。

周恩来総理　国務長官の御厚意に感謝します。しかし我々はまだ十分にやり遂げてはいません。まだまだ努力する必要があります。

この北京で開く最後の全体会議について、大統領に提案しますが、ジーグラーさんが報道陣になにか言いたいのなら、ただ会議を開いたとだけ言って下さい。当方の通信社にもそう言いますが。よろしいですか。

ニクソン大統領　結構です。

訳　注

（1）二月二十四日、ニクソン大統領が明の十三陵を見学に行ったとき、着飾った子供たちがあまりに規律正しく遊んでいるのを見たアメリカ人記者が、自発的に遊んでいるのか、疑いを投げかける記事を本国に送った。このことについて、一行が北京から杭州に発つ時、周恩来総理が、「やらせ」を大統領に陳謝した。しかし、キッシンジャーは、そのような出来事が杭州でも蘇州でもあったことを伝えている（前掲、『キッシンジャー秘録④モスクワへの道』二〇七～二〇八頁）。

（2）アユブ・カーン（Muhammad Ayub Khan）はパキスタンの軍人。一九五八～六九年まで大統領として独裁政治をしいた。

資料8　一九七二年二月二十八日　ニクソン・周恩来第五回会談

ホワイトハウス
　ワシントン

取扱注意・関係者のみ閲覧可

会談メモ

出席者　ニクソン大統領
　ヘンリー・A・キッシンジャー博士　国家安全保障担当大統領補佐官
　ウィンストン・ロード　国家安全保障会議スタッフ
　周恩来総理
　喬冠華　外交部副部長
　冀朝鋳　通訳
　唐聞生　通訳

日　時　一九七二年二月二十八日　月曜日　午前八時三十分〜九時三十分
場　所　上海　錦江飯店　大統領居室

（はじめに、昨晩の活動や上海の印象について軽いやりとりがあった。周恩来総理はキッシンジャー博士と喬副部長が昨夜もまた会ったことを言った。ニクソン大統領は、彼らは興味深い話し合いをしたこと、キッシンジャー博士が副部長と一緒だったと言ったが、彼は町に出かけていたのだろうと言った。するとキッシンジャー博士は副部長に、証人になって下さいと言った。周恩来総理は、副部長に話し合いはどうだったかと電話をしたら、もうすでに寝てしまっていたから、キッシンジャー博士も寝てしまったのでしょうと言った。

それからニクソン大統領はこの部屋はとても素晴らしいと言った。周恩来総理は、上にレストランがあるが、ここが最上階だと答えた。ニクソン大統領は六時に目覚め、バルコニーに出て町を眺めたと言った。気がつかなかったけれど高層ビルが町にあると述べた。周恩来総理は市内の家や通りやビルには、旧いものだと十八、十九世紀のもの、新しいのは二十世紀のもの、一部は解放後のものもあると言った。十八、十九世紀以前の上海は、小さな村で、当時は建物などあまりなかった。）

ニクソン大統領　ワシントンに帰る前に、総理にお時間を割いていただき感謝します。二点ほど、ここだけのこととして申し述べたいと思います。

一点は、毛主席とお話しできたことと、大変なおもてなしをいただいたことに感謝しております。と主席にお伝えいただけたらありがたいと存じます。特に、杭州の、主席が過ごされたことのあるゲストハウスの思い出を大切に持ち帰るとお伝え下さい。

周恩来総理　ご丁寧にありがとうございます。必ず申し伝えます。

ニクソン大統領　総理と主席に書簡をお送りしたいと思いますが、どのようにやりとりすればよいでしょうか。

キッシンジャー博士　ニューヨークで黄華［国連大使］を通じてやりましょう。秘密のルートです。

ニクソン大統領　私信を出したいのですが。

キッシンジャー博士　そのための秘密ルートです、大統領。このルートのことは誰にも漏らさないと取り決めました。パリの方は目立たせます。ここにいる者しか秘密ルートのことは知りません。

周恩来総理　その通りです。

ニクソン大統領　帰国後の私の計画を総理に知っておいていただきたいと思います。

まずはじめに、もちろん総理にも明らかな通り、今週私たちがなし遂げたことは大変重要なことの始まりです。しかしこれから行うことの方が、もっと重要です。それがなければ、私たちが進めたこと全てが無に帰してしまいます。この件については、総理がなさったのと同じように慎重に取り扱うことを保証したいと思います。総理と主席にお約束したように、会談は機密にされます。その点保証いたします。この記録は最高機密のファイルとして、我々の執務室の外には出ていきませ

ん。ペンタゴン文書のファイルにも入れません。（周恩来総理うなずく）

帰国したら、まず空港で簡単なコメントをします。翌日議会指導者たち十人くらいに会わなくてはならないでしょう。それから閣僚たちに会います。議会指導者や閣僚との会合は秘密です。しかしいつだってそれくらい多人数に会えば、話は漏れます。ですから彼らとは慎重にやります。

主な例として、総理と私はお互いに信頼感をもって、自国とソ連、インド、日本との関係を論じ合いました。私は、いかなることがあっても、これらのことが話し合われたと匂わすようなことを言って総理と貴政府とを困らせるようなことを決してしないと確言します。コミュニケの精神では私たちが、第三者を不利になるようにして、米中関係を論じ合ったのではないと、総理も私も述べたいところです。これらの諸問題について何を論じ合ったか私たちは承知しています。私が指導者たちや報道関係者からそのことを発表するよう迫られても、困らせるような事柄は絶対に表に出さないということではご安心なさって下さい。それが私たちの内密の了解事項の一部だと心得ていますから。

総理もご承知のように、私は報道関係がこの会談について、憶測をすることには手出しできません。しかし不正確な、私たちの理解を侵害するような話については極力つぶすよう予防策を講じます。

キッシンジャー博士　大統領。私は昨晩［喬冠華］副部長に、質問への答えであなたに代わって申しましたが、主要な省庁、特に国務省と国防省で規律を保つことに全力を挙げ、間違ったことは外部に出さないようにさせます。コミュニケにあるのですから、日本やインドについて言及することはやむを得ません。しかしコミュニケの範囲内にとどまるようにし、省庁に関しては、私の訪中以来ずっとしてきたように、ホワイトハウスで全て発表の許可を取らせます。中国の友人たちは、我々の規律が時に完璧ではないかもしれないが規律を保つつもりであることは理解して下さるでしょう。

大統領が副部長にこう言うようにとのご指示でした。

ニクソン大統領　総理にもそのことを言うつもりでした。いくつかの外国や、それら諸国の方針を受け入れている国内の政治的党派が、我々が発する声明をとらえては、米中の新関係が破綻した証明にしようとしていることを知らなくてはなりません。彼らが私たちに狙いをつけている銃に絶対に弾薬を与えないよう全力を尽くすことが大切です。

もう一方で、ベトナムやアフリカなど私たちが論じ合ったいくつかの問題で、我々とは原則が違うため、総理と貴政府が我々とは異なった態度をとるであろうことは当然予期しています。その際ただ一つお願いしたいのは、双方意見が異なっても名指しの非難は避けるようにしましょう。中華人民共和国の政策がアメリカの政策と違った場合でも、名指しの非難は避けることができます。そうすることで、状況をうまく処理できるでしょう。そうだね、ヘンリー。

キッシンジャー博士　それと言葉遣いも。

ニクソン大統領　言い方もクールにしましょう。あなた方は、国家として、また全社会主義運動や世界の中での立場、原則的立場を当然取らなければならないでしょう。我々も我々で、それとは違った立場をとります。お互いが原則を変更したように見せることは避けましょう。唯一示していいのは、私たちがここで共通の地盤を見出すよう努めたこと、そして時が経つにつれ、さらに共通の地盤を見つけるよう努めるだろうということです。異なった制度をもつ二大国の間で、全てが共通することはあり得ないことは承知していますが。

そして――最後に最も重要な点として――我々がきわめて重要だと承知していることは、ソ連に対して、この会談があったという理由で中華人民共和国に言いがかりをつける根拠を与えないということです。ソ連の指導者たちが、予想通り、米中関係に関してなにか言い出した場合、我々がどう答えればいいか総理がおっしゃったことに、私は非常に注意を払っています。総理に確約しますが、私は用心深くして、信頼を裏切らず、会談の結果中国を困らせることになるようなことはいっさいしません。過去の例に照らせば、モスクワから言葉の上で激しい非難を浴びることになるでしょう。それには反撃しないで、何よりもまず、できることならその激しい爆風がより激しくならないよう火薬を与えないようにすることでしょう。

周恩来総理　ありがとうございます。お発ちになる前に、率直な討論をする機会がもててよかったと思います。

まず第一に、私たちが秘密に話し合ったり秘密の会合で話し合ったことについてですが、あれはたんにソ連、日本、インドの問題に関してだけではなく、私たちが言わないけれどもすると決めた事柄にも関わっています。私たちは秘密を守ります。キッシンジャー博士が二回訪中したあとの様子を見れば、秘密が守られている証拠になります。これからもそうだと信じられます。
秘密と言ったのは、なにか人に言えないような、第三国に対する陰謀を企てたということではありません。そのようなしてはならないことではなくて、言わないでいた方がよいということです。より良い可能性を達成したいと願いますが、同時に最悪の可能性にも備えなければなりません。これは最悪の可能性に対する用心で、当然より良い可能性に向けて私たちは努力します。
私たちが努力している方向に向かって、真剣な政策をとる方がよいということは歴史が証明しています。これらの問題を軽くおしゃべりするよりよいことです。外国の宣伝が言うような、国家の影に秘密協定ありというものではありません。

ニクソン大統領　我々がすべきは、最善を望み、最悪に備えることですね。

周恩来総理　その通りです。
第二点は、共同コミュニケの発表後は、双方が、相手を傷つけないよう最善を尽くすことが当然です。しかしそちらにはそちらで難しいところがありますし、こちらにもこちらで困難な点があります。

ニクソン大統領　わかります。

周恩来総理　たとえば、あなたが今あげたように、あなた方は、ホワイトハウスだけでなく、国務省やペンタゴンとも協定を守るために最善を尽くさなければならない。でも時には、失敗して世界が憶測にふけることになるかもしれません。私たちはこれに反論せざるを得ない。もちろん大統領に対して名指しで攻撃はしませんが、間違ったものに対しては直接論及するでしょう。あなた方はそちらで失敗をおぎなう何らかの手段を講じなければならないでしょう。もちろんそれでいいのです。

議会の討論と報道については、違ったやり方で対応します。大統領の提案に同意したように、両党の指導者にぜひいらして欲しい、そのほうがずっといいでしょう。

ニクソン大統領　マンスフィールド［民主党上院議員、院内総務］とスコット［共和党上院議員、院内総務］ですね。

周恩来総理　そうです。そうすれば彼らを一つにするのが易しくなるでしょう。

ニクソン大統領　私が言ったことを覚えていらっしゃいますか。他党のマンスフィールドの方がわが党のスコットより秘密を守ります。

キッシンジャー博士　大統領は明日にでも、彼らの訪中に原則的に同意していると言っていただけますか。

ニクソン大統領　私としては何も発表しませんから。

周恩来総理　そうですね。

ニクソン大統領　彼らが言ってもいいですか。もし私が伝えればスコットは必ず言うでしょう。

キッシンジャー博士　そうなるだろうと彼らが言うことは、予期しなければならないでしょう。

ニクソン大統領　それでいいですか。

周恩来総理　結構です。そしてまた公平を期して、彼らが同時に来るという申し出を歓迎します。それが両国の関係にいい影響を与えるからです。

キッシンジャー博士　念のため——彼らはきっと実際的なことを聞くでしょうから——実際に連絡回路が作動するようになれば、パリの中国大使館とやりとりできると彼らに言うことができますが、今はまだパリのルートについて彼らには言いません。二、三週間時間を下さい。

周恩来総理　いいでしょう。もちろん議会の議論やさまざまな世論や我々に向けられた誤解については、我々は当然反論します。こちらの世論にも関係してきます。

ニクソン大統領　北京放送や新聞を使ってですね。

周恩来総理　そうです。また我々に近い国々についても、彼らは自分の立場や観点をもっています。まず第一にベトナム、……

ニクソン大統領　左にはアルバニア。（周恩来総理笑う）

周恩来総理　自分の見解と立場があります。我々は彼らの見解を説明したり左右したりはできません。アルバニアがコスイギンの訪問にもあなた方の訪問にも反対しているのはご承知でしょうし、理解しておられるでしょう。彼らは我々が孤高を保つことを望んでいます。また一方で我々が大国であると信じています。それは彼らの主観的な願望ではなくて、客観的に我々の孤高を望んでいます。もちろんこれはここだけの話で、ただ我々のおかれている状況を説明するために言っているに過ぎません。我々は常に、どんなに小さな国でも全ての国は平等だという見解を堅持し、国々の見解を尊重します。我々は公然と干渉したり、ソ連がしているようにいわゆる兄弟国の意見を左右しようとして振る舞うようなことは決してありません。このことは何度も言いましたね。

第三の側面は、ソ連からの中傷があるだろうということですが、これは将来起こるだろうということにとどまりません。すでに昨年七月十五日の［キッシンジャー補佐官訪中の］発表以来彼らの抵抗は止むことがありませんでした。将来さらに悪意のあるものになるでしょう。我々だけでなく、あなた方の方もそれに答えることになるでしょうね。

ニクソン大統領　そうなるでしょう。

周恩来総理　それに備えておかないといけません。我々はそちらに自分の立場を言いました。あなた方は彼らにこちらの立場を伝えることができますね。

もう一つ重要なことがあります。何度も繰り返し言いましたが、ベトナムと他のインドシナ二国の戦争が、どのような形であれ、終わらなければ、極東の緊張は緩和されない、という見解を我々は保持します。そして我々は彼らの正義の闘争を援助せざるを得ないでしょう。我々には彼らの立場に干渉したり、さまざまな立場を提案する権利はありません。彼らのために交渉する権利もありません。これは度々くり返しましたが、我々の本音です。

この問題を将来扱うに際して、ずっと先のことを見通していただきたいと思います。もし平和があの地域にもたらされれば、あの地域が非同盟地域になると確言できます。そうなれば、極東だけでなく世界の緊張緩和に役立つでしょう。そうすることによってのみ私たちがともに確認し合った共通点をアメリカが現実のものにすることが可能になります。

ニクソン大統領　それは台湾方面でも役に立ちますね。

周恩来総理　しかし大統領、我々は台湾についてはもう少し待ってもいいのです。それよりもベトナムとインドシナの戦争を終わらせたい。この方が緊急です。

ニクソン大統領　私は台湾の兵力についてだけのことを言いました。

周恩来総理　台湾は我々の内政問題ですから、我々の努力でなんとかできます。これを達成するのに、アメリカや大統領にあまりに多くは期待できません。あなた方が全てをするとは望めません。もちろんあなた方が保証するのは、最終的撤退、いわゆる台湾独立運動への不支持、米軍駐留中、日本軍を台湾に入れないことなどなどです。最終解決は我々の内政問題で、我々がなんとかすべきものです。

もう一つあります。大統領もお分かりだし、キッシンジャー博士も言ったことです。全てのことは具体的に分析されなければいけないし、具体的な状況に応じて、具体的に解決されなければいけません。単純な原則をもってそれを教条的に使ってはなりません。どこにでもそれを適用してはなりません。そうするのはよくないことです。

ニクソン大統領　と言いますと、たとえば。

周恩来総理　つまり、我々は大きいですから、台湾問題をもう二十二年間もそのままにしてきましたし、もうしばらくは待つ余裕があります。台湾問題が私たちの関係正常化に障害となっていますが、だからと言ってあなた方が訪問した機会を利用して一気に問題を片づけ、あなた方を困った立場に置こうとはしません。

しかしベトナムとインドシナについては第二次世界大戦以来二十六年間、そこでは戦争が終わっていないのです。人民は血を流し続けています。ですからことさらあの地の人民に同情しています。彼らは我々と密接につながっています。コミュニケでも言葉を考えました。それでもなにか別の意味が入りうると考えてやめました。この気持ちを分かって下さい。他国との戦いのあいだ、朝鮮であろうとベトナムであろうと、我々三国はお互いの戦いに参加してきました。歴史的には旧中国はこれら二国を侵略してきました。もちろんこれは昔の封建的帝国の拡張時代のことです。

これらの国、朝鮮とベトナムに対する我々の援助は、無条件的であったと言いうるものです。しかし我々は一つのことだけは几帳面に守ってきました。つまりその主権と独立の尊重、平和共存五原則です。

毛主席が指摘していますが、勝利した我々は彼らを援助する義務があるが、彼らの主権に干渉する権利はないと。我々の祖先が招いた彼らへの負債があります。解放以降は旧い制度を投げ捨てたので、なんの責任もありません。それでも我々は彼らに対して深い満腔の同情を禁じ得ません。

大統領とキッシンジャー博士が極東の緊張が徐々に減少することを希望していると伝えて下さったことには希望がもてます。緊張緩和の中で、キーポイントはベトナムとインドシナです。大統領は北京の共同主催の宴会で、乾杯のさいに中米関係が世界の平和への鍵だとたしか言われました。我々は、ベトナムとインドシナ問題が極東の緊張緩和の鍵だと信じています。この訪中の時期とその前に北ベトナムが爆撃されたことはきわめて悲しむべきことです[1]。率直に言いますが、あの地域を爆撃しなくても、アメリカにはなんの損害もなかったのではないかと申し上げたい。しかしあなた方はソ連に対して、北京でニクソン大統領を歓迎するために演奏された音楽は、北ベトナムで爆発する爆弾の音とともに鳴り響いていると言わせるチャンスを与えてしまいました。

結論として言います。我々の気持ちを表すのに、非常な自制心を発揮しました。キッシンジャー博士が証人となってくれるでしょう。

ニクソン大統領　はい。

周恩来総理　昨年の七月から、ずっと自制心を発揮してきました。しかし世界の緊張緩和の鍵はそこにはない。大統領も私も毛主席もそのことが分かっています。

帰国に際してこの最後の言葉は、大統領や友人たちに印象深いものだと思います。もちろんキッシンジャー博士は大きな交渉をしなければなりません。

ニクソン大統領　二人で一組です。

周恩来総理　まさにそのことが理由で、米中の交渉の方が米越の交渉よりも比較的に容易なのだということは明瞭です。

キッシンジャー博士　名誉のために……。我々が当地に滞在中、北ベトナムを爆撃したとは信じられません。

周恩来総理　非武装地帯です。非武装地帯沿いの両側です。

キッシンジャー博士　我々がここにいるときではないでしょう。
周恩来総理　いいえ、滞在中です。
キッシンジャー博士　調べてみます。
周恩来総理　それはすでにカン・ニンに達しています。
キッシンジャー博士　調べてみます。爆撃しないようにと命令が出ています。
周恩来総理　アメリカにお帰りになればお分かりでしょう。
ニクソン大統領　それよりも深刻ではないのですが、ガンディー夫人が我々の訪中について声明を出したと報道されています。
周恩来総理　私はそんなに深刻な問題ではないと思います。あまり重大には受けとめていません。
キッシンジャー博士　そうですが……。
ニクソン大統領　私も重大には受けとめません。
周恩来総理　インドは大国ですが、このやり方は取るに足りません。

（会談は終わった。周恩来総理は、大統領夫妻が階下で上海革命委員会主任［張春橋］に別れを告げるのに付き添った。彼らは空港に向かいアメリカへと出発した。）

訳注

（1）ニクソン訪中のさなかも米軍の大規模な南ベトナム砲撃、北爆は続いていた。二月二十四日、二週間ぶりに開かれた第一四五回パリ会談では、北ベトナム、臨時革命政府両代表が米軍の北爆強化に抗議して会議を中断、退席している。二十五日からは南ベトナム解放勢力がサイゴン周辺の戦闘を強化、三月からは北ベトナムも戦闘態勢を強化した。なお、米中会談について北ベトナムは、三月三日の『ニャンザン』が米中共同声明についてニクソンを非難する評論員論文を掲載、三月八日の『クアンドイ・ニャンザン』が米中共同声明の字句を引用しながら、直接批判している。

参考資料1　キッシンジャー米大統領補佐官訪中（第一回）についての公告

一九七一・七・十六

周恩来総理とニクソン大統領の国家安全保障問題担当補佐官キッシンジャー博士は、一九七一年七月九日から十一日にかけて、北京で会談をおこなった。

ニクソン大統領がかつて中華人民共和国訪問の希望を表明したことを知り、周恩来総理は中華人民共和国政府を代表して、ニクソン大統領が一九七二年五月以前の適当な時期に中国を訪問するよう招請した。ニクソン大統領は、この招請を心よくうけいれた。

中米両国指導者の会見は、両国関係の正常化をはかるとともに、双方の関心を寄せる問題について意見を交換するためのものである。

（新華社、七月十六日発）

〔『日中関係基本資料集一九四九年〜一九九七年』霞山会、一九九八年、八七三頁〕

参考資料2　ニクソン大統領の訪中に際しての米中共同コミュニケ（上海コミュニケ）

一九七二・二・二十八

中華人民共和国周恩来総理のまねきで、アメリカ合衆国リチャード・ニクソン大統領は、一九七二年二月二十一日から二月二十八日まで中華人民共和国を訪問した。ニクソン夫人、ウィリアム・ロジャーズ・アメリカ国務長官、大統領補佐官ヘンリー・キッシンジャー博士、およびその他のアメリカ政府要員が大統領に随行した。

ニクソン大統領は二月二十一日、中国共産党毛沢東主席と会見した。二人の指導者は中米関係と国際実務についてまじめに、率直に意見を交換した。

訪問中、ニクソン大統領と周恩来総理はアメリカ合衆国と中華人民共和国との関係の正常化、および双方が関心をもつその他の問題について、幅広い、まじめな、率直な討議をおこなった。そのほか、ウィリアム・ロジャース国務長官と姫鵬飛外交部長も同じ精神で会談した。

ニクソン大統領とその一行は、北京を訪問し、文化、工業、農業に関係ある個所を参観した。また、杭州と上海を訪問し、そこで引続き中国の指導者と討議し、同じような個所を参観した。

中華人民共和国とアメリカ合衆国の指導者は、これほどながい年にわたって接触がなかったあと、いま、さまざまの問題に対するそれぞれの見解を率直に互いに紹介しあう機会をもったが、これを双方は有益であると考える。中華人民共和国とアメリカ合衆国の指導者は、重大な変化と巨大な激動が起こっている国際情勢をふりかえり、各自の立場と態度をあきらかにした。

中国側はつぎのように声明した。抑圧のあるところには、反抗がある。国家は独立を求め、民族は解放を求め、人民は革命を求める。これは逆らうことのできない歴史の潮流となっている。国家はその大小をとわず、一律に平等でなければならず、大国は小国を侮るべきではなく、強国は弱国を侮るべきではない。中国は決して超大国にはならないし、またいかなる覇権主義と強権政治にも反対する。中国側はつぎのことを表明した。自由と解放をめざすすべての被抑圧人民と被抑圧民族の闘争を、断固支持する。各国人民には、自己の願望に基づいて、自国の社会制度を選択する権利があり、自国の独立、主権、領土保全を守り、外部からの侵略、干渉、転覆に反対する権利がある。すべての外国の軍隊はみな自国にひきあげるべきである。

中国側はつぎのことを表明した。ベトナム、ラオス、カンボジア三国人民が自分の目標を実現するためにはらっている努力を断固支持し、ベトナム南部共和国臨時革命政府の七項目の提案、および今年二月、そのなかのカギとなる二つの問題について加えた説明、ならびにインドシナ人民最高級会議の共同声明を断固支持する。朝鮮民主主義人民共和国政府が一九七一年四月十二日に提出した、朝鮮の平和的統一のための八項目の案、および「国連韓国統一復興委員会」撤廃の主張を断固支持する。日本軍国主義の復活と対外拡張に断固反対し、独立、民主、平和、中立の日本の樹立を求める日本人民の願いを断固支持する。インドとパキスタンが国連のインド・パキスタン問題についての決議に基づいて、ただちに自己の軍隊を全部自国の国境内およびジャム・カシミール停戦ラインの各自の側に撤退させるよう断固として主張し、パキスタンの政府と人民の独立、主権を守る闘争、およびジャム・カシミール人民の自決権をめざす闘争を断固支持する。

アメリカ側はつぎのように声明した。アジアと世界の平和のために、当面の緊張情勢を緩和し、衝突の基本的原因をとりのぞく努力をすることが必要である。アメリカは、公正、安定した平和をうち立てることに力をつくすであろう。この平和が公正なものであるのは、自由と進歩をめざす各国人民と各国の願いをみたすからである。この平和が安定したものであるのは、外部からの侵略の危険をとりのぞくからである。アメリカは、全世界各国人民が外部からの圧力や介入のない状況のもとで、個人の自由と社会の進歩をかちとるのを支持する。アメリカは、異なったイデオロギーをもつ国と国の間の連係を改善して、事故や誤算あるいは誤解によってひきおこされる対決の危険を減らすことが緊張情勢緩和の努力に役立つものと信じている。各国は互いに尊重しあい、また平和的競争を願って、行動に最後の判断を下させるようにすべきである。いかなる国でも、一貫して正しいと自称すべきではなく、各国は共通の利益のために、自分の態度をあらためて検討する用意がなければならない。

アメリカは、つぎのことを強調した。インドシナ諸国人民が、外部からの干渉をうけない状況のもとで自己の運命を決めるのを許すべきである。アメリカの一貫した第一の目標は、話合いによる解決である。ベトナム共和国とアメリカが、一九七二年一月二十七日に行なった八項目の提案は、この目標を実現するための基礎を提供した。話合いで解決できない場合には、アメリカは、インドシナのおのおのの国の自決という目標に合致する状況のもとで、この地域から、最終的にアメリカ軍をのこらず撤退させるであろう。アメリカは、大韓民国との密接な連係およびこれに対する支持を保持するであろう。アメリカは、大韓民国が朝鮮半島で緊張情勢の緩和をはかり、連係をふやすため払っている努力を支持するであろう。アメリカは、日本との友好関係を最高度に重視しており、現存の緊密な結びつきをひきつづき発展させるであろう。一九七一年十二月二十一日の国連安全保障理事会の決議に基づいて、アメリカは、インドとパキスタンがひきつづき停戦し、すべての軍事力を、自国の国境内、およびジャム・カシミール停戦ラインの各自の側に撤退させることに賛成する。アメリカは、南アジア諸国人民が平和的に、軍事的脅威をうけることなく、自己の未来をきずく権利を支持し、この地域が大国の競争の目標とならないようにする。

中米両国の社会制度と対外政策には本質的な違いがある。しかし、双方はつぎのことに同意した。各国は社会制度のいかんをとわずいずれも、各国の主権と領土保全の尊重、他国に対する不侵犯、他国の内政に対する不干渉、平等互恵、平和共存という原則に基づいて国と国との間の関係を処理すべきである。国際紛争は、この基礎にたって解決すべきであって、武力による威かくにうったえるべきではない。アメリカと中華人民共和国は、その相互関係にこれらの原則を適用する用意がある。

国際関係の上述の諸原則を考慮して、双方はつぎのことを声明した。

――中米両国の関係が正常化に向かうことはすべての国ぐにの利益に合致するものである。

――双方はともに、国際的軍事衝突の危険が少なくなることを望んでいる。

――どちらの側もアジア・太平洋地域で覇権を求めるべきではない。いずれの側もいかなるその他の国あるいは国家集団がこうした覇権をうち立てようとすることに反対する。

――どちらの側もいかなる第三者を代表して交渉するつもりはなく、また、相手方と、その他の国ぐにについての協定や了解にたっするつもりもない。

双方はともに、いかなる大国がもう一つの大国と結託して他の国に反対すること、あるいは大国が世界で利益範囲を分割することは、いずれも世界各国人民の利益にそむくものであると考える。

双方は、中米両国間にながい年来存在してきた重大な紛争をふりかえった。中国側はつぎのように自己の立場をかさねてあきらかにした。台湾問題は、中米両国関係の正常化を妨げているカギとなる問題である。中華人民共和国は中国の唯一の合法政府である。台湾は中国の一つの省であり、はやくから祖国に返還されている。台湾の解放は中国の内政問題であって、他国には干渉する権利はない。アメリカのすべての武装力と軍事施設は台湾から撤去されなければならない。中国政府は、「一つの中国、一つの台湾」「一つの中国、二つの政府」「二つの中国」「台湾独立」をつくること、「台湾帰属未定」を鼓吹することを目的とするいかなる活動にも断固反対する。

アメリカ側はつぎのことを声明した。アメリカは、台湾海峡両側のすべての中国人がみな、中国はただ一つであり、台湾は中国の一部であると考えていることを認識した。アメリカ政府は、この立場に異議を申立てない。アメリカ政府は、中国人自身による台湾問題の平和的解決に対するアメリカ政府の関心を重ねてあきらかにする。この展望に立って、アメリカ政府は、台湾からすべてのアメリカの武装力と軍事施設を撤去する最終目標を確認する。この期間に、アメリカ政府はこの地域の緊張情勢の緩和にしたがって、台湾におけるその武装力と軍事施設をしだいに減らしてゆくであろう。

双方は、両国人民のあいだの理解をひろげることが望ましいものであるということに同意する。この目的のために、双方は科学、技術、文化、スポーツ、報道などの面の具体的な分野について討議した。これらの分野で人民のあいだの連係と交流を行なうことは、互いに有利なものとなるであろう。双方は、それぞれこのような連係と交流をいっそう発展させることに便宜を提供することを承諾した。

双方は双務的な貿易が互恵をもたらすもう一つの分野であるとみており、平等互恵の経済関係は両国人民の利益に合致していると一致して考える。双方は、両国間の貿易をしだいに発展させるため、便宜を提供することに同意した。

双方は、不定期的にアメリカの高級代表を北京に派遣することを含む、いろいろなルートによる接触を保ち、両国関係正常化の促進について具体的に相談し、またともに関心をよせている問題についてひきつづき意見を交換することに同意した。

双方は、今回の訪問の成果が両国関係に新しい展望をきりひらくことを希望する。双方は、両国関係の正常化は、中米両国人民の利益に合致するだけでなく、アジアと世界の緊張情勢の緩和にも貢献するものと信じている。

ニクソン大統領、ニクソン夫人およびアメリカ側の一行は、中華人民共和国の政府と人民の礼をつくしたもてなしに感謝の意を表わした。

一九七二年二月二十八日

〔『日中関係基本資料集一九四九年～一九九七年』八七四～八七七頁〕

参考資料3　米中両国の国交樹立に関する共同コミュニケ

一九七八・十二・十六

中華人民共和国とアメリカ合衆国は一九七九年一月一日より外交関係を樹立し双方協議を経て中・米国交コミュニケを十七日午前発表する。

中華人民共和国とアメリカ合衆国の外交関係樹立に関する共同コミュニケ

一九七九年一月一日

中華人民共和国とアメリカ合衆国は一九七九年一月一日から互いに承認しあうと同時に、外交関係を樹立することに合意した。

アメリカ合衆国は中華人民共和国政府が中国の唯一の合法政府であることを承認［recognizes］する。この枠内において、アメリカ人民は台湾人民と文化、商務およびその他の非政府間の関係を維持する。

中華人民共和国とアメリカ合衆国は上海コミュニケにおいて、双方が一致して合意した諸原則を重ねて表明し、次の通り再び強調した。

――双方はともに国際的軍事衝突の危険が減少することを望んでいる。

――双方のいずれもアジア・太平洋地域においても、世界のいずれの地域においても、覇権を求めるべきではなく、双方ともこのような覇権を確立しようとする他のいかなる国または国の集団による試みに反対する。

――双方のいずれも、いかなる第三者を代表して交渉を行うつもりはなく、また、相手方と、その他の国々に向けられる合意や了解に達するつもりもない。
――アメリカ合衆国政府は、中国はただ一つであり、台湾は中国の一部であるという中国の立場を認識［acknowledges］する。
――双方は、中・米関係正常化が中国人民とアメリカ人民の利益に合致するばかりでなく、アジアと世界の平和事業にも役立つものであると考える。
中華人民共和国とアメリカ合衆国は、一九七九年三月一日に大使を交換し、大使館を開設する。

中華人民共和国政府声明

一九七八年十二月十六日

中華人民共和国とアメリカ合衆国は一九七九年一月一日を期して相互に承認するとともに、外交関係を樹立する。これによって両国関係の長期にわたる不正常な状態に終止符を打った。これは中・米両国関係における歴史的な出来事である。

周知の通り、中華人民共和国政府は中国の唯一の合法政府であり、台湾は中国の一部である。台湾問題はかつて中・米両国関係正常化を妨げる肝要な問題であった。いまこの問題は上海コミュニケの精神にもとづき、中・米双方の共同の努力によって中・米両国間で解決をみることができ、中・米両国人民が熱望してきた両国関係の正常化が実現されたのである。台湾の祖国復帰を解決し、国家の統一を完成する方式については、これはあくまで中国の内政である。

中・米両国人民の友情と両国の良好な関係の一層の発展を促すため、中華人民共和国国務院副総理鄧小平は米国政府の招きに応じ、一九七九年一月米国を公式訪問する。

〔『日中関係基本資料集一九四九年～一九九七年』八七八～八七九頁〕

アメリカ合衆国政府声明

一九七九年一月一日をもってアメリカ合衆国は中華人民共和国を中国の唯一の合法政府として承認する。同じ日付に、中華人民共和国は米国に同様の承認を付与する。これによって米国は、中華人民共和国と外交関係を樹立する。

同じ日の一九七九年一月一日、米国は台湾に対し、外交関係断絶と米・中華民国間の相互防衛条約を同条約の規定に従って、終結することを通告する。米国はまた、台湾から残留中の軍事要員を四ヶ月以内に引き揚げることを声明する。

今後、米国国民と台湾住民は、公式の政府代表なしに、また外交関係なしに通商、文化、その他の関係を維持する。

米政府は正常化後に存在するであろう新しい環境の中で、通商、文化、その他の非政治的関係の維持を許すために、米国の法律と規則に対する調整を求めることになる。

米国は台湾住民が平和と繁栄の将来を迎えるものと確信している。米国は引き続き台湾問題の平和解決に関心を抱き、台湾問題が中国人自身によって平和的に解決されることを期待している。

米国は、人民共和国との外交関係樹立が米国国民の福祉、米国が大きな安全保障上および経済上の利害をもつアジアの安定、そして全世界の平和に寄与すると信じている。

一九七八年十二月十五日（中国時間十六日）発表

［宇佐美滋『米中国交樹立交渉の研究』国際書院、一九九六年、五五七頁］

参考資料4　台湾関係法（一部省略）

一九七九・四・十

略　称

第一条　この法律は「台湾関係法」と略称される。

諸決定と政策表明

第二条　A項　大統領が、一九七九年一月一日以前に中華民国として合衆国により承認されていた台湾の統治当局と合衆国との政府関係を停止したことに伴い、議会は以下のためにこの法律の実施を必要と考える。

(1)　西太平洋における平和、安全および安定の確保に協力し、

(2)　合衆国人民と台湾人民間の通商、文化その他の諸関係の継続を承認することにより合衆国の外交政策を促進する。

B項　合衆国の政策は以下の通り。

(1)　合衆国人民と台湾人民との間および中国大陸人民や西太平洋地区の他のあらゆる人民との間の広範かつ緊密で友好的な通商、文化およびその他の諸関係を維持し、促進する。

(2)　同地域の平和と安定は、合衆国の政治、安全保障および経済的利益に合致し、国際的な関心事でもあることを宣言する。

(3) 合衆国の中華人民共和国との外交関係樹立の決定は、台湾の将来が平和的手段によって決定されるとの期待にもとづくものであることを明確に表明する。
(4) 平和手段以外によって台湾の将来を決定しようとする試みは、ボイコット、封鎖を含むいかなるものであれ、西太平洋地域の平和と安全に対する脅威であり、合衆国の重大関心事と考える。
(5) 防御的な性格の兵器を台湾に供給する。
(6) 台湾人民の安全または社会、経済の制度に危害を与えるいかなる武力行使または他の強制的な方式にも対抗しうる合衆国の能力を維持する。

C項 本法律に含まれるいかなる条項も、人権、特に約一千八百万人の台湾全住民の人権に対する合衆国の利益に反してはならない。台湾のすべての人民の人権の維持と向上が、合衆国の目標であることをここに再び宣言する。

台湾に関する合衆国の政策

第三条　A項　本法律の第二条に定められた政策を促進するため、合衆国は、十分な自衛能力の維持を可能ならしめるに必要な数量の防御的な器材および役務を台湾に供与する。

B項　大統領と議会は、台湾の需要に関するおのおのの判断にのみもとづき、また法の定めた手続きに従って、このような防御的な器材および役務の性格と数量を決定しなければならない。このような台湾の防衛需要に関する決定は、大統領と議会に提出される合衆国軍部当局の勧告によって示される評価を含めなければならない。

C項　大統領は、台湾人民の安全や社会、経済制度に対するいかなる脅威ならびにこれによって米国の利益

ならない。

憲法の定める手続きに従い、この種のいかなる危険にも対抗するため、とるべき適切な行動を決定しなければならない。

に対して引き起こされるいかなる危険についても、直ちに議会に通告するよう指示される。大統領と議会は、

法の適用——国際的協定

第四条　A項　外交関係と承認がなくても合衆国の法律の台湾への適用には影響を及ぼさず、また合衆国の法律は一九七九年一月一日以前と同様に台湾に適用されなければならない。

B項　本条A項の適用は、次の各号を含み、かつこれに限定されてはならない。

(1)　合衆国の法律が外国の国、国家、州、政府および類似の存在に言及し、関係する場合は、必ずその条文は台湾を含み、法律は台湾に適用されなければならない。

(2)　合衆国の法律により権限を付与され、またはそれに準拠して外国の国、国家、州、政府および類似の存在と計画、通商、その他の関係を推進、実施する際には、常に大統領または合衆国のいかなる政府機関も、本法律の第六条にもとづき、また合衆国の該当する法律にもとづき台湾と同様の計画、通商、その他の関係を推進、実施する権限を付与される（これには台湾の商業法人の契約を通じて合衆国に供与されるサービス業務を含み、またこれのみに限定されない）。

(3)　a項　台湾について外交関係や承認がないことは、合衆国の法律によって、これまでまたは今後、台湾により獲得されたり台湾に関して定められたいかなる権利や義務（これにはあらゆる契約、債務、財産権に関する権利、義務を含み、それに限定されない）に対して決して廃止、侵害、修改、否定または影響を与えるものではない。

b項　合衆国のすべての法廷における訴訟事項を含む合衆国の法律にもとづくあらゆる目的のため、中華人民共和国承認が、台湾の統治当局が一九七八年十二月三十一日当日、またはそれ以前に保有または所持し、またはそれ以後に獲得、または入手した有形無形の財産所有権その他の諸権利、または利益ならびにその他の価値ある事物の所有権を決して侵すものではない。

(4)　合衆国の法律の適用が、台湾において現に適用されまたは過去に適用された法律、またはこれに準ずるものに依拠する場合には、常に台湾の人民によって適用される法律がその目的に適合する法律と見なされなければならない。

(5)　本法律のいかなる条項も、また大統領の中華人民共和国に対して外交的承認を与える行為も、台湾の人民と合衆国との間に外交関係が存在せず、合衆国による承認が欠けていること、およびそれに伴う状況をもって、合衆国政府の機関、委員会、省庁などが行政または司法手続きにおいて一九五四年度原子力エネルギー法や、一九七八年度核拡散防止法にもとづく事実認定や法的裁定を行い、台湾に対する輸出許可申請を却下したり、すでに与えられた原子力関係の輸出許可を取り消したりする根拠と解釈するようなことがあってはならない。

(6)　移民および国籍に関する法律の諸目的に照らして、台湾は同法の第二〇二条b項の最初の文言の規定の通りに取り扱うことができる。

(7)　台湾が合衆国の法廷において、合衆国の法律にのっとって行われる訴訟の原告または被告となる資格は、外交関係や承認がないことによって廃止、侵害、修改、否定またはその他の形で影響を受けるようなことは決してあってはならない。

(8)　外交関係の維持または承認に関する合衆国の法律は、明記または暗示のいずれを問わず、いかなる条件をも台湾に適用すべきではない。

C項　合衆国のすべての法廷における訴訟を含むすべての目的のために、議会は、一九七九年一月一日以前に合衆国と、中華民国として合衆国によって承認されていた台湾の統治当局の間で締結され、また一九七八年十二月三十一日に両者の間で有効であった一切の条約および国際協定は多国間協定を含めて、法律に従って終止しない限り、その時まで引き続き有効と認める。

D項　本法律のいかなる条項も、台湾をいかなる国際金融機構またはその他の国際組織における継続的加盟権からの排斥または放逐を支持する根拠と解釈されてはならない。

〔以下、第五条～第十四条省略〕

定　義

第十五条　本法律においては各種用語を以下のように定義する。

(1)「合衆国の法律」とは、あらゆる成文法、法令、規則、条例、命令または合衆国および政治的下部機構の司法判例を含む。

(2)「台湾」とは文脈により、台湾本島および澎湖島、これら島嶼上の人民、これら島嶼に適用される各種法律によって設立または組織された法人その他の実体や団体および一九七九年一月一日以前に合衆国が中華民国として承認していた台湾の統治当局およびその統治当局の継承者（これには政治的下部機構、機関、実体組織などを含む）。

支出権限の承認

第十六条　本法律の条項を実施するために利用できる他の資金に加えて、一九八〇会計年度内において、これらの条項を実施する上で必要な経費の支出権限を国務長官に付与する。これらの経費は実際に使用されるまで利用可能の権限を付与されている。

条項の分離性

第十七条　本法律のいずれかの条項またはその一定の個人または状況に対する適用が無効と認められた場合でも、本法律の残余の部分および当該条項の他の個人または状況に対する適用は、それによって影響を被ってはならない。

発効日

第十八条　本法律は一九七九年一月一日付けで発効する。

一九七九年四月十日　承認

〔『日中関係基本資料集一九四九年〜一九九七年』八八〇〜八八七頁〕

参考資料5　台湾向け武器売却についての米中共同コミュニケ

一九八二・八・十七

一、アメリカ合衆国政府は、中華人民共和国政府とアメリカ合衆国政府の発表した一九七九年一月一日の外交関係樹立に関する共同コミュニケにおいて、中華人民共和国政府が中国の唯一の合法政府であることを承認し、また、中国はただ一つであり、台湾は中国の一部であるという中国の立場も承認した。この枠内において、双方はアメリカ人民が台湾人民と引きつづき文化、通商およびその他の非政府関係を維持することに同意した。中米両国の関係はこれを踏まえて正常化が実現した。

二、アメリカの台湾向け兵器売却問題は、両国の国交樹立交渉の過程では解決にいたらなかった。双方の立場は一致せず、中国側は正常化後に再度、この問題を提起することを声明した。双方はこの問題が中米関係の発展に重大な妨げとなることを認め、そのため、趙紫陽総理とロナルド・レーガン大統領、黄華副総理兼外交部長とアレキサンダー・ヘイグ国務長官の一九八一年十月の会見の際およびそれ以後、この問題についての討議を深めた。

三、主権と領土保全の相互尊重、相互内政不干渉が中米関係のあり方を導く根本原則である。この原則は一九七二年二月二十八日の上海コミュニケによって確認され、一九七九年一月一日に発効した国交樹立コミュニケでも重ねて明らかにされた。双方は、この原則がいまもなお双方の関係のすべてを導く原則であることを強く声明する。

四、中国政府は、台湾問題が中国の内政問題であることを重ねて言明する。中国が一九七九年一月一日に発表した台湾同胞に告げる書は祖国の平和統一をかちとるための根本方針を宣言した。一九八一年九月三十日に中国が打ち出した九項目の方針は、この根本方針にもとづいて台湾問題の平和解決をめざして、さらに大きく努力したものである。

五、アメリカ政府は中国との関係をきわめて重く見ている。アメリカ政府は中国の主権と領土保全を侵犯する意思のないこと、中国の内政に干渉する意思のないこと、「二つの中国」あるいは「一つの中国、一つの台湾」をつくる政策をとる意思のないことを、ここに重ねて言明する。アメリカ政府は、中国が一九七九年一月一日に発表した台湾同胞に告げる書と一九八一年九月三十日に打ち出した九項目の方針に示された、台湾問題の平和解決をめざす中国の政策を理解し、好ましいものと認めた。台湾問題をめぐる新しい情勢は、アメリカの台湾向け兵器売却問題をめぐる中米両国の食い違いの解決に有利な条件となっている。

六、アメリカ政府は上述の双方の声明を念頭に置き、台湾向け兵器売却政策を長期政策とはしないこと、台湾に売却する兵器は性能、数量の面で、中米国交樹立後の最近数年の水準を超えさせないこと、台湾向け兵器売却は段階を追って減らし、一定期間後に最終的に解決する用意があることを声明する。これを声明するにあたって、アメリカはこの問題の完全な解決をめざす中国の一貫した立場を認める。

七、アメリカの台湾向け兵器売却という歴史の残した問題を一定期間後に最終的に解決するため、両国政府は今後、この問題の完全解決に利する措置をとるべく、条件をつくるべく全力をあげる。

八、中米関係の発展は両国人民の利益に合致するばかりでなく、世界の平和と安定にも役立つ。双方は平等互恵を原則に、経済、文化、教育、科学・技術およびその他の分野における両国の結びつきを強化すること、中米両国政府、両国人民の関係を引きつづき発展させるために、ともに努力を強めることを決意した。

九、両国政府は、中米関係を健全に発展させるため、世界の平和を守り、侵略と対外拡張に反対するため、上海コミュニケと国交樹立コミュニケにおいて双方が同意した諸原則を重ねて言明する。双方は、ともに関心をもつ二国間関係と国際問題について接触を保ち、適切な協議をおこなう。

（『北京周報』一九八二年八月二十四日）

〔『日中関係基本資料集一九四九年～一九九七年』八八八～八八九頁〕

解説　ニクソン訪中——歴史はどのように転換したか

毛里和子

一九七二年二月、リチャード・ニクソンが米国大統領として初めて中国を訪れた。二十年間の対立に終止符を打つこの「米中和解」は世界を震撼させ、米中関係だけでなく、ソ連・日本・インドシナ・朝鮮半島などを含む世界の構造を大きく変えることになる。

この米中和解には二つのプロセスがある。一つは、七一年七月と十月、ヘンリー・キッシンジャー大統領特別補佐官が訪中して周恩来総理などと両国関係について初めて政府間で行った交渉、もう一つが七二年二月、大統領一行の訪中である。国交樹立は七九年一月に持ち越されたものの、七二年で米中関係は緩和し、アジアの冷戦状況にほぼ終止符が打たれた。

本書の旧版は、そのプロセスのうち後段の会談記録を米国公文書館から手に入れて邦訳したものである。一九七八年の国交樹立コミュニケなど関連資料も入っている。なお、前段の三つの会談については、毛里和子・増田弘監訳『周恩来・キッシンジャー機密会談録』（岩波書店、二〇〇四年）に開示された会談のすべてが邦訳収録されているので、参照されたい。七二年一月にキッシンジャーの側近であるヘイグ准将が中国との戦略関係をサウンドしに訪中したが、そのときの記録も同書に入っている。

本解説では、㈠本「増補決定版」で増補したもの、およびテキストについて説明し、㈡ニクソン訪中の一週間を紹介し、㈢遡って、最初の接触である七月会談に向けた米中の戦略的意図を分析し、㈣ニクソン訪中を準備した三つの会談の概略を紹介、㈤最後に、台湾問題を中心にニクソン訪中の歴史的意味を取り上げたい。末尾に、㈥米中和解についての英語・中国語の最小限の参考文献を紹介する。

一　『ニクソン訪中機密会談録【増補決定版】』とテキストについて

二〇〇一年旧版には八件の会談文書を邦訳収録した。毛沢東・ニクソン会談（資料1）はキッシンジャーの個人ファイルからとったものだが、それ以外の七つの文書は国立公文書館（National Archives）にあるものが一九九九年に機密解除されて、一般のアクセスが可能となったものである。ただ、旧版をご覧になればお分かりのように、三つの会談記録（資料3、4、5）には、ホワイトハウスの手によるものだろう、かなりの黒塗り部分（サニタイズド）があった。

十八カ所の黒塗り部分がいつ開示されるか。旧版解説で筆者は、米中関係も厳しく、米国国内の対中政策にも分岐が多いから、当面は開示できないだろうと予測した。ところが意外に早く、二〇〇三年十一月に全部が機密解除になったのである。米国では公的情報、アーカイブズに対するジャーナリズム、学界、市民からの開示要求がきわめて強いことがあらためて浮き彫りになった。

こうして、二〇〇三年十一月十六日、ニクソン訪中時の米中会談記録の全文を我々はインターネット上で見ることができるようになった。それだけでなく、新たな会談録一件も公開された。つまり二種類の開示である。一つは、資料3、4、5の黒塗り部分十八カ所の回復で、日本の台湾・朝鮮半島への軍事介入の可能性と米国によるその抑止の保証についてのニクソン発言、そのほか、インドの「脅威」、ソ連の軍事膨張などについてが多い。あるいは、キッシンジャーや周恩来によるあけすけな日本批判も散見される。両国およびニクソン、キッシンジャー、周恩来の本音が聞けて大変に興味深い。ある面では小説よりも面白い。当初黒塗りになったが、その後回復した部分については、それと分かるように【　】によって示してある。

もう一つは、これまで知られていなかった新文書が出てきたのである。二月二十三日のキッシンジャーと葉剣英軍事委員会副主席、喬冠華外交部副部長の会談記録だ。この会談でキッシンジャーは中国側に、ソ連軍が中ソ国境に一一一万五千〜一一七万人配備されていることをはじめ、中国に隣接したソ連の軍管区における軍事力配置についての情報、ベルリン問題・全欧安保会議・軍縮・ＳＡＬＴなどの米ソ交渉の内容までこと細かく通報している。

キッシンジャーと葉剣英は三時間あまりにわたって三つのことを話し合っている。まず、七一年十月の周恩来・キッシンジャー会談以来の米中コミュニケの案文の検討、とくに台湾問題の表現、次に中国に隣接する地域でのソ連軍や軍事施設の配備状況、ベルリン問題や全欧安保などの米ソ交渉の詳細、最後が米中コミュニケの最終とりまとめ（この交渉は、ほとんどキッシンジャー・喬冠華間で行われた）である。周恩来が相手の時と違ってキッシンジャーがとてもリラックスしているのが興味深い。

この開示文書を整理・編集したW・バー（ジョージ・ワシントン大学付設国家安全保障公文書館〔National Security Archives：NSA〕の上級分析官）によれば、ソ連機密情報の通報については、一九七一年十一月に勃発したインド・パキスタン紛争以来、キッシンジャーが大変に熱心で、年末、黄華・国連大使にインド軍・ソ連軍の情報を通報したいと伝えた（下記の電子ブック参照）。七二年年頭にへイグ准将が訪中した際には、ヘイグがインド・パキスタン紛争に際してソ連に対する警戒を中国に呼びかけ、また「中国の独立と生存力」への懸念を述べ、それに対して周恩来が強い不快を表明している（『周恩来・キッシンジャー会談録』文書19、文書20）。

二月、ニクソンとともに北京に着いたキッシンジャーは周恩来や喬冠華に、ソ連軍事情報を伝えたいのでこの分野のエキスパートと会談したい、と申し入れた。喬冠華がそれに対応、二月二十三日のキッシンジャー・葉剣英、喬冠華の会談が実現した。

だが、米国と比べて中国は表面的にはずっと冷静であった。葉剣英副主席は、米側の情報提供が中国にとって有用であり、対中関係を発展させたいという米国側の誠意の現れだと謝意を表しながら、毛沢東・周恩来に報告して協議する、と答えるに止めている。なお、バーによれば、その後もキッシンジャーが訪中するたびに「特別ブリーフィング」は続いたが、一九七五年になると中国側から断ってきたという。

ともかくこうして、新たに機密解除された部分や新文書を含め、ニクソン訪中時の米中会談の肝心な記録が揃ったわけである。その全記録は、機密解除文書についてのバーのくわしい考証を含めて、ＮＳＡの電子ブック *Nixon's Trip to China—Records now Completely Declassified, Including Kissinger Intelligence Briefing and Assurances on Taiwan*, Edited by William Bur, Declassified Nov. 2003, Posted December 11, 2003（http://nsarchive.gwu.edu/NSAEBB/NSAEBB106/）に入っている。本書もこれを底本にした。

二　ニクソン訪中についての補足的説明

まず七二年二月のニクソン訪中そのものについて補足的な説明をしておきたい。

(1)　訪中メンバー

一行は、当時の新聞発表では、ニクソン大統領夫妻を含めた十五人の公式代表団、二十一人の随員である。それに報道陣八十七人、通信技術関係者（衛星中継を行った）六十八人が加わった超大型である（『朝日新聞』七二年二月二十二日）。なお、一月にヘイグ安全保障副補佐官が事前打ち合わせをしたときには総計三七四人に決まったという（文献⑭「黒格訪華」）。ニクソン夫妻とキッシンジャーを除く公式メンバーは次の通り。周恩来が驚いたようにみなとても若い。

ロジャーズ国務長官（アイゼンハワー政権で司法長官）、五十九歳。

ハルドマン経済担当補佐官、四十六歳。

ジーグラー報道官、三十二歳。

スコウクロフト大統領付武官（空軍准将。のちフォード政権、ブッシュ政権の大統領補佐官）、四十六歳。

グリーン国務次官補（もと南ベトナム大使、東アジア・太平洋地域担当）、五十六歳。

チェイピン補佐官代理（日程担当）、三十一歳。

スカリ特別顧問（AFP、ABC等をへてニクソン政権入り。報道担当）、五十二歳。

ブキャナン特別補佐官（ニュース抄録担当）、三十三歳。

ローズマリー・ウッズ（大統領個人秘書）、五十四歳。

ジェンキンズ国務省東アジア共産国部長（ジョンソン政権のNSCメンバー）、五十五歳。

ホルドリッジNSC東アジア部長（訪中団きっての中国通）、四十七歳。

ウィンストン・ロード　キッシンジャー補佐官特別補佐（キッシンジャーの腹心。彼の訪中にほとんど随行。のち民主党政権時代は外交問題評議会会長、八五年末から八九年三月まで駐北京大使。なお、二月会談の米国側の会談記録はすべて彼の記録するところである）、三十四歳。

迎える中国側はあまりはっきりしない。ニクソン一行はまず上海に入ったがそこで出迎えたのは、喬冠華（外交部副部長）、章文晋（同西欧・北米・太平洋州局局長）、王海容（同儀典局副局長）である。北京では周恩来総理のほか、葉剣英（中共中央軍事委員会副主席）、郭沫若（全国人民代表大会副委員長）、李先念（副総理）、呉徳（北京市革命委員会副主任）、姫鵬飛（外交部長）が出迎えた。周恩来・ニクソン首脳会談に一貫して出ていたのは韓叙（儀典局長）、章文晋、王海容（記録）である。通訳は米側の要請でずっと唐聞生（Nancy Tang）・冀朝鋳など中国側が務めた[1]。なお、北京の夜、「四人組」の江青・毛沢東夫人がニクソン夫妻の観劇のお相手をし、上海では張春橋（革命委員会主任）がホスト役を務めている。

また、二月交渉で周恩来とともに活躍した喬冠華は、キッシンジャーとのコミュニケ作成交渉に忙殺された。またロジャーズ国務長官のカウンターパートとして五回の二国間実務交渉を担当したのは、陳毅の死で一月に外交部長に昇格したばかりの姫鵬飛である。

（2）平行した三つの交渉

二月の米中交渉は周恩来・ニクソン会談だけではなかった。むしろ実質的にもっと重要だったのは喬冠華・キッシンジャー間のコミュニケ作成交渉であり、もう一方では、七一年七月からの対中交渉で徹底的にはずされたロジャーズと姫鵬飛の間で二国間実務交渉も行われた。都合三つの交渉が同時進行していたのである。いくつかの文献を総合すると、前二者は驚くほどハードなスケジュールである（表1参照）。キッシンジャーはすべての周恩来・ニクソン会談と午前中のコミュニケ交渉で頑張っており、そのタフガイぶりは驚くべきである。周恩来も、ニクソンとの会談をこなしただけでなく、すべての実務を切り回し、しかも毎晩（あるときは明け方）必ず毛沢東に報告し彼の指示を仰いでいる（文献⑨『周恩来年譜』に詳しい）。周恩来は一体いつ寝たのだろうか、と考えてしまう。二月交渉はまさに周恩来とキッシンジャーの気力と体力、リーダーシップに支えられたと言えよう。

以下、この三つの交渉のそれぞれを簡単に紹介しておこう。

〈毛沢東・ニクソン会談、周恩来・ニクソン会談〉 これについては本文、そして際どいやりとりの結果である巻末の参考資料2「上海コミュニケ」を読んでいただくのがいちばんよい。ただ、次の二点だけ指摘しておきたい。一つは、会談のメインテーマが、①中国側にとっての最大の課題——台湾問題（台湾からの米軍撤退を含めて）、②米国側がもっとも言質を引き出したかったベトナム問題（アジアでの米軍削減問題を含めて）のほか、③米中正常化問題、④ソ連の評価、ソ連情報の通報、米ソ交渉と中国、⑤日本および日米同盟、⑥朝鮮半島、⑦前年からのバングラデシュ独立をめぐるインド・パキスタン紛争など、実に多岐にわたっていたことである。

もう一つは、ニクソンとキッシンジャーが徹底して秘密交渉を狙った点だ。近づいている大統領選への配慮や国内で訪中への批判が強かったためだが、同時に彼らが国務省に徹底した不信感をもっていたことがうかがえ（〝ロジャーズはずし〟については後で述べる）、米国での外交と内政の強いリンケージ、米国流外交交渉の進め方などが分かって実に興味深い。

〈コミュニケ作成交渉〉 米中交渉の結果をまとめたコミュニケについては、前年のキッシンジャー

表1　1972年2月21～28日　ニクソン訪中全体日程

月日	毛沢東，周恩来・ニクソン会談	喬冠華・キッシンジャー交渉 コミュニケ作成
2. 21	＜14時30分～14時40分＞ 周恩来・ニクソン，キッシンジャー会見	
	＜14時50分～15時55分＞ **毛沢東・ニクソン会談**【資料1】	
	＜16時15分～17時30分＞ 周恩来・ニクソン会談	
	＜17時58分～18時55分＞ **第1回全体会談**(周，葉剣英，姫鵬飛，ニクソン，ロジャーズ，キッシンジャーなど)【資料2】	
2. 22		＜10時5分～11時55分＞ 喬・キッシンジャー打ち合わせ
	＜14時10分～18時＞ **第1回周恩来・ニクソン会談**【資料3】 (台湾，日本，ソ連，インドシナ)	
2. 23		＜9時35分～12時34分＞ 葉剣英，喬冠華・キッシンジャー会談，第1回交渉【補足資料】
	＜14時～18時＞ **第2回周恩来・ニクソン会談**【資料4】 (南アジア，国内政治，日本，ソ連)	
2. 24		＜9時59分～12時42分＞ 喬・キッシンジャー第2回交渉
		＜15時30分～15時45分＞ 喬・キッシンジャー第3回交渉
	＜17時15分～20時5分＞ **第3回周恩来・ニクソン会談**【資料5】 (台湾，インドシナ，日本)	
2. 25		＜9時30分～10時58分＞ 喬・キッシンジャー第4回交渉
		＜12時50分～13時15分＞ 喬・キッシンジャー第5回交渉

		＜14時35分～14時45分＞ 喬・キッシンジャー第6回交渉 ＜15時35分～16時＞ 喬・キッシンジャー第7回交渉
	＜16時50分～17時25分＞ 周・(ニクソン)，キッシンジャー会談(コミュニケ)	
	＜17時45分～18時45分＞ **第4回周恩来・ニクソン会談**【資料6】 (中ソ関係，中東，米囚人など)	
2.25 ～26		＜22時30分～1時40分＞ 喬・キッシンジャー第8回交渉
2.26	＜9時20分～10時5分＞(北京空港) **第2回全体会談**(周，姫鵬飛，喬冠華，ニクソン，キッシンジャー，ロジャーズなど)【資料7】	
2.26 ～27		＜20時20分～1時40分＞(杭州) 喬・キッシンジャー第9回交渉
2.27		＜11時30分～13時55分＞(杭州) 喬・キッシンジャー第10回交渉
2.27 ～28		＜23時5分～0時30分＞(上海) 喬・キッシンジャー第11回交渉
2.28	＜8時30分～9時30分＞(上海) **第5回周恩来・ニクソン会談**【資料8】 (台湾，国際問題，情報管理など)	
	米中コミュニケ【参考資料2】発表・ニクソン訪中団帰国	

注：姫鵬飛外交部長・ロジャーズ国務長官の実務協議は不詳。
典拠：『周恩来外交活動大事記』，Richard H. Solomon, *U. S.-PRC Political Negotiations, 1967–1984 : An Annotated Chronology*，および本書。

が二回訪中したときの四十時間に及ぶ激しいやりとりで基本的にまとまっていた。残っていたのは、米側が主張した「中国人民は台湾問題を平和的交渉で解決すべきだ」という部分、台湾駐留米軍の全面撤退の期限をいつにするかだけのはずだった。だが、文献⑪「尼克松訪華」などによれば交渉はかなり難航したようで、両者の会談は二十時間を超えた。(イ)台湾問題の平和解決を米国が「希望」するのか、「再確認」するのか、「関心をもつ」のかをめぐって、(ロ)台湾からの米軍を「無条件撤収」とするか、「目標として掲げる」のか、(ハ)「アジア全体の緊張緩和」と結びつけるのか、(ニ)米台防衛条約に触れるか否か、などで激しいやりとりがあった、と中国側文献も文献①『キッシンジャー秘録④』も述べている。二十五日夕刻、ついに周恩来自身が出馬、キッシンジャーとの間で最後のつめを行い、ようやくコミュニケ定稿ができあがった。

ところが、思わぬ問題が起きた。これまでまったく「蚊帳の外」におかれていたロジャーズ、グリーンなど国務省メンバーが、北京―杭州間の飛行機ではじめて草案を見せられて激怒、十五カ所の修正をキッシンジャーに申し入れたのである。文献①『キッシンジャー秘録④』によれば、ロジャーズが出した「修正点のリストは数は多かったが、いずれも些細なことだった」。たとえば、「台湾海峡のすべての中国人が中国は一つであると考え……」の「すべての」は不必要だ、「この立場に米側は異議を唱えない」の「立場」は不穏当だ、米台防衛条約に触れていないのはおかしい、などだったという。

「度を失ったニクソンは興奮のあまり、杭州の華麗な迎賓館の中で、下着のまま怒鳴り散らした」

（文献⑥『奔流』）が、やむなく喬冠華と再度交渉することになった。すでに二十六日の真夜中に入っていた。中国側は、台湾については修正できないが、その他の部分では米側の修正要求を受け入れるとしたため、明け方、毛沢東の批准をえてついに二十七日早朝に妥結にこぎ着けたのである。こうしたせめぎ合いの結晶が、巻末の参考資料2「上海コミュニケ」である。

だが、もう一人の当事者であるグリーン国務次官補の証言は少し異なる。杭州に着いたグリーンはロジャーズ長官から初めてコミュニケ草稿を見せられて愕然とした。二つの「重大な欠陥」に気がついたからである。一つは、「台湾海峡両側のすべての人々《ピープル》が、中国はただ一つであり、台湾は中国の一部であると考えている……」の部分で、台湾の住民は台湾こそ自分の国であり、「中国の一部」だとは考えていない、とクレームを付けた。もう一つは、米国の東アジアについての防衛義務が述べられているのに、オリジナルの米側草稿にあった、米台防衛条約についての言及が削られていること、だった（文献③『グリーン・ホルドリッジ回想録』）。

結局、ニクソンの指示でキッシンジャーが再度交渉した結果、中国は「すべての人々《ピープル》」を「すべての中国人《チャイニーズ》」に修正することを受け入れたが、米台条約については拒否した。米台防衛条約については、コミュニケ発表直後の同行記者団へのブリーフィングでキッシンジャーが、「この問題についての我々の基本的立場については、米台条約は維持する、と大統領の議会向け外交教書ですでに述べており、この立場に何ら変更はない」と答えることで、なんとか決着がついた(2)。

なお、ニクソン側の徹底した国務省はずしに触れておきたい。歴史的な毛沢東・ニクソン会談に陪席できたのはキッシンジャーとその腹心ウインストン・ロード（記録担当）だけで、ナンバー2のロジャーズには事後に知らされた。コミュニケ交渉からも除かれ、ロジャーズは姫鵬飛との交渉中に突然、「自分と姫鵬飛をコミュニケ起草工作に積極的に加わらせてほしい。監督しなくては。政策を執行するのは我々なのだから」と求めたが、姫は「喬冠華とキッシンジャーが草稿を作ってから相談しよう」とかわしたという（文献⑪「尼克松訪華」）。結局ロジャーズはすべての首脳会談からはずされ、二回の全体会談にしか出られなかった。キッシンジャーは、ニクソンが国務省を通じた情報漏れを恐れたため、としているが、キッシンジャーとロジャーズの間の個人的確執、NSCと官僚機構である国務省との対立が根っこにあったことは疑いない。[3]

地政学的戦略外交を推進しようと懸命なキッシンジャーと、官僚として実務関係をこなすロジャーズの手堅いやり方には本質的な違いがある。たとえば七一年後半、インド・パキスタン関係が緊張した際、中国―パキスタンを戦略的に重視するキッシンジャーと、インド―ソ連に重きをおくロジャーズや国務省は激しく対立したが、当時のことをキッシンジャーはこう回想する。「不幸にして私とロジャーズ国務長官との関係は悪くなるばかり、政策上の相違を募らせるばかりで、政策の一貫性を危うくするまでになっていた。彼は、私が勧告することは何でも、特権を振り回しているとして反対する傾向があった。……ロジャーズは、我々の行き方が間違っており、ニクソンがそれを採用しているのは、ひとえに私に毒されているからだ、と信じ込んでいた。私は私で、ロジャーズには地政学的な重要性が少しも分かっていないと思っていた」。要するにホワイトハウスと国務省は「競い合う主権者のように相対」する状態だったのである（文献①「キッシンジャー秘録③」）。

〈実務交渉――姫鵬飛・ロジャーズ交渉〉　外相同士の会談は北京で四回、上海で一回開かれた。中国側は首相秘書（助理）の熊向暉、米側はグリーン国務次官補、ジェンキンズ東アジア共産国部長、ジーグラー報道官などが加わった。会談の詳細は不明だが、両者は、正常化をめざした両国の実務、経済・貿易・文化、および米国の在中国資産の処理の問題などを話し合ったようである。ロジャーズが再三、常設の連絡事務所の必要性を強調したのに対して、姫鵬飛が、まず台湾問題の解決がなければならない、台湾の大使館が米国にあるではないか、と述べて消極的だった。またロジャーズは、文化交流、人員交流にはきわめて積極的だったが、経済交流については熱心ではなかったようである（文献⑪「尼克松訪華」、文献①『キッシンジャー秘録④』）。ロジャーズの圧力で、最終コミュニケの最後の部分に、科学、技術、文化などでの交流の開始、双務的な貿易の進展などが入り、また七三年から北京、ワシントン双方に連絡事務所が設置されることになった。

（3）会談後の周恩来の奔走――党内と北ベトナム説得

一九七一年七月と十月、キッシンジャーとの会談を終えるやすぐに、周恩来は北ベトナムや北朝鮮など友好国に赴き、説得工作に奔走した。七二年も同様だった。ニクソン一行が帰国の途についてからも、周恩来には休む暇はなかった。「四人組」が握る政治局内部のとりまとめ、北ベトナムなどの説得が待ちかまえていたからである。林彪事件のむずかしい処理を抱え、張春橋や江青など「四人組」との隠微な闘争で政治局内で孤立したなかで、周恩来は孤軍奮闘で対米接近という歴史的事業をやりとげた。三月一日に対米交渉のすべてを毛沢東に報告し中央政治局会議を開いたあと、三日の中央国家機関関係責任者会議では、上海コミュニケを読み上げ、米中交渉の意味、柔軟な外交活動の必要性を強調するとともに、次のような説明をしている。心なしか弁明口調が目立つ。

一、「両岸関係のすべての中国人が……」の部分――「この部分が米中会談でもっとも議論が多かった。北京、杭州、上海へと議論が続き、二十七日午後三時半にやっと合意ができた。この部分の最初の段落はキッシンジャーの貢献が大きい。……さすが博士は博士だ」。

二、台湾は中国の「一部」か「一省」か――「我々はもともと台湾は中国の一省とし、蔣介石にもそういってきた。だが米国はどうしても「一部」に固執した。国内に反対するものがいる、というのだ。我々はそれに同意した。一つの省も一部も同じだからだ」。

三、米軍の撤退と米台条約について――「米側はさまざまな提案をして、台湾解放は平和的に行うという義務を我々に認めさせたがった。我々は駄目だと言った。米側がそう希望するのはかまわないが、我々としては米側に台湾からの全部隊の撤退を最終目標にすることを認めさせなければならなかった」。「米台条約が（コミュニケに）入っていないのはおかしい、という人がいる。だが、米台条約の破棄を入れようとすれば、米側としては米台条約を守る義務を必ず書き入れるだろう。そうすれば我々に不利だ。軍事施設を全面撤収させればあとは「条約」などないに等しくなるではないか。……[4]」

最大の難問は米中会談中も米国の空爆が続く北ベトナムへの説得工作だった。すでに七一年七月のキッシンジャーの極秘訪中直後から周恩来はベトナム、北朝鮮に対して米中交渉を通報し、米中の新関係がベトナム情勢、朝鮮問題に波及しないことを説得してきた。キッシンジャーを見送ってすぐ七月十三日にはハノイに飛び、十四日までレ・ジュアン、ファン・バン・ドンと会見、米中会談の詳細を通報した。

一九七九年の北ベトナムの『中国白書』は、このとき「中国の高級代表団」が、米国がインドシナ問題と台湾問題とで取引を狙っているが、「中国にとっては、米軍のベトナム南部からの撤退が最優先の問題であり、中国の国連加盟問題は第二の問題だ」とベトナムを説得したという（文献⑲『中国白書』）。北京に戻った周恩来は翌日にはピョンヤンに飛び、金日成にキッシンジャーとの会談の詳細を通報し、夜にはシアヌーク元首にも報告している（文献⑨『周恩来年譜』下）。なおキッシンジャー訪中の公告は七月十五日に発表され、世界中があっと驚くことになる。

十月キッシンジャーが二回目の訪中をしたときにも、十一月一日に北京にきた金日成と会談、両国関係を調整しているし、十一月二十日〜二十七日には、ファン・バン・ドンが率いるベトナム党政代表団と何回も会談した。ベトナム側はパリの米越秘密交渉について通報し、周は米中関係についての中国側の基本方針を説明している（文献⑨『周恩来年譜』下）。

中国がベトナムおよびインドシナ状況にいかに神経を使っていたかは、本書に収録した周恩来の発言のはしばしからもうかがえるが、七一から七二年にかけて中国の対北ベトナム軍事援助が急増している点からも裏書きされる。七〇年以降、対ソ緊張が高まる中で中ソ間でベトナム援助をめぐる熾烈な闘いがくりひろげられるが、七〇年九月には、周恩来がベトナムのリーダーに最大限の援助を約束、翌七一年三月には、中共中央がベトナム援助増強方針を確定した。こうして七一〜七三年三年間の中国の対ベトナム援助は、過去二〇年間の累計を上回る九十億人民元に達したと言われる[5]。

ニクソン訪中の際には、周恩来は三月三日中央国家機関の会議をすませてからすぐ南寧に飛び、翌日にはハノイでベトナムのリーダーに米中交渉を通報した（なお、すぐ北京に戻った周は、三月七〜九日にはピョンヤンに赴き、金日成と三度にわたる会談をこなした）。中越間で何が話されたかは分からないが、ほとんど唯一の中越関係通史は、周が次のようにベトナムに説明したとしている。

中国はニクソンとの会談ではっきり次のように述べておいた。中米関係を正常化し、極東情勢を緩和するには、まずベトナムとインドシナ問題を解決しなければならない。我々は台湾問題をまず解決すべきだとは要求していない。台湾問題は次の一歩だ。……中米関係の正常化は、中米両国人民の利益に役立つだけではなく、全世界、とくにインドシナの平和に利する。問題はまた、中国は外交面で巨大な勝利を得ると同時に、引き続きベトナムに大量の援助を与えるということだ。（文献⑱『中越関係』）

ニクソン訪中当時に中国がベトナムに対米譲歩の圧力をかけた、という事実は見出せない。七一年交渉でも、七二年交渉でも、ベトナム問題はベトナムのイニシアティブに任せる、という周恩来の態度は一貫している。当時ベトナム労働党内部は今後の戦略をめぐって分裂状態にあった、という分析もある。むしろ、七二年対米交渉の結果、中国がベトナム問題の平和的解決に傾斜し、七二年七月にベトナム側に対米平和交渉戦略を働きかけ、ベトナム労働党の戦略を変えさせた、とみる方が事実に近いようである。(6)

だが、一九七五年以後になるとベトナム労働党（七六年にベトナム共産党に改称）は、米中接近を「ベトナム革命とインドシナ革命を裏切り、世界の革命を裏切る露骨な転換点だ」と評し、「アメリカにベトナムを売り渡した」、「中国は援助のにんじんを使った」（文献⑲『中国白書』）、と強い不信感を抱くようになった。これが七九年の中越戦争の火種となるのである。

三　七月会談に向けた米中の戦略

さて、以上のようなニクソン訪中が実現するまでには、一九六九年春に始まる二年以上の複雑な水面下のやりとりがあり、その詳細は二〇〇一年の旧版解説で述べた。ここでは、七二年米中和解の大枠は七一年のキッシンジャーの二回の事前訪中で決まっているので、七一年最初の接触はなぜ行われたか、七月会談に向けた米中双方の戦略は何だったのかを簡単に見てみたい。

(1) 米国の対中交渉戦略

まず米国側は何を考えて対中接近に転換したのだろうか。米国が対中接近をはかったのは、中国を引き込むことで、なんとかして泥沼のインドシナ戦争から「名誉ある撤退」をしたかったからだし、対ソ交渉をより有利に進めたかったからである。一九七一年七月一日のニクソン、キッシンジャー、ヘイグ三者会談の記録は、交渉直前のニクソン政権の意図を知る上で大変役に立つ。アンドルース空港から東南アジア、パキスタン、そして中国へと出発するその日、キッシンジャーは大部の参考資料をニクソンに見せてヘイグを交えて対中戦略を協議した。この三者会談では対中交渉に臨むに当たって次のことが確認されている。

・日本の将来の脅威について中国側の関心をより強く喚起することが重要である。米国の軍事力のアジアからの全面的撤退が日本の好戦性を再活性化させれば、それがすべてにとって大きな危険を意味することは明瞭である。

・ベトナム戦争の手詰まりが続けば大統領にとって危機であるから、日本の軍国主義的再興が脅威であり、また中国との国境でのソ連の脅威が重大であるなど、中国に恐怖心を植え付けることが肝要である。

・首脳会談（ニクソン訪中）に先だって、米軍捕虜の釈放、中国への穀物輸出、ベトナム戦争に関する一定の進展などを試みる。

・首脳会談の結果として、米中政府間のホットライン、偶発的核戦争に関するある種の協議の達成を実現する。

・大統領訪中前に米国の政治家を訪中させないよう中国に要請する。

・台湾問題については、より曖昧なものにする。[7]

ところが、キッシンジャーは実際には、七月九日の周恩来との会談でこの三者合意よりずっと突っ込んだ提案を中国側に行っている。キッシンジャーの五項目提案については本解説(五)を参照されたい。

(2) 中国の対米八原則

では中国側はどうだっただろうか。『周恩来年譜』などによれば、周恩来が対米接触を外交部および党中央政治局に初めて諮ったのは七一年五月である。五月二十五日、周は外交部核心小組指導メンバーの会議を招集し、ニクソンから届いたメッセージを検討した。おそらくは五月十日にニクソンがヒラリー・パキスタン大使に託したメッセージだろう。そこでは、「ニクソン大統領は合衆国と中華人民共和国の両国間で見解を異にする問題を解決するために高いレベルの直接交渉が必要である点につき同意する。ニクソン大統領は両国間の関係改善が重要だと見なしており、大統領が北京を訪れ、中国の指導者と直接交渉してはどうかという周恩来総理の提案を受け入れる用意がある。この会談では、いずれの側も自国にとって主要な関心事を自由に提起できるだろう」と書かれており、大統領訪中の準備のためキッシンジャー補佐官を六月十五日以降に派遣する用意がある、と述べられていた。[8]

毛沢東の意を受けて翌二十六日に周は政治局会議を開き、もっぱら中米関係を議論した。近年、この会議で決まった周の起案による「中米会談についての中央政治局の報告」の全文をある中国人研究者がネットを通じて公開した。それによると、「報告」では対米交渉に臨む「対米八原則」が提示されているので、それをできるだけ忠実に訳しておこう。

……中米関係、それに関わる台湾、インドシナ問題で中国は以下の原則を守るべきである。

一、米国はすべての武装力と専用設備を、一定期限内に中国の台湾省と台湾海峡地区から撤去する。これは中米両国関係を回復する鍵となる問題である。

二、台湾は中国の領土であり、台湾解放は中国の内政であって、外国人はこれに干渉できない。日本軍国主義の台湾での活動を厳しく防止すべきである。

三、わが方は台湾の平和解放に努力し、台湾工作を真剣に進める。

四、「二つの中国」あるいは「一中一台」の活動に断固反対する。もしアメリカ合衆国が中華人民共和国との国交樹立を望むなら、中華人民共和国が中国を代表する唯一の合法政府であることを承認しなければならない。

五、上の三項目が完全に実現されないうちは、国交樹立をせず、双方は首都に連絡事務所を設けるのがよい。

六、わが方からは国連問題を提起しない。もし米側がこの問題を提起したら、わが方は、「二つの中国」、「一中一台」の案を絶対に受け入れないことを明言する。

七、わが方から米中貿易問題を提起しない。もし米側がこれを提起したら、米軍の台湾からの撤去原則が確定した後、交渉を進めてよい。

八、中国政府は、米国の武装力は、極東の平和を保障するために、インドシナ三国、朝鮮、日本および東南アジア諸国から撤退すべきであることを主張する。（中略）中米会談は通常とは異なり米国人民の闘志に影響するというものがある。また、中米会談はインドシナの抗米戦争とパリ交渉に影響するかも知れないというものもいる。また、ニクソン、キッシンジャーは、表面では和を求めても実質は変わらず、（中略）というものもある。［これらに対して］中共中央政治局は、米国の大衆運動はニクソン政権以後高揚しており、反戦と人種差別反対が重点になっていると指摘した。（中略）中米会談はインドシナの抗米戦争とパリ交渉に一時的な波動をもたらすかも知れないが、きちんと交渉すれば、インドシナの抗戦とパリ交渉によりいっそう裨益するだろう。なぜなら、米ソの覇権争いの焦点は極東ではなく、中東とヨーロッパだとニクソンは認識しているからである。今日の状況は、我々が帝国主義・修正主義・反［革命］と不断に戦ってきた勝利の結果であり、米帝内外の困難、米ソ覇権争いの必然的趨勢である。……[9]

この「対米八原則」は当時分裂状態にあった中国リーダーシップ内のミニマム・コンセンサスを示していると思われる。また、台湾の平和解放が原則の一つに入っているのも、インドシナをめぐって指導部内にかなりの異論があったらしいことを示しているのも注目される。

その後も周恩来必死の党内合意形成の工作が続く。五月二十七日～三十一日の全国外事工作会議では、周恩来は新状況下の外交政策について、多くの国と関係を断っているのはよくない、外交についての極左主義やソ連修正主義の過度な強調は改めなければならないなどと訴えた。さらに六月四日～

十八日には幹部二二五名を集めて中共中央工作会議を開き、先の「中米会談についての中央政治局の報告」を読み上げた。最終日には周が国際情勢、中米関係、国内工作問題で三時間の講話を行い、イギリス代理大使館への放火、香港への出兵、外交部での奪権闘争などの極左行動を改めるよう強く訴えた（文献⑨『周恩来年譜』下）。

以上のようなそれぞれの戦略的意図と配置をへて、七月九日からキッシンジャーの歴史的訪中へといたるのである。

四　ニクソン訪中を準備した三つの会談

さて、ニクソン訪中を準備した、一九七一年七月会談、十月会談、七二年一月会談について最小限のことを述べておきたい。まず全体の会談日程を示しておく。なお、この三つの会談の主要記録はすべて上記の『周恩来・キッシンジャー機密会談録』に邦訳されている。

〈一九七一年七月会談日程〉

七月九日　十六時三十五分～二十三時二十分　周恩来・キッシンジャー第一回会談［『周恩来・キッシンジャー機密会談録』文書1］

七月十日　十二時十分～十八時　周恩来・キッシンジャー第二回会談［同、文書2］

七月十日　二十三時二十分～二十三時五十分　周恩来・キッシンジャー第三回会談〔同、文書3〕
七月十一日　〇時～一時四〇分、九時五〇分～十時三十五分　葉剣英、黄華・キッシンジャー会談〔同、文書4〕
七月十一日　十時三十五分～十一時五十五分　周恩来・キッシンジャー第四回会談〔同、文書5〕

〈一九七一年十月会談日程〉
十月二十日　十六時四十分～十九時十分　周恩来・キッシンジャー第一回会談〔同、文書7〕
十月二十一日　十時三十分～十三時四十五分　周恩来・キッシンジャー第二回会談〔同、文書8〕
十月二十一日　十六時四十二分～十九時十七分　周恩来・キッシンジャー第三回会談〔同、文書9〕
十月二十一日　時間不明　熊向輝・ホルドリッジ、ジェンキンズ実務会談
十月二十二日　十六時十五分～二十時二十八分　周恩来・キッシンジャー第四回会談〔同、文書10〕
十月二十二日　時間不明　熊向輝・ホルドリッジ、ジェンキンズ実務会談
十月二十三日　二十一時五分～二十二時五分　周恩来・キッシンジャー第五回会談〔同、文書11〕
十月二十四日　十時二十八分～十三時五十五分　周恩来・キッシンジャー第六回会談〔同、文書12〕
十月二十四日　二十一時二十三分～二十三時二十分　周恩来・キッシンジャー第七回会談〔同、文書13〕
十月二十五日　十時十二分～十一時　周恩来・キッシンジャー第八回会談〔同、文書14〕

十月二十五日　二十一時五〇分～二十三時四十分　周恩来・キッシンジャー第九回会談［同、文書15］
十月二十六日　五時三十分～八時十分　周恩来・キッシンジャー第十回会談［同、文書17］

〈一九七二年ヘイグ訪中会談日程〉
一月三日夜半　周恩来・ヘイグ第一回会談［同、文書19］
一月四日　姫鵬飛・ヘイグ技術会談（大統領の訪中）
一月六日　姫鵬飛・ヘイグ政治会談（米中貿易、南アジア情勢、ソ越関係）
一月六日夜　周恩来、葉剣英・ヘイグら一行との全体会談（技術問題）
一月七日　二十三時四十五分～（一月六日夜[10]）周恩来・ヘイグ第二回会談［同、文書20］

（1）七一年七月会談

周知のように、キッシンジャーの第一次訪中は世界でもまた米国内でもまったく極秘裡に進められた。キッシンジャーは、パキスタンのイスラマバードで「胃腸を悪くして休む」と称して四十八時間の北京隠密旅行に発つ。チャクララ空港でキッシンジャー一行を迎えたのは章文晋（外交部西欧・北米・太平洋州局局長）、毛沢東ともっとも近い王海容（外交部儀典局副局長）、ブルックリン生まれの通訳唐聞生（ナンシー・タン）、唐龍彬（外交部儀典局スタッフ）である。

七月会談は九日から十一日まで昼夜を分かたず続き、会談時間は正味十七時間に及んだ。双方の出席者を示しておこう。

［中国側］　周恩来総理、葉剣英（中央軍事委員会副主席）、黄華（新任カナダ大使）、韓叙（外交部儀典課長代行）。

［米国側］　キッシンジャー大統領安全保障補佐官、安全保障会議スタッフのジョン・ホルドリッジ、W・リチャード・スマイザー、ウィンストン・ロード（それにシークレット・サービスのジョン・D・レイディ、ガリー・マクロード）

なお七月会談、十月会談ともに、国務省とメディアへのリークを恐れたキッシンジャーの要請で、通訳はすべて中国側（冀朝鑄、唐聞生など）が担当した。

七月、周恩来・キッシンジャーは四回の会談で、台湾、インドシナ、日本、北朝鮮、ソ連、南アジア、大統領訪問、米中の今後の連絡方法などについて突っ込んだ話し合いを行い、あと一回は葉剣英・キッシンジャーの間で今後の米中連絡ルートなどについて簡単な話し合いがもたれた。もちろん最大のイシューは台湾およびインドシナ問題だった。周恩来は、中華人民共和国を唯一の合法政府として米国に認めさせ、台湾および台湾海峡からの米軍撤退についてなんらかの約束を取り付けることを狙っていたし、他方キッシンジャーは、インドシナの「和平」について北ベトナムへの影響力を発揮するよう中国側から言質を取ろうとしていた。七一年交渉の面白さは、日本、南アジアなどについても米中が率直な意見交換をしていることで、かなりきわどいやりとりもあった。

七月会談では、最初の出会いだけに双方ともかなり緊張したようである。周恩来はキッシンジャーに強烈な印象を与えた。帰国後のキッシンジャーは大統領に、「タフで、理想主義的、ファナティックで、ひたむきな中国人」に驚くと同時に、周恩来がまったくメモなしに長時間の演説を行うことに感心して次のように報告している。「周恩来の話は非常に明晰で雄弁です。言葉にも動きにもまったく無駄がなく、温かく洗練されていて、ユーモアのセンスに溢れています。私が会った世界の政治家の中で彼に匹敵するのはド・ゴールだけでしょう」。だが、周恩来に威圧され、感服させられながら、対中関係の将来についてキッシンジャーの見方は厳しい。「我々は将来について幻想をもつべきではありません。我々と中国の間には深遠な違いと長い隔絶があります。彼らは、首脳会談の前にもその場でも台湾問題やその他の重要問題で強い態度をとるでしょう。……非常にイデオロギー的ですし、また熱狂的な信念をもっています」というのがキッシンジャーの七月会談評である。[11]

(2) 七一年十月会談

七月交渉で一九七二年五月以前のニクソン訪中とキッシンジャーの再度の準備訪中が決まっていた。キッシンジャー一行の十月訪中は事前に世界に公表され、国務省にさえ事前通知をしなかった七月訪中とは違って、今回の一行には国務省メンバーも入り、大統領訪中時の予定経路をとって「エア・フォース・ワン」で上海に到着した。

緊迫したトップ会談が十月二十日から二十六日早朝まで続いた。正味二十五時間にわたる長談判だった。双方の出席者を示しておこう。

［中国側］周恩来総理、葉剣英（中央軍事委員会副主席）、姫鵬飛（外交部長代理）、熊向暉（周恩来秘書官）、章文晋（外交部西欧・北米・太平洋州局局長）

［米国側］キッシンジャー安全保障補佐官、ジョン・ホルドリッジ（安全保障会議スタッフ）、ウィンストン・ロード（安全保障会議スタッフ）、ドワイト・チェイピン（大統領副補佐官）、アルフレッド・ジェンキンズ（国務省中国課課長）

周恩来・キッシンジャー間では計十回の会談がもたれた。半分は、台湾および米中関係、インドシナ、日本、北朝鮮、南アジア情勢、ソ連など双方が関心をもつテーマを話し合い、あと半分は大統領訪中時に予定されている共同コミュニケの草案作りだった。とくにコミュニケ草案作りは難航し、タフな交渉となった。キッシンジャーは帰国を一日延ばすことになった。彼は、十月交渉が「耐久力との競争」であり、「私が三時間眠っている間に、ロードがコミュニケを練り直した。それから彼がベッドに入ると、私が夜の明けるまで草案を推敲した」と回想する（文献①『キッシンジャー秘録③』）。

結局、台湾問題については、最後の最後に、「合衆国は、台湾海峡両岸に住むすべての中国人が中国は一つであると考えていることを認識し、それに異議を唱えない」というキッシンジャーの提案に、周恩来が「絶妙な発明だ」と感心してこの部分でのブレイクスルーがあった。キッシンジャーは回想録で、「私が言ったこと、あるいはやったことでこの曖昧な表現ほど周に感銘を与えたことは、他になかったと思う。……この表現は、かつて失敗に終わった一九五〇年代の交渉の準備のために、国務省が作成した文書からとったものだった」と語っている。そして、「双方の立場は、それぞれの手の届くところにあった。合意をみた箇所も、手を加える必要があった。ニクソンと一緒に二月に戻ってきたとき、解決が見つかる、と私は確信していた」と述べている。

十月の第二回周恩来・キッシンジャー会談の直前、中国国内は内乱的状況にあった。毛沢東の後継者がモスクワに脱出を図る、いわゆる「林彪事件」が九月十三日に起こったのである。五日間で周恩来・葉剣英らの手で事態は収拾された。周恩来を責任者とする「林彪・陳伯達反党集団」の審査組を成立させて、なんとか状況をコントロールしたのは十月三日のことである。二週間後にはキッシンジャーとの厳しい交渉が周恩来を待っていた。

十月会談当時、もう一つ重大事件があった。『周恩来・キッシンジャー機密会談録』にもあるように、国連総会で中国の代表権問題が最後の山場を迎えていた。すでに一九七〇年の国連総会で、国連における中華人民共和国の唯一の合法的代表権を認め、五常任理事国の一つとして迎え、台湾を国連および関連諸機関から排除する、というアルバニア決議案が初めて半数を越えていたが、七月のキッシンジャー訪中とニクソン訪中計画の公表は中国に追い風となった。米国は、七一年八月二日にロジャーズ国務長官が、①中国の加盟を支持する、②台湾追放は重要事項とする、③中国の安保理議席は国連の大勢によって決定する、といういわゆる「二重代表制」の新政策で最後の抵抗を試みた。

だが、第二十六回国連総会は、共同コミュニケをめぐってキッシンジャーが周恩来相手に最後の奮闘をしていた十月二十五日、ついにアルバニア決議案を賛成七十六、反対三十五（棄権十七、欠席三）

の圧倒的多数で採択した。米国の二重代表制提案（日本も米国案を支持した）は評決にもかけられなかった。中国代表団（団長・喬冠華外交部副部長）が国連総会会議場に姿を現すのは十一月十五日のことである。

(3) 七二年一月ヘイグ訪中

七二年一月三日～七日、アレクサンダー・M・ヘイグ准将一行がニクソン訪中先遣隊として北京を訪れた。ニクソン、キッシンジャーのメッセージを伝え、大統領訪中の技術的準備をするためである。ヘイグ准将はウェストポイント陸軍学校出の軍人で六九年にベトナム戦争から帰還後、キッシンジャーの安全保障会議の中心スタッフとなっていた。また七二年からベトナムとの最後の和平交渉でキッシンジャーを助け、ニクソン辞任後は七四年からNATOの指揮官、レーガン政権では八二年まで国務長官を務めている。

中国側は、李先念副総理が出迎え、ヘイグとの会談には姫鵬飛（外交部長代理）、熊向暉（周恩来秘書官）、章文晋（外交部西欧・北米・太平洋州局長）、韓叙（外交部儀典局局長）が同席している。通訳は唐聞生が務めた。

かつては、ヘイグと周恩来が何を話し合ったかについて米国側文献は明らかにしておらず、中国の文献⑭「黒格訪華」だけが詳しく紹介していた。それが二〇〇三年の会談録機密解除で全容が分かったわけだが、結果的には同文献⑭が正確だったことが裏付けられた。会談記録を見ると、ヘイグ訪中は、ソ連に対する米中戦略関係を打診し、コミュニケ草案を再度調整し、かつ訪中の最後の技術的詰めを行うためだったことが分かる。

なお、キッシンジャーとニクソンの対中外交に批判的なジェイムズ・マン（『ロスアンゼルス・タイムズ』）は一九九八年時点で、「ＣＩＡの記録によると、キッシンジャーは中国に対抗して展開されているソ連軍に関する情報を、まもなく中国に提供している。〝一九七一年末の合意によって極秘情報の交換が始まった〟と、国家安全保障会議のメンバーだったロバート・マクファーレンは後に明かしている」と非難している（文献⑥マン『奔流』）。

五　ニクソン訪中の歴史的意味——台湾問題をめぐって

さてニクソン訪中、上海コミュニケの発表は、朝鮮戦争以来二十年続いてきた米中冷戦に終止符を打つ歴史的出来事だった。それと同時に、一九七〇年代から九〇年代へと続く米中の不安定な関係の出発点でもある。これまでの資料や文献を踏まえ、本書に収録した会談記録（黒塗りの回復部分も含めて）を読めば七二年米中交渉の全貌が分かる。一九七二年の米中会談は歴史的にどう意味づけられるのだろうか。

触れるべき問題は以下のようにたくさんある。(イ)当時米中間の最大の問題であり、今日までそうであり続けている台湾問題がどう扱われたのか、(ロ)米国を対中接近に向かわせたもっとも重要な契機であるベトナム問題がどう扱われたのか、(ハ)米中間でソ連に対する評価の一致があったのか、あるいは、ソ連に対して戦略的合意が成立したのか、(ニ)ニクソン、キッシンジャーは、台湾、日本、韓国などいわゆる「同盟国」と対中接近の関係をどのように判断していたのか、(ホ)一九七九年一月の国交正常化以後の米中摩擦に七二年米中会談がどのような影を落としているのか、等々である。以下では、台湾問題と七二年交渉の「戦略性」がもつ問題にしぼって簡単に論じたい。

一九七二年二月二十八日に発表された上海コミュニケ（参考資料2）では、まず中国側が、中華人民共和国が唯一の合法政府であり、台湾は中国の一つの省であること、台湾解放は中国の内政問題であり、米国のすべての武装力と軍事施設が台湾から撤去されるべきこと、一中・一台、一中・二政府、台湾独立、台湾帰属未定論はいずれも認めないことを表明した。他方米国は、「台湾海峡両側のすべての中国人がみな中国は一つ、台湾は中国の一部であると考えていることを認識（acknowledge）」し、その立場に異議を申し立てず、中国人による台湾問題の平和的解決に関心を寄せていること、台湾から米国のすべての武装力と軍事施設を撤去する最終目標を「確認（affirm）」し、この地域の緊張緩和にしたがい、台湾における武装力・軍事施設を次第に削減する、との意思を表明している。つまり、これが一九七一年から続いた米中交渉の一つの結論だったわけである。だが、それにいたるプロセスは複雑だった。

まず、中国はどのような立場で交渉に臨んだのだろうか。中国は当初から対米交渉のキー・イシューが台湾問題であることを主張してきたが、キッシンジャーの秘密訪中を迎える直前、すでに述べたように、一九七一年五月二十六日に周恩来が主宰した党の政治局会議は対米交渉の「八項目方針」を決めている。台湾については、(イ)台湾と台湾海域から米国のすべての武装力と軍事施設を期限内に（強調は毛里）撤去させる、(ロ)台湾は中国領土であり外国人の干渉は許さず、日本軍国主義の台湾での活動を抑止する、(ハ)中国は台湾の平和的解放に努力する、(ニ)二つの中国、一中・一台は許さない、(ホ)以上が実現しないうちは対米国交樹立をしない、を原則としていた（文献⑨『周恩来年譜』下など）。

開示された会談録から、七一年七月の周恩来との会談でキッシンジャーが冒頭に提示した「台湾五項目」が台湾問題でブレイク・スルーをもたらしたことが確認できる。キッシンジャーは七月会談で周に次の五項目を示したのである（『周恩来・キッシンジャー会談録』文書1、2、5）。

一、米国政府はインドシナ戦争終了後に台湾駐留米軍を三分の二削減し、米中関係が改善すれば残りの米軍も減らす用意がある、

二、米国政府は、二つの中国、一中・一台を支持せず、台湾問題の平和的解決を望む、

三、台湾が中国の一部だと認め、台湾独立を支持しない、

四、米台防衛条約（一九五四年）の問題は歴史の解決にゆだねる、

五、米国は中国を非難したり孤立させたりしない。国連での中国の地位回復を支持するが、台湾の追放は支持しない。

この「台湾問題五項目」とほぼ同じものが七二年二月二十二日午後ニクソンから周恩来に再提起されたことは、本書の資料3が明らかにしている。ニクソンは、「キッシンジャー博士が当地に来たと

き、私たちは五つの原則に同意していると述べました。……他の問題で私たちが何を言おうと、この点は信頼していただいて大丈夫です」と前おきして、次の五原則を述べたのである。

一、中国は一つで、台湾は中国の一部である。台湾の地位は未定だという声明が今後なされることはない。

二、米国はいかなる台湾独立運動も支援しない。

三、米国は、台湾におけるプレゼンスが減少しても、日本が台湾に進出するのを止めさせるべく、最大限の影響力を行使する。【日本が台湾独立運動を支持すること、また日本が台湾に出て行くことも思いとどまらせる】。

四、米国は、台湾問題の平和的解決を支持し、台湾政府の武力による大陸帰還の試みを支持しない。

五、米国は人民共和国との関係正常化を求める。台湾問題が正常化の障害になっており、以上の枠組みで正常化を追求する。

キッシンジャーの五項目とニクソンの五原則に微妙な違いがあるにしても、七二年二月交渉でニクソン政権は、唯一正統な政府としての人民共和国政府、台湾の中国帰属を認め、台湾独立を支持せず、台湾およびその海域からの米軍の段階的撤退を自ら約束していたのである。キッシンジャー自身は七一年七月訪中を回想するなかで、「周も私も、暗黙の了解で、議論の分かれる問題はとことんまで追求しなかった。第一回会談では、台湾は簡単に触れられただけだった」と何気なく述べているが（文献①『キッシンジャー秘録③』）、実際にはこの五項目を聞くや周恩来は「結構です。これでこの会談は前進するでしょう」と述べたという（文献④『ホルドリッジ回想録』）。周恩来としては大いにホッとしたにちがいない。言い換えればキッシンジャーは、回想録で肝心の部分を書いていないということだ。だからジェイムズ・マンの批判、すなわち、七一年七月と十月の交渉で、キッシンジャーが台湾の独立を支持しないと約束し、ニクソン政権二期目の二年間のうちに中国を承認するだろうと確約、台湾による大陸への武力反攻を支持しないと約束するなど、彼らが認めている範囲をはるかに越える「譲歩」をしたという批判（文献⑥マン『奔流』）は、それ自体としては間違っていない。

さて、ニクソン訪中後一九七三年から北京、ワシントンに連絡事務所が設置され、米国が米台防衛条約を切るなど米中関係は進展したが、ニクソンが約束した「政権二期目二年以内の国交正常化」は実現しなかった。一つには、ウォーターゲート事件でニクソンが辞任に追い込まれたこと、もう一つは、中国でも鄧小平が副総理として復活するが、以後、江青・張春橋ら「四人組」と周恩来・鄧小平ら実務派との間のポスト毛沢東を狙う権力闘争が熾烈になるなど、両国の政情がきわめて不安定だったためである。

対中正常化の動きは、カーター政権の一九七八年春頃から始まる。中国でも、毛沢東・周恩来がいずれも世を去った後、ようやく七八年後半から脱毛沢東と鄧小平のリーダーシップへと向かうプロセスが始まった。対ソ関係を重視するサイラス・ヴァンス国務長官を振り切って、ジミー・カーター大統領は、七一〜七二年にキッシンジャーとニクソンが敷いたレールに沿って、ブレジンスキー安全保障補佐官に対中正常化交渉をゆだねた。国交樹立に当たっての最大の難関は、今度は米国による台湾への武器輸出の問題だった。だが、七八年十二月十五日、ウッドコック連絡事務所長とロイ同副所長と会見した鄧小平副総理は、何回かの押し問答の末、ついに「結構」と承諾、翌日の十六日、七九年一月一日付で国交を樹立する旨の共同コミュニケが双方で発表された。国交樹立時の米中コミュニケは、上海コミュニケで一致した諸原則を確認するとともに、台湾問題で次のように述べている（参考資料3）。

(イ)米国は、中華人民共和国政府が中国の唯一の合法政府であることを承認（recognize）する。この枠内において米国人民は台湾人民と文化、商務およびその他の非政府間の関係を維持する。

(ロ)米国は、中国はただ一つであり、台湾は中国の一部であるという中国の立場を認識（acknowledge）する。

(ハ)中国は、台湾は中国の一部であること、台湾の復帰を解決し国家統一を達成する方式は完全に中国の内政問題であることを表明する。[12]

この正常化コミュニケは、カーター大統領とブレジンスキー補佐官が、ニクソンよりもっと融和的な条件で中国との国交樹立を決めたものと米国内で受け取られた。そこで、今日もなお、このプロセスについて、「アブノーマルな正常化」だ、ニクソン時代と同じ国務省はずしの秘密外交だ、もっぱらソ連への対抗に焦点をあてたものだ、などの批判がある。[13]

こうして「カーターの突然の発表は怒りの渦を巻き起こし」（文献⑥マン『奔流』）、「見捨てた台湾」を救うための措置が議会で講じられた。これが一九七九年四月十日の「台湾関係法」である。関係法は次のように、大陸中国との国交樹立がもたらす台湾への影響を最小限にするための国内法を決めた（参考資料４）。

(イ)米国の中華人民共和国との外交関係樹立の決定は、台湾の将来が平和的手段によって決定されるとの期待にもとづくものであることを明確に表明する。

(ロ)平和手段以外によって台湾の将来を決定しようとする試みは、……西太平洋地域の平和と安全に対する脅威であり、米国の重大な関心事と考える。

(ハ)防御的性格の兵器を台湾に供給する。

(ニ)台湾人民の安全に危害を与えるいかなる武力行使にも対抗しうる合衆国の能力を維持する。

以上のように、今日までに出ている史料・文献や本書に収録した機密文書から一九七一〜七二年の米中交渉、およびその後の正常化コミュニケなどを見る限り、米国が中国に示した台湾問題についての原則は、中国は一つ、一中・一台は認めない、台湾独立を支持しない、台湾およびこの地域の軍事力と軍事施設を最終的に撤去するまで段階的に削減する、というもので、非常にはっきりしている。にもかかわらず、今日に至るまで米中間で摩擦はたえず、そのキー・イシューが台湾問題である。原則が提示されて四十年以上もたつのに米側から見て台湾問題が最大の障害になっているのは、次の二つの要因があるからだろう。

一つは、七一〜七二年の交渉、および七八年国交正常化交渉で大統領・安全保障補佐官が、ある時はベトナムとの和平交渉を有利に導くために、あるいはソ連とのパワーバランスを有利にすることを第一義的に追求して中国との関係をもっぱら戦略的に考え、対中交渉を独占し、それに反対する国務省、議会の反対派を無視して強引に進めたことである。つまり米国国内に関する限り、ニクソン、カーター両政権は対中政策についてのさまざまの異論を封じ込め、中国との戦略関係の樹立を強行したのである。言い換えれば、米国の対中国政策は、ニクソン、キッシンジャーが定式化したものにかならずしも一元化されてはいなかったのである(14)。

もう一つは、台湾問題の性格が一九七二年と八〇年代以降では大きく異なってきたことである。一九七二年には大陸中国も台湾も毛沢東・周恩来・蔣介石の第一世代リーダーが健在で、いずれも「中国は一つ」論に立っており、問題の核心は正統性をめぐるものだった。一九七一年から毛沢東・周恩来が、ベトナムの抗米闘争を支援しなければならないにもかかわらず対米接近を急いだのは、一つはソ連からの危機が迫っていると判断したためだし、もう一つは、本書に収録した会談録で周恩来が語っているように、蔣介石も含め自分たち第一世代の手で台湾問題に決着をつけなければならない、と考えたためだろう。いずれにせよ、正統性をめぐる対立だったために、ある意味で問題は単純だった。米国が台湾から大陸中国に認知対象を移せばよかったのである。

だが、一九八〇年代後半から台湾では民主化が進むのと平行して台湾自立、つまり一中・一台の主張が強くなってきた。一九九九年七月には李登輝総統が、「両岸関係は、特殊ではあるけれども、国家と国家の関係である」と述べ、二〇〇〇年三月には、台湾独立を綱領に掲げる民主進歩党の陳水扁が総統に当選した。こうした「台湾化」状況が、米国内で、ニクソン訪中時の台湾問題処理方式（かりに「ニクソン・フォーミュラ」と呼んでおこう）に対する批判をあらためて呼び起こすのである。

一九七二年の米中接触は二十数年来の対決と冷戦に終止符を打つ歴史的事件だった。もちろんこの点は否定できない。七二年会談の全貌を知り得た今、中国側の得たものの方がより大きかったのではないかという印象が強い。台湾をめぐって必要な言質をニクソン、キッシンジャーからきちんと得ることができたし、またベトナムについて決定的な譲歩をすることなく、台湾とベトナムを切り離すことに成功したからである。だが他方で、一九七二年の米中交渉、ニクソン、キッシンジャーの対ソ戦略外交が米中関係の摩擦、軋轢の一つの起源になった、と言えないこともない。

六　一九七一〜七二年の米中交渉についての文献紹介

これまで、一九七一年七月から翌年二月にいたる米中交渉については、当事者のメモワール、資料集、関係者や研究者の分析などがかなり刊行されている。米国、中国のものでとくに重要な文献を以下に紹介しておきたい。

英語文献

①Henry Kissinger, *White House Years*, Phoenix Press Paperback, 1979 の一九七〇から七二年の部分（邦訳：桃

井真監修『キッシンジャー秘録③　北京へ飛ぶ』小学館、一九八〇年、同『キッシンジャー秘録④　モスクワへの道』同)。[文献①『キッシンジャー秘録③』などと略す]

②Richard M. Nixon, *Nixon's Memoirs*, Warner Books, Inc., 1978 の、とくに一九七〇から七二年の部分（邦訳：松尾文夫・斎田一路訳『ニクソン回顧録①　栄光の日々』小学館、一九七八年)。[文献②『ニクソン回顧録』と略す]

③Marshall Green, John H. Holdridge, William N. Stokes, *War and Peace with China—First-Hand Experiences in the Foreign Service of the United States*, DACOR-BACON HOUSE, Maryland, 1994.

一九四〇年代から中国にかかわった三人の外交官——ストークス、グリーン、ホルドリッジの断片的メモワール。[文献③『グリーン・ホルドリッジ回想録』と略す]

④John H. Holdridge, *Crossing the Divide—An Insider's Account of the Normalization of U. S.-China Relations*, Rowman & Littlefield Publishers, Inc., 1997. [文献④『ホルドリッジ回想録』と略す]

⑤Richard H. Solomon, *Chinese Negotiation Behavior—Pursuing Interests Through 'Old Friends'*, New Edition, United States Institute of Peace, 1997.

ソロモンも安全保障会議東アジア部門のスタッフとして米中接近プロセスに深くかかわった。七一〜七二年の米中交渉の肝心な部分を要約した一一五頁にのぼる本書の付録資料 *U. S.-PRC Political Negotiations, 1967–1984—An Annotated Chronology* が資料的価値が高く、ジェイムズ・マンの請求でようやく機密解除された。[文献⑤ソロモン『年代記』と略す]

⑥James Mann, *About Face—A History of America's Curious Relationship With China : From Nixon to Clinton*,

Random House, 1999（邦訳：鈴木主税訳『米中奔流』共同通信社、二〇〇〇年）.

マンは『ロスアンゼルス・タイムズ』の記者で、八四〜八七年まで北京支局長。本書の趣旨は明快だ。七一年に始まるニクソン、キッシンジャーの対中外交を厳しく批判することである。彼は、ジャーナリストらしく機密文書開示を精力的かつ執拗に請求した。文献⑤ソロモン『年代記』と、訪中直前と会談中にニクソンが作った「メモ」を使って七一〜七二年の米中交渉を分析したこの『米中奔流』は、抜群に面白いし、内容的にも米中関係史を研究する上で必見の書である。［文献⑥マン『奔流』と略す］

⑦Patrick Tyler, *The Great Wall : Six Presidents and China—An Investigative History*, A Century Foundation Book, Public Affairs, New York, 1999.

タイラーは『ニューヨーク・タイムズ』の記者。これも、ニクソンからクリントンにいたる大統領時期の中国政策についてアーカイブズを使いながら批判的に分析している。

中国語文献など

中国側文献には直接のオリジナル史料は一つもない。だが、中国では一般に、『周恩来大事記』や年表、『周恩来伝』などの正統伝記に権威ある事実がくわしく書かれていることが多い。しかも、七一年七月と十月のキッシンジャー・周恩来会談、七二年一月のヘイグ訪中、および二月の米中会談については中国側が作った精緻な会談記録が一部の中国人研究者の閲覧に供されているようで、以下の文献のほとんどは英語文献と対照しても食い違いは少なく、信憑性が高いと判断できる。

⑧外交部外交史研究室編『周恩来外交活動大事記一九四九～一九七五』世界知識出版社、一九九三年。［文献⑧『周恩来大事記』と略す］
⑨中共中央文献研究室編『周恩来年譜一九四九～一九七六』下巻、中央文献出版社、一九九七年。［文献⑨『周恩来年譜』と略す］
⑩中共中央文献研究室編『周恩来伝』下、中央文献出版社、一九九八年。［文献⑩『周恩来伝』と略す］
⑪魏史言「尼克松総統訪華」『新中国外交風雲』第三輯、世界知識出版社、一九九四年。［文献⑪「尼克松訪華」と略す］
⑫魏史言「基辛格秘密訪華内幕」『新中国外交風雲』第二輯、世界知識出版社、一九九一年。
⑬魏史言「基辛格第二次訪華」『新中国外交風雲』第三輯、世界知識出版社、一九九四年。
⑭魏史言「黒格先遣組為尼克松訪華安排的経過」『新中国外交風雲』第三輯、一九九四年。［文献⑭「黒格訪華」と略す］
⑮魏史言「打開中美関係的大門」安建設編『周恩来最後歳月』中央文献出版社、一九九五年。
⑯熊向暉「打開中美関係的前奏：一九六九年四元帥対国際形勢研究和建議的前前後後」『中共党史資料』第四二号、一九九二年。
熊向暉は一九六二～六七年までイギリス駐在代理大使、その後人民解放軍総参謀部を経て周恩来総理の秘書となった。六九年から七二年の米中交渉に関わった。
⑰沈志華編『中蘇関係檔案』。［文献⑰沈志華と略す］
⑱郭明『中越関係演変四十年』広西人民出版社、一九九二年。［文献⑱『中越関係』と略す］

⑲ベトナム社会主義共和国外務省編（日中出版編集部訳）『中国白書　中国を告発する』日中出版、一九七九年。［文献⑲『中国白書』と略す］

⑳*The Beijing-Washington Back-Channel and Henry Kissinger's Secret Trip to China—September 1970-July 1971*, National Security Archive Electronic Briefing Book No. 66, Feb. 27, 2002.［文献⑳バー①と略す］
なお、文献⑳の原文は次のウェブサイトで確認できる。http://nsarchive.gwu.edu/NSAEBB/NSAEBB66/

㉑*Negotiating U. S.-Chinese Rapprochement—New American and Chinese Documention Leading Up to Nixon's 1972 Trip*, National Security Archive Electronic Briefing Book No. 70, May 22, 2002.［文献㉑バー②と略す］
なお、文献㉑の原文は次のウェブサイトで確認できる。http://nsarchive.gwu.edu/NSAEBB/NSAEBB70/

注

（1）米中交渉の通訳についてキッシンジャーはこう回想している。「すべての会談を通じて中国側の通訳を使ったが、これは主として、国務省の通訳では情報を漏らす、とニクソンが信じ込んでいたためだった。（だがこれは）ハンディキャップではなかった。なぜなら中国側も英語のテキストに縛られるからである。……紛争が持ち上がったとき、英語のテキストが基準になることになっていた」（文献①『キッシンジャー秘録③』）。

（2）二月二十八日の記者会見。『ロスアンゼルス・タイムズ』の記者の、「大統領もあなたも何回も指摘していることなのに、なぜコミュニケでは、台湾についての条約上の約束について米国が確認していないのか」という質問に答えて（文献③『グリーン・ホルドリッジ回想録』、『朝日新聞』一九七二年二月二十九日）。

（3）キッシンジャーはロジャーズを無視したことを回想録で次のように「反省」している。「ニクソンは……ロジャーズとマーシャル・グリーン国務次官補を他の問題に専念させ、微妙な問題は彼［ニクソン］が毛・周と討議できるようにしたい、と私に言っていた。またロジャーズは、中国側からこの会談に招かれもしなかった。

これはおそらく国務省が、前年［四月］台湾の法的な地位は〝未解決〟だ、と言ったためだったろう。それでも私はロジャーズも［毛との会談に］同行すべきだと主張することもできた。……私はそうしなかった。この怠慢は、手続き上は問題ないにせよ、基本的には補佐官にふさわしいものでなかった。国務長官は、この歴史的会談から閉め出されるべきでなかった。」（文献①『キッシンジャー秘録④』）、「私は、グリーン国務次官補を［コミュニケ作成］交渉チームに加えることを勧めたのだが、ニクソンは、情報漏れを恐れてこれを蹴った。また、彼としては、起草をめぐってロジャーズとの対決が避けられない以上、毎日対決するよりも、いっぺんで片づける方を好んだ。毛との会談にロジャーズが同席しなかった場合と同様、私は、もっと強く言うべきだった。今やその代価を払うことになった」（同上）。

（4）「周恩来講解中美〈連合公報〉紀要」（文献⑩『周恩来伝』下）。

（5）李丹慧「中蘇在援越抗美問題上的衝突与矛盾（一九六五―七二）」（上・下）『当代中国史研究』二〇〇〇年第四期、第五期。

なお、一九七一～七二年、次のような援助協定が中越間で結ばれている。七一年二月十五日七一年度対ベトナム経済軍事補充援助協定（北京）、同六月四日七一年度軍事装備物資無償供与議定書（北京）、同九月二十七日対ベトナム経済軍事物資援助協定（ハノイ）、七二年一月二十二日軍事装備経済物資無償補充供与議定書（北京）、同六月二十八日七二年度経済軍事物資供与補充協定（北京）、同十一月二十七日七三年度経済軍事物資援助協定、同軍事装備供与議定書（北京）、など（文献⑱『中越関係』）。

（6）栗原浩英「米中接近とベトナム労働党」増田弘編『ニクソン訪中と冷戦構造の変容――米中接近の衝撃と周辺諸国』慶應義塾大学出版会、二〇〇六年。

（7）文献⑳バー①Document 33, Meeting Between President, Dr. Kissinger and General Haig, Thursday, July 1, 1971, Oval Office.

（8）文献①『キッシンジャー秘録③』、文献②『ニクソン回顧録』など。

（9）文献⑨『周恩来年譜』下、沈志華・李丹慧「中美和解与中国対越外交一九七一―七三」『美国研究』二〇〇〇年、第一期、文献⑰沈志華など。

（10）二回目の周恩来・ヘイグ会談は、文献㉑バー②では一月七日晩、魏史言の文献⑭「黒格訪華」では六日晩となっている。ヘイグは七日に北京を発っているから、魏史言の方が正しいと思われる。

（11）文献㉑バー②Document 40 : Kisdssinger to Nixon, “My Talk with Zhou En-lai”, 14 July, 1971.

（12）二〇〇一年旧版の解説で筆者は、一九七八年十二月、米中国交樹立のコミュニケで、「米国は、中国はただ一つであり、台湾は中国の一部であるという中国の立場を承認する（recognize）」で合意し、米国が一九七二年の合意よりも一歩踏み込んだ姿勢を示した、と書いたが、これは誤りであった。コミュニケ英文を再確認したが、米国は中国の立場を「認識する（acknowledge）」が正しい（ただし中国語版は「承認する」となっている）。遅ればせながら訂正したい。

（13）『ニューヨーク・タイムズ』のP・タイラーは、カーター大統領が国務省を無視し、ブレジンスキーの対ソ強硬、対中融和の戦略外交にはまって実現した中国との国交樹立を「アブノーマル」だと批判している（Patrick Tyler, “The (Ab)normalization of U. S.-Chinese Relations”, *Foreign Affairs*, Vol. 78, No. 5, Sept.-Oct. 1999）。

（14）七一〜七二年、大統領府およびＮＳＣと国務省との間には中国政策で大きな分岐があった。ニクソン、キッシンジャーが中国を正統権力とみなし、それとの接触に動いていたころ、国務省は、「台湾と澎湖諸島をめぐる主権は、将来の国際的な解決にゆだねるべき未解決問題である」と台湾帰属未定論を公に発表し（七一年四月二十八日）、国連での中国代表権が可決される見通しが強まった時には、前述のようにロジャーズ長官自身、中国の国連参加を支持するが、台湾追放は重要事項にする、中国の安保理常任理事国就任は国連の大勢の判断に待つ、などの「新政策」を表明している（七一年八月二日）。

またジェイムズ・マンは、七八年米中国交樹立に際して、ヴァンス国務長官は七二年のロジャーズと同様「起こっていることに気づかなかった」、対中国交樹立が圧倒的にソ連に対抗するための戦略であり、「長期的に見れば最善の方法とは言えなかった」としているが、カーターが「台湾を見捨て」たのではなく、「彼がホワイトハウスに入るずっと前に台湾は見捨てられていたのだ」と、問題の根が一九七一〜七二年交渉にあることを強調している（文献⑥マン『奔流』）。

訳者あとがき

一九七一年七月、ヘンリー・キッシンジャー米大統領安全保障補佐官が隠密里に中国訪問を行って世界をあっと驚かせた。キッシンジャーの七月訪中、十月訪中、そしてヘイグ准将の七二年一月訪中が、世紀のニクソン一九七二年二月訪中を準備した。その三種の会談の記録はすでに、米国の国立公文書館の文書を邦訳した『周恩来・キッシンジャー機密会談録』(毛里和子・増田弘監訳、岩波書店、二〇〇四年)として刊行されている。

本書は、キッシンジャーの秘密訪中から半年たった一九七二年二月、ニクソン米大統領訪中の際の会談記録合計九件の翻訳である。一つを除いて一九九九年米国でこの会談記録が機密解除され、七二年米中会談の全貌のほとんどが明らかになり、二〇〇一年に『ニクソン訪中機密会談録』(旧版と呼ぶ)として刊行された。もちろん、それが初の日本語訳である。

十五年ぶりに出るこの増補決定版は、旧版に二つの増補を行っている。一つは、旧版では黒塗りされていた部分が十八カ所あったが、それが二〇〇三年十一月に機密解除されたので、それを回復した。もう一つは、二月二十三日午前中に突然開かれたキッシンジャーと葉剣英軍事委員会副主席、喬冠華外交部副部長の秘密会談の記録が同じく二〇〇三年十一月に機密解除されたので、補足資料として邦訳し収録した。したがって、本書には毛沢東、周恩来、ニクソン、キッシンジャーによる会談記録計九件と、参考資料として、(1)一九七一年七月キッシンジャー訪中の際の共同新聞発表、(2)ニクソン訪中の「成果」である米中上海コミュニケ、(3)一九七八年十二月十五日米中共同コミュニケ(国交樹立について)、(4)米国議会の「台湾関係法」、(5)台湾問題に関する八二年九月の米中コミュニケの合計五件の文書が収録されている。

米国では、一九九〇年代に入り情報自由法(Freedom of Information Act : FOIA)によって外交文書の機密解除のテンポが速まっているが、本書のすべての文書のテキストはいずれもその恩恵に浴したものだ。本書を通じて、厳冬の北京でニクソンと毛沢東が何を、どのように語り合ったのか、両者の平仄は合っていたのか、あるいは、周恩来がニクソンやキッシンジャーと、米中関係、日本、ソ連、そして最もセンシティブな台湾やベトナムについて一体なにを話したのか、はたして米中に「密約」があったのだろうか、などさまざまな疑問が解けるに違いない。読者は、一週間の生々しい、またピリピリと張りつめた中にも和やかな交渉のプロセスに圧倒されるだろう。内容のおもしろさ、そして台湾問題はじめ会談から四十年以上たつ今日でも七二年交渉の意味は失われていないから、米国外交、中国外交、国際政治史の専門家、ひいては外交担当者も大いに興味をそそられるにちがいない。

本書に邦訳収録した文書のテキストは二種類ある。一つは、二月二十一日、突然セットされた毛沢東・周恩来—ニクソン・キッシンジャー会談の記録(資料1)で、国家安全保障公文書館(National

Security Archives）所蔵のものを Jeffrey Rechelson がまとめた *China and the United States ; From Hostility to Engagement, 1960–1998*（電子ブック）から邦訳した。なおこの会談記録は、キッシンジャーの個人ファイルをまとめた、William Burr ed., *The Kissinger Transcript — The Top Secret Talks with Beijing & Moscow*, New Press, 1999 に収録されており、邦訳もすでに出ている（鈴木主税・浅岡政子訳『キッシンジャー「最高機密」会話録』毎日新聞社、一九九九年、八八〜九五頁）。ただし、既訳にいくつかの不適切な箇所もあるので、本書ではあらためて訳出し直した。

他方、周恩来とニクソン・キッシンジャーの七回にわたる会談（資料2〜資料8）、および増補した補足資料は、米国国立公文書館（National Archives）が国家安全保障公文書館からの開示要請（一九九四年）を受けて解禁した（declassify）ニクソン訪中にかかわる諸文書 *Nixon's Trip to China — Records now Completely Declassified, Including Kissinger Intelligence Briefing and Assurances on Taiwan* をテキストとしている。一九九九年春に初めて機密解除された時には、まだかなりの部分が黒塗り、抹消されており（sanitized）、旧版ではその部分を【原文、以下○行抹消】のように記していた。

旧版を編集している段階では、対話の流れやコンテキストから判断するとこの「抹消」部分は、台湾問題、インドシナ、および日本、インド、ソ連など第三国の評価にかかわる部分、そしてソ連に関する情報の通報など米中の「戦略」関係にかかわる部分などで、いずれも今日もまだセンシティブな部分だから、なかなか開示されないだろう、と予測していた。

ところが、予想外に早く、二〇〇三年十一月に機密解除された。こうして二月訪中について私たちはすべての首脳会談の記録を目にすることができるようになったのである。しかし、訳者に増補版を刊行する余裕がなく、大変気になっていた。そろそろ人生の幕を閉じるのだから、やり残したことはできるだけ片づけよう、と考えて、今回遅ればせながら増補決定版を作ろうと決意し、名古屋大学出版会の橘編集部長にお願いした。もちろん、快諾して下さった。こうしてようやく陽の目を見ることになったわけである。

訳者は、ネット上で八つの文書に接した時の興奮を忘れられない。すべてをプリントアウトして、夢中になって一気に目を通した。考えてみると、興奮した理由はいくつかある。

一つは、米中の首脳が、台湾、ベトナム、ソ連、インド、日本、米中戦略関係などについて、非常に率直で和やかに会談しているからだ。とても二十年も一触即発の対決状態にあった国のトップリーダーたちの会話とは思えないのである。

第二は、これほど饒舌でリラックスした周恩来総理の文献や発言を読んだことがなかったからだ。周は会談を通じて、見事な外交官ぶり、文人ぶりを遺憾なく示した。また、たとえばベトナムに対する「歴史的負債」などの部分では非常に率直で、ベトナム、インドシナ問題への顧慮、気配りがひしひしと伝わってくる。だが、『周恩来年譜』などを読むと、日中はニクソン、キッシンジャーを相手に堂々とやり合いながら、深夜には必ず毛沢東の寝室を訪れ、毛の意見を聞き、翌日には毛の指示通りの発言をしている。どれが本当の周恩来なのだろう、と考えさせられることが何度あったことか。

第三に、米国内の大統領―補佐官―国務省―反対政党―議会―世論の関係である。ニクソンもキッシンジャーも極秘交渉、国務省はずしに狂奔した。また、当時ニクソンが気にしていたのはなによりも次期大統領選に勝てるかどうかであり、その面での配慮から外交を展開している。米国外交の本質的部分の一端が本書に収められたいくつかの文書にくっきり出ているように思う。

第四に、（これが興奮した最大の理由かも知れない）佳境に入りわくわくしてくると、黒塗りの削除された数行（ある時には一頁全部）にぶつかった。一体、sanitized の部分でニクソン、あるいは周恩来は何を語ったのだろう。ミステリーを読むような興奮も味わった。――この点については、その後、機密解除で回復されたが、おかげで何が当初「抹消された」かを確認できた。読者にも、当初「抹消された」部分が判然とするように本書では【　】によって明示してある。

最後に二つのことを述べておきたい。まず、本書を訳してつくづく思うことは、決定的な外交交渉でものをいうのが、交渉者自身が哲学、戦略、精密で説得的な言葉、そして人間としての魅力をもつかどうかだ、という点である。四人の巨人による七二年の米中交渉はまさに格好のモデルであるにちがいない。

もう一つは、情報自由法（一九九四年）や電子情報自由法（一九九六年）で機密外交文書の公開がどんどん進んでいる米国とは対照的に、中国はもちろんのことだが、民主主義国日本の外交文書公開がきわめて遅れている点である。日本は、「原則三十年を経たものは機密指定を解除する」と内規で定めてはいるが、強制力はともなわず、どのような外交文書が存在するかも知らされていない。一九六〇年の日米安保条約改定の交渉過程もなおベールに包まれたままだ。しかも五十年たった史料でさえ、プライバシーに抵触するという理由でいまだ公開されていないものも多いと聞く。米国では原則二十五年たてば機密指定が解除され、情報自由法による開示要求が年百万件を越すが、全面非公開は四％に満たないという。日本でも、研究者、ジャーナリスト、市民の側から、「知る権利」にもとづいて機密文書の公開をもっと強く働きかける必要があるのではないか、と痛感した。

最後に、名古屋大学出版会編集部長の橘宗吾さん、編集部の三原大地さんには、十五年前に刊行したものの増補版というとても地味でかつ厄介な仕事を助けていただいた。改めて御礼を申し上げたい。

なお、本書の訳文について一言お断りしておきたい。訳者は、外交交渉の現場に立ち会った経験がない。毛沢東にも、周恩来にも、ニクソンにも、キッシンジャーにも会う機会に恵まれなかった。四人の巨人が本当のところ、どのような言葉で、どのようなニュアンスで語り合ったのかをつかめないのである。したがって、訳文の「調子」についてさまざまなご叱責やご批判があるだろうことを覚悟している。ただ、できるだけ正確に、できるだけ平易に、できるだけ読みやすい訳文にしようと注意したことだけは認めていただきたいと思う。あとは読者のご批判、ご叱正を仰ぎたい。

二〇一六年五月三十日

毛里和子・毛里興三郎

人名索引

ア　行

アイゼンハワー，ドワイト・D　Eisenhower, Dwight D.　24, 31, 61, 63, 75, 136, 158, 195, 240, 290
アチソン，ディーン・G　Acheson, Dean G.　54, 77
アユブ・カーン　Ayub Khan, Muhammad　220, 244, 247
アンダーソン，ジャック　Anderson, Jack　37, 75
イーデン，ロバート・A　Eden, Sir Robert A.　202, 215
イリイチョフ，レオニード・F　Ilichev, Leonid F.　151
ヴァンス，サイラス　Vance, Cyrus　319, 329
ウッズ，ローズマリー　Woods, Rosemary　290
ウッドコック，レオナード　Woodcock, Leonard　320
ウ・ヌー　U Nu　146
王海容　1, 16, 34, 53, 114, 161, 174, 236, 291, 309
王炳南　214

カ　行

ガウス，クラレンス・E　Gauss, Clarence E.　76
郭沫若　14, 291
カーター，ジミー　Carter, Jimmy　319, 320, 322, 329
賀龍　172
韓叙　16, 236, 291, 310, 314
ガンディー夫人　Gandhi, Indira　116, 120, 126, 142, 210, 262
韓念龍　151
冀朝鋳　16, 34, 80, 114, 174, 218, 236, 249, 291
姫鵬飛　16, 105, 166, 179, 219, 233, 236, 241–243, 266, 291, 297, 298, 309, 312, 314
喬冠華　16, 28, 29, 33, 40, 56, 57, 75, 79–81, 97, 98, 100–111, 113, 144, 167, 173, 174, 197, 217, 218, 232, 233, 236, 249, 252, 287, 288, 291, 296, 297, 314, 331
金日成　300, 301
グエン・ヴァン・チュウ　Nguyen Van Thieu　67
クズネツォフ，ヴァシーリー　Kuznetsov, Vasili V.　151, 220
クリップス，ルイス　Cripps Samoiloff, Louis　53, 76
グリーン，マーシャル　Green, Marshall　15, 17, 25, 37, 191, 233, 235, 290, 295, 296, 298, 324, 327, 328
グロムイコ，アンドレイ　Gromyko, Andrei　145, 206, 216, 221
コウ，フランク　Coe, Frank　5
黄華　82, 123, 251, 281, 288, 308, 310
江青　34, 291, 298, 319
ゴ・ジン・ジェム　Ngo Dinh Diem　71
コスイギン，アレクセイ　Kosygin, Aleksei N.　97, 144, 148–151, 153, 171, 257
呉徳　291

サ　行

佐藤栄作　137, 171, 205
シアヌーク，ノロドム　Sihanouk, Noro-

dom　60, 197–199, 201, 202, 300
ジェンキンズ，アルフレッド・ル・S　Jenkins, Alfred le S.　15, 233, 235, 290, 298, 308, 312
ジーグラー，ロナルド・L　Ziegler, Ronald L.　15, 22, 23, 30, 74, 233, 235, 246, 290, 298
ジャッド，ウォルター・H　Judd, Walter H.　55, 77, 132
シューマン，モーリス　Schumann, Maurice　245
聶栄臻　168
蔣介石　3, 53–55, 70, 76, 77, 114, 131, 147, 171, 180, 181, 183, 189–191, 195, 196, 205, 228, 299, 322
章文晋　16, 33, 54, 75, 79, 113, 173, 217, 236, 291, 309, 312, 314
ジョンソン，リンドン・B　Johnson, Lyndon B.　8, 9, 75, 170, 197, 199, 201, 220, 290
シリク・マタク　Silik Matak　197
スカリ，ジョン・A　Scali, John A.　15, 235, 290
スコウクロフト，ブレント　Scowcroft, Brent　290
スコット，ヒュー　Scott, Hugh　130, 131, 170, 256
スターリン，I・V　Stalin, I. V.　54, 157
スチュアート，レイトン　Stuart, Leighton　76
スティルウェル，ジョゼフ　Stilwell, Joseph　76
ストーセル，ウォルター　Stoessel, Walter　215
スノウ，エドガー　Snow, Edgar　12, 14, 152
スマイザー，ディック　Smyser, Dick　310
スミス，イヤン　Smith, Ian D.　231
スミス，ウォルター・ベデル　Smith, Walter Bedell　23, 31
ソン・ゴク・タン　Song Ngoc Thanh　197

タ　行

ダウニー，ジョン・T　Downey, John T.　231, 232, 234
ダレス，ジョン・フォスター　Dulles, John Foster　9, 13, 23, 24, 31, 55, 61, 71, 181, 182, 202, 214
チェイピン，ドワイト　Chapin, Dwight　17, 30, 290, 312
チャウシェスク，ニコラエ　Ceaucescu, Nicolae　224, 233
チャーチル，ウィンストン　Churchill, Sir Winston　43, 157
張春橋　262, 291, 298, 319
趙紫陽　281
趙稷華　16, 34, 80, 114, 174, 218
陳毅　117, 126, 127, 170, 291
陳水扁　322
鄧小平　172, 273, 319, 320
唐聞生（Nancy Tang）　1, 13, 34, 114, 174, 218, 236, 249, 291, 309, 314
ドゴール，シャルル　de Gaulle, Charles　5, 60, 66
ドブルイニン，アナトリー・F　Dobrynin, Anatolii F.　142, 161, 162
トルーマン，ハリー・S　Truman, Harry S.　9, 31, 54, 55, 62, 63, 75, 183

ナ　行

ナセル，ガマール・アブドゥル　Nasser, Gamal Abdel　226
ネ・ウィン　Ne Win　146
ネルー，ジャワハルラル　Nehru, Jawaharlal　116, 118, 126

ハ　行

ハイレ・セラシエ２世　Haile Selassie II　230
ハウ，ジョナサン・T　Howe, Jonathan T.　79, 87, 94

バオ・ダイ　Bao Dai　71, 77
パットン，ジョージ・スミス　Patton, George Smith　60, 77, 123
ハルドマン，H・R　Haldeman, H. R.　290
ハーレー，パトリック・J　Hurley, Patrick J.　54, 76
ヒース，エドワード　Heath, Edward　5, 26
ビーム，ヤコブ・D　Beam, Jacob D.　214
ヒューム，アレク・ダグラス　Alec Douglas-Home　245
ヒラリー，アグハ　Hilaly, Agha　304
ファン・バン・ドン　Phan Van Dong　300
フェクトー，リチャード・G　Fecteau, Richard G.　231, 232, 234
ブキャナン，パトリック・J　Buchanan, Patrick J.　290
福田赳夫　179, 206, 216, 221
ブッシュ，ジョージ　Bush, George　29, 58, 290
ブット，ズルフィカール　Bhutto, Zulfikar A.　119, 121–123, 169
フリーマン Jr.，チャールズ・W　Freeman Jr., Charles W.　16, 236
ブルギバ，ハビブ　Burqiba, Habib　129, 170
フルシチョフ，ニキタ　Khrushchov, Nikita　116, 117, 150, 153, 157–161, 166, 168, 169, 171, 172, 175
ブレジネフ，レオニード・イリイチ　Brezhnev, Leonoid Ilyich　76, 153, 157, 161, 162, 171, 172
ブレジンスキー，ズビグネフ　Brzezinski, Zbigniew　319, 320, 329
ヘイグ，アレグサンダー　Haig, Alexander　36, 37, 63, 74, 80, 82, 83, 102, 105, 281, 286, 288, 289, 303, 309, 314, 315, 325, 329, 331
彭華　16, 236
ホー・チ・ミン　Ho Chi Minh　62, 144, 149, 200
ポドゴルヌイ，ニコライ・V　Podgorny, Nikolai V.　153, 172
ボール，ジョージ・V　Ball, George V.　132, 170
ホルドリッジ，ジョン・H　Holdridge, John H.　15, 33, 40, 79, 113, 116, 173, 217, 235, 290, 296, 308, 310, 312, 319, 324, 328

マ　行

マクスウェル，ネヴィル　Maxwell, Neville　116, 118, 120, 168
マクマホン，ヘンリー　McMahon, Sir Henry　118, 120, 123, 146, 170, 200
マーシャル，ジョージ・C　Marshall, George C.　54, 76
マリク，ヤコブ・A　Malik,Yakov A.　29, 56, 58, 211
マリノフスキー，ロディオン・Y　Malinovsky, Rodion Y.　161, 172
マン，ジェイムズ　Mann, James　76, 315, 319, 320, 324, 325, 329
マンスフィールド，マイク　Mansfield, Mike　129–131, 170, 198, 256
ミーニー，ジョージ　Meany, George　129, 170
ムジブル・ラーマン　Mujibur Rahman, Sheikh　120, 169
メッテルニヒ，クレメンス　Metternich, Klemens　52
メノン，クリシュナ　Menon, Krishna　229, 234
毛沢東　1–14, 18–25, 29, 34, 36, 37, 43, 44, 47, 51, 53, 54, 57, 58, 97, 107, 115, 117, 120, 127, 129, 132, 140, 149, 152, 157, 158, 161, 168–172, 181–184, 186, 187, 215, 219, 221, 233, 238, 239, 241, 242, 251, 260, 261, 266, 286, 288, 291, 292, 296, 299, 304, 309, 313, 319, 322, 332, 334, 336

ヤ　行

ヤヒヤ・カーン　Yahya Khan, Agha Mohammad　9, 169, 214, 220
熊向暉　16, 75, 236, 298, 312, 314, 326, 327
葉剣英　16, 30, 46, 75, 79–111, 233, 236, 287, 288, 291, 308–310, 312, 313, 331

ラ　行

ライシャワー，エドウィン・O　Reischauer, Edwin O.　41, 132, 170, 190
雷陽　215
李承晩　136
李先念　16, 30, 236, 291, 314
李登輝　322
林彪　13, 298, 313
ルーズベルト，フランクリン・D　Roosevelt, Franklin D.　76
レ・ジュアン　Le Duan　300
レーガン，ロナルド　Reagan, Ronald　281, 314
レーニン，ウラディミール・イリイチ　Lenin, Vladimir Ilyich　144, 145
ロイ，J・ステイプルトン　Roy, J. Stapleton　320
ロジャーズ，ウィリアム・P　Rodgers, William P.　15, 23, 37, 75, 105, 111, 166, 167, 178, 191, 219, 233, 235, 240, 243–246, 266, 290–292, 295–298, 313, 327–329
ロード，ウィンストン　Lord, Winston　1, 16, 30, 33, 74, 79, 113, 147, 173, 174, 217, 236, 249, 290, 297, 310, 312
ロン・ノル　Lon Nol　197, 202

事項索引

ア　行

カ　行

サ　行

タ　行

ナ　行

ハ　行

マ　行

ヤ　行

ラ　行

《訳者略歴》

毛里和子《もうりかずこ》

お茶の水女子大学文教育学部卒業，東京都立大学人文科学研究科修了
日本国際問題研究所，静岡県立大学，横浜市立大学，早稲田大学を経て，現在，早稲田大学名誉教授

主要著書 『中国とソ連』『日中関係』（岩波書店），『現代中国政治［第3版］』（名古屋大学出版会），『周縁からの中国』（東京大学出版会），『中国政治』（山川出版社）など

主要編著 『現代中国論』Ⅰ，Ⅱ，Ⅲ（日本国際問題研究所），『現代中国の構造変動』Ⅰ，Ⅶ（東京大学出版会）など

毛里興三郎《もうりこうざぶろう》

早稲田大学文学部卒業，東京都立大学人文科学研究科，東京外国語大学総合国際学研究科修了，もと都立高等学校教諭

ニクソン訪中機密会談録【増補決定版】

2016年8月10日　初版第1刷発行

定価はカバーに
表示しています

訳　者　毛　里　和　子
　　　　毛　里　興三郎

発行者　金　山　弥　平

発行所　一般財団法人　名古屋大学出版会

〒464-0814　名古屋市千種区不老町1名古屋大学構内
電話(052)781-5027/FAX(052)781-0697

Printed in Japan

印刷・製本 ㈱太洋社

ISBN4-8158-0843-3

乱丁・落丁はお取替えいたします。